Painter 11
para fotógrafos

DISEÑO Y CREATIVIDAD

Título de la obra original:
Painter 11 for Photographers

Responsable Editorial:
Eugenio Tuya Feijoó

Traductor:
Margarita Fernández-Villaverde del Valle

Diseño de cubierta:
Cecilia Poza Melero

Painter 11
para fotógrafos

Martin Addison

ANAYA MULTIMEDIA

Edición española:

© EDICIONES ANAYA MULTIMEDIA (GRUPO ANAYA, S.A.), 2010
Juan Ignacio Luca de Tena, 15. 28027 Madrid
Depósito legal: M.11.539-2010
ISBN: 978-84-415-2747-8
Printed in Spain
Impreso en: Peñalara, S.A. Fuenlabrada (Madrid)

Dedicado a mi mujer Doreen.

AGRADECIMIENTOS

Me gustaría dar las gracias a las siguientes personas por su ayuda en la creación de este libro:

Carol Addison, por permitirme utilizar sus imágenes de Jack, Jessie, Harvey y Toby.

Annabel, Bob, Diane, Donna, Griff, Harvey, Jan, Ksenia y Rebecca por permitirme utilizar fotografías de ellos en diferentes capítulos de este libro.

Hilary, por las fotografías sobre la historia de su familia.

Neil y Flatworld, por las imágenes del póster.

David y Lisa de Focal Press por sus ánimos y asistencia durante todas las fases de este libro.

Permajet Ltd de Warwick UK (`www.permajet.com`) por proporcionarme gran variedad de sus excelentes papeles para imprimir y sistemas de tinta.

Mis agradecimientos a Marilyn Sholin por escribir el prefacio del libro.

Y sobre todo a mi esposa Doreen, no sólo por permitirme usar muchas de sus fotografías, sino también por su apoyo incondicional y sus ánimos, ¡además de hacerme trabajar en el libro día tras día!

SOBRE EL AUTOR

Martin Addison es un fotógrafo con más de 35 años de experiencia que trabaja con técnicas de todo tipo, desde diapositivas y medios audiovisuales a impresiones monocromas y en color. Además de ser un autor líder en ventas, imparte cursos y demostraciones de Corel Painter, así como conferencias de fotografía creativa, por todo el Reino Unido. Fue nombrado miembro de la Royal Photographic Society en 1995.

Índice de contenidos

CAPÍTULO 1. INICIARSE EN PAINTER 11 27

CAPÍTULO 2. LOS PRIMEROS PASOS DE LA CLONACIÓN 49

CAPÍTULO 6. MONTAJES Y CAPAS 193

CAPÍTULO 7. UTILIZAR COLOR 221

Prólogo

Los fotógrafos siempre están buscando nuevas formas de procesar sus imágenes para convertirlas en obras de arte o pinturas. Muchos tienen miedo de que su obra final no sea lo suficientemente pictórica y siga conteniendo elementos fotográficos. En este aspecto, este libro da un gran salto hacia delante al orientarse específicamente a fotógrafos que quieren aprender a pintar con el software de Corel Painter.

La enseñanza del funcionamiento de Painter 11 para fotógrafos es un nicho especializado que Martin Addison conoce bien. En este nuevo libro, explica de forma sencilla a los fotógrafos cómo utilizar Painter 11 y las posibilidades del programa, poniendo especial énfasis en los diferentes métodos de clonación. Ésta es la mejor técnica de pintura para los fotógrafos, ya que les permite ver la imagen mientras pintan. Martin consigue que la elección de pinceles se convierta en algo muy sencillo y explica con detalle cómo crear nuestros propios pinceles personalizados. Se explica detalladamente cada pincel, además de los pasos para crear nuestros propios pinceles especializados. Los ejemplos utilizados son de colores vivos, fáciles de ver y visualizar para seguir los ejercicios.

Lo que diferencia a este libro de todos los anteriores son los detalles. Profundiza en los temas que enseñan a los fotógrafos a dar el salto desde la imagen capturada a una obra pictórica. Es un libro que disfrutarán todos los fotógrafos y aficionados a Painter 11 y que utilizarán a menudo como obra de referencia.

Una vez más, Martin ha escrito un libro que tendré en mi estantería como referencia principal de Painter 11 y para aprender los trucos y técnicas que convierten la pintura digital en una experiencia creativa y maravillosa. Disfrute de este viaje artístico, desde el primer capítulo hasta el final, en el que imprimirá y enmarcará su obra.

Marilyn Sholin

Especialista en Corel Painter, escritora, artista y educadora.

Asheville, Carolina del Norte.

`www.marilynsholin.com`

Introducción

¿A QUIÉN ESTÁ DIRIGIDO ESTE LIBRO?

Tanto si está iniciándose en la creación de imágenes digitales como si ya está familiarizado con Painter y otros programas gráficos, estoy convencido de que este libro le permitirá ampliar sus capacidades creativas y le ayudará a crear muchas imágenes nuevas e increíbles a partir de sus fotografías.

Tal y como indica el título, este libro está orientado específicamente a los fotógrafos, de todo tipo.

Los fotógrafos profesionales encontrarán técnicas que les permitirán convertir un retrato estándar o una fotografía de boda en un producto de categoría superior, único y codiciado.

Los fotógrafos aficionados serios aprenderán a crear imágenes sutiles o impactantes, dependiendo de sus intenciones, que se diferenciarán radicalmente del trabajo de muchos otros fotógrafos.

Los fotógrafos ocasionales que quieran convertir sus fotografías familiares en pinturas que puedan colgar en la pared encontrarán tutoriales paso a paso que les explicarán cómo pasar de la fotografía original a una pintura acabada.

¿QUÉ TIENE ESTE LIBRO DE ESPECIAL?

Hay muchos otros libros que nos enseñan a utilizar Painter desde un punto de vista artístico, pero éste es el único libro que se centra solamente en el aspecto fotográfico. Esta aproximación tiene la gran ventaja de que todo el contenido del libro resulta útil y relevante para los fotógrafos.

El libro va progresando poco a poco desde técnicas muy sencillas a otras técnicas más avanzadas. A lo largo del libro, encontrará muchas ilustraciones que le proporcionarán ideas e inspiración combinadas con instrucciones claras para sacar el máximo partido de sus propias imágenes.

El objetivo de este libro es proporcionar al lector una basc dc conocimiento sólida sobre las distintas herramientas de Painter y las técnicas necesarias para utilizarlas. Existen gran variedad de técnicas que aprender y este libro le guiará por todas ellas, de forma sencilla, lógica y fascinante. Pero evidentemente, esto es tan sólo el punto de partida; aunque una buena técnica no nos asegura que podamos crear una buena imagen, es esencial empezar por dominar el aspecto técnico. Una vez que lo consiga, su propia imaginación y su estilo personal le permitirán crear esas magníficas pinturas que está visualizando.

Todos los archivos de imagen necesarios para hacer los ejercicios paso a paso están incluidos en el DVD que acompaña al libro. Utilice primero estas imágenes y luego pruebe la técnica con sus propias fotografías.

¿POR QUÉ UTILIZAR PAINTER?

La fotografía se utiliza para documentar la realidad que nos rodea. El fotógrafo decide cómo interpretar esa realidad a través de la elección de lentes, puntos de vista y composiciones. Sin embargo, hay veces en que esta realidad no es suficiente; no refleja los sentimientos que experimentamos en ese momento. No es raro ya que, cuando cambian las condiciones, el placer sensorial se pierde; los olores, sonidos y la atmósfera desaparecen, dejándonos únicamente una imagen bidimensional en una película, sobre papel o en formato digital.

Por ese motivo, a menudo queremos llevar nuestras imágenes más allá para reflejar mejor lo que sentimos en ese momento y comunicárselo al espectador que no pudo disfrutar de la experiencia original.

Aquí es donde entra en juego el magnífico programa Corel Painter. Es realmente único, en el sentido de que imita las técnicas tradicionales y nos da la oportunidad de llevar nuestras imágenes a una dimensión completamente nueva, revelando el arrebatadoramente bello, misterioso y fascinante mundo de la imaginación.

¿QUÉ ENCONTRARÁ EN ESTE LIBRO?

Aprender los conceptos básicos

El primer capítulo es una guía de iniciación sencilla sobre el programa Painter 11. Está pensado para aquellas personas que nunca han utilizado el programa y hace un repaso breve de las herramientas y paletas principales. También incluye algunas pistas y trucos generales para sacar el máximo partido del programa. Además explica a los usuarios de Photoshop las diferencias entre los dos programas. Si ya ha utilizado Painter antes, puede saltarse este capítulo y pasar directamente al primer capítulo sobre clonación.

El capítulo 2 explica las técnicas básicas de clonación, el proceso mediante el cual transformamos las fotografías pasando de su estado inicial a un estado completamente nuevo y emocionante. A partir de este momento, podrá crear hermosas imágenes suavizadas ¡y sólo estamos al principio del libro!

Comprender los pinceles

Los pinceles son el núcleo de nuestro trabajo con Painter y saber qué pincel debemos usar y cómo funciona es vital para poder trabajar de forma creativa. El tercer capítulo del libro muestra con ejemplos cada una de las categorías de pinceles de Painter y explica en qué se diferencian unas de otras. Encontrará ejemplos de imágenes finalizadas que puede utilizar como fuente de ideas e inspiración.

En el DVD encontrará tutoriales paso a paso más detallados, junto con las fotografías originales, para que pueda crear estas imágenes usted mismo. El capítulo 4, sobre la personalización de pinceles, explica cómo podemos personalizar los pinceles por defecto utilizando las paletas de control de pinceles y el cuadro de diálogo **Brush Creator** (Creador de pinceles).

Texturas de papel

Las texturas de papel son un elemento esencial de Painter. Le dan profundidad y textura a las imágenes y el programa proporciona una amplia selección de tipos de papel. El capítulo 5 explica qué son las texturas y cómo utilizarlas mientras pintamos; también explica cómo podemos aplicar estas mismas texturas al final del proceso de pintura.

En el DVD encontrará ilustraciones de todas las texturas de papel disponibles en Painter. Es un recurso muy valioso que puede imprimir y ver con más detalle en su ordenador.

Técnicas avanzadas

El capítulo 6, sobre capas y montajes, explica cómo funcionan las capas y también cómo podemos combinar las diferentes capas de forma creativa para conseguir interesantes efectos.

El capítulo 7, sobre el color, explica cómo podemos seleccionar colores y cómo utilizar los diferentes menús de ajustes para mejorar el tono y color de nuestras imágenes. También se explica cómo colorear imágenes a mano.

Paisajes y retratos

Estos capítulos contienen diversas técnicas para crear paisajes y retratos a partir de fotografías originales.

Otras formas de utilizar Painter

Painter también proporciona muchos efectos especiales: desde la imitación de papel quemado hasta la creación de imágenes caleidoscópicas. El capítulo 11, sobre efectos especiales, es muy divertido y está lleno de ejemplos a todo color.

Impresión y presentación

Cuando hayamos acabado nuestra imagen, tendremos que imprimirla y presentarla de la mejor forma posible. En el capítulo 12, le daremos algunas ideas sobre presentación y diseño, así como algunos consejos prácticos sobre la impresión, incluido el tamaño de archivo que debe utilizar.

¿QUÉ NECESITO SABER ANTES DE EMPEZAR?

Este libro ha sido escrito en un PC y todas las capturas de pantalla reflejan esta plataforma. Painter funciona exactamente igual en ordenadores PC o Macintosh. Los métodos abreviados de teclado son, evidentemente, distintos: la tecla **Control** de Windows se convierte en la tecla **Comando** de Macintosh y la tecla **Alt** se convierte en la tecla **Opción**.

Si ya ha utilizado Painter antes y va a seguir los tutoriales paso a paso, debería devolver todos los pinceles a sus ajustes por defecto antes de empezar, para asegurarse de que funcionarán como queremos. Para ello, haga clic en el pequeño triángulo del selector de pinceles y seleccione la opción Restore All Default Variants (Restaurar todas las variantes por defecto).

Recuerde siempre guardar sus imágenes regularmente para evitar perder su trabajo. También es recomendable trabajar sobre una copia de la imagen y mantener así el original a salvo.

¿CUÁLES SON LAS NOVEDADES DE PAINTER 11?

La mejor novedad de Painter 11 son sus nuevos pinceles: 40 en total y todos ellos excelentes. También se han hecho varios cambios significativos que hacen que el programa sea más fácil y rápido de utilizar. La mayoría de esas características las explicaremos con detalle a lo largo del libro, por tanto aquí sólo veremos un pequeño resumen de los cambios principales.

Administración del color

Puede que no sea uno de los temas más emocionantes, pero es realmente importante para todos los usuarios de Painter. Cuando queramos compartir nuestras imágenes, enviárselas a otras personas o imprimirlas, querremos que tengan el mismo aspecto que cuando las creamos. La administración del color es la que se encarga de esto y en Painter 11, por fin, tenemos las herramientas necesarias para controlar los colores de forma efectiva (véase la figura I.1). Los nuevos ajustes se explican con detalle en el capítulo 12. La posibilidad de hacer pruebas antes de imprimir también es muy útil.

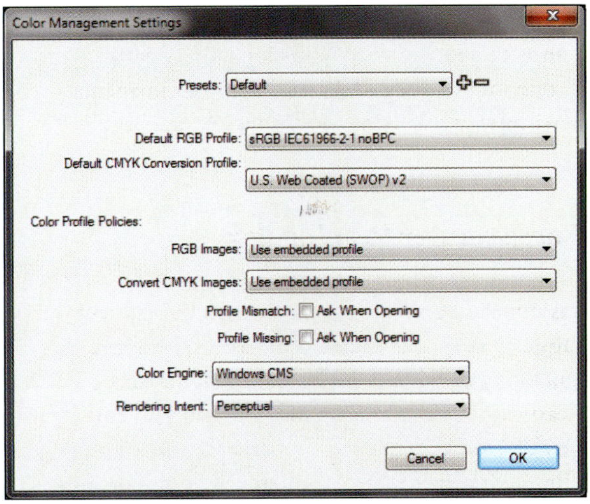

Figura I.1. *Cuadro de diálogo Color Management Settings (Ajustes de administración del color).*

Nuevas herramientas

En Painter 11, se ha añadido la herramienta **Polygonal Selection** (Selección poligonal), que hace que sea mucho más sencillo seleccionar líneas rectas sin tener que acudir a la herramienta **Pen** (Pluma). Cuando estamos utilizando la herramienta **Polygonal Selection**, podemos pasar a la herramienta **Lasso** (Lazo) manteniendo pulsada la tecla **Control** (**Comando**) (la herramienta volverá a su estado original cuando soltemos la tecla).

Otra de las novedades de Painter 11, muy bienvenida, es la herramienta **Transform** (Transformar) véase la figura I.2. Todos los elementos del menú Transform se han combinado en esta herramienta y las opciones están disponibles en la barra de propiedades: **Move** (Mover), **Scale** (Modificar escala), **Rotate** (Rotar), **Skew** (Sesgar), **Distort** (Distorsionar) y **Perspective** (Perspectiva).

La herramienta **Magic Wand** (Varita mágica) se ha mejorado y ahora hace selecciones más exactas.

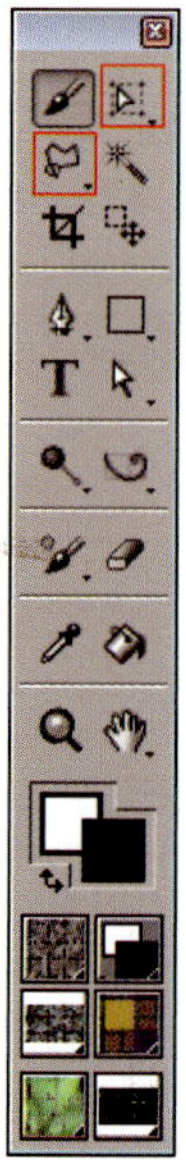

Figura I.2. *La barra de herramientas con las nuevas herramientas resaltadas en rojo.*

Otras mejoras

Muchos de los pinceles se han mejorado para que trabajen a más velocidad y ahora permiten utilizar tabletas gráficas con lápices sensibles a la inclinación, de forma que el ángulo del lápiz determinará el ancho del trazo. También se ha mejorado el control de velocidad, para que los trazos de pincel rápidos depositen menos pintura que los trazos lentos.

En cuanto a las mejoras operativas, ahora Painter puede usar procesadores *dual core* y también ha mejorado la compatibilidad con Photoshop. Como podríamos esperar, ahora utiliza los sistemas operativos de Microsoft y Apple.

Painter 11 es compatible con el formato PNG. Es un formato de compresión sin pérdida que, a diferencia del formato JPG, permite usar transparencias.

Nuevos pinceles

Painter 11 incluye una nueva categoría de pinceles, Markers (Marcadores) que imita la utilización de los marcadores del mundo real, haciendo trazos anchos que acumulan el color en cada aplicación. Desde un punto de vista fotográfico, no tienen demasiado interés, ya que no permiten hacer buenas clonaciones al aumentar la densidad muy rápidamente.

El resto de pinceles nuevos no están en una categoría independiente, sino repartidos por las categorías de pinceles existentes, y se denominan pinceles *Real* (Reales). A diferencia de los pinceles de la categoría Markers, casi todos los pinceles *Real* son excelentes para clonar fotografías. Son rápidos y fáciles de utilizar y pertenecen casi todos al estilo *Hard Media* (Materiales duros), es decir tizas, pasteles, plumas, etc.

Incluso tienen su propia paleta (véase la figura I.3) en la que podemos modificar fácilmente sus características. En varios de los tutoriales de este libro utilizaremos estos nuevos pinceles. Las nuevas variantes se encuentran en las siguientes categorías de pinceles: Pencils (Lápices), Erasers (Borradores), Colored Pencils (Lápices de colores), Chalk (Tiza), Conte (Conté), Pastels (Pasteles), Blenders (Mezcladores), Sumi-e (Sumi-e), Calligraphy (Caligrafía), Digital Watercolor (Acuarela digital) y Acrylics (Acrílicos).

En la figura I.4 puede ver una selección de los nuevos tipos de pinceles (todos ellos en sus ajustes por defecto y con la opción Clone Color (Clonar color) activada).

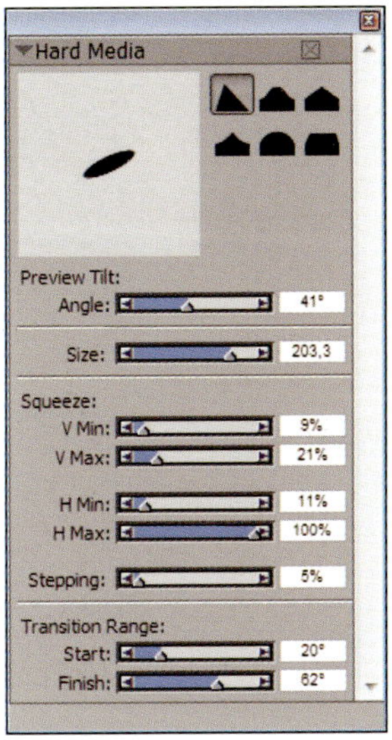

Figura I.3. *La nueva paleta Hard Media (Materiales duros).*

DÓNDE CONSEGUIR AYUDA

- `www.painterforphotographers.co.uk`: Es el sitio Web que complementa a este libro. Encontrará técnicas paso a paso adicionales, galerías de imágenes, información y enlaces a otros sitios sobre Painter.

- `www.corel.com`: En el sitio Web de Corel podrá encontrar información sobre las últimas versiones de Painter, actualizaciones y prácticas. Le recomendamos que consulte periódicamente la sección *Painter Canvas*, un boletín periódico que contiene tutoriales y noticias sobre Painter.

- `www.painterfactory.com`: Es el sitio Web de una comunidad de usuarios de Painter administrada por Corel en la que participan más de 1.500 usuarios. Tiene foros para compartir obras e ideas, aprender técnicas, obtener ayuda y estar en contacto con la comunidad de Painter.

- `www.digitalpaintingforum.com`: Marilyn Sholin dirige este foro sobre pintura digital que permite participar a los usuarios y compartir ideas e imágenes con otros usuarios de Painter.

- `www.permajet.com`: Un distribuidor de excelentes papeles para impresoras de chorro de tinta, adecuados para imágenes pictóricas. Puede encontrar una copia de su catálogo actual con mucha información sobre papeles y perfiles en el DVD del libro.

- `martin@painterforphotographers.co.uk`: Estaría encantado de recibir comentarios sobre los contenidos de este libro. Si desea ponerse en contacto conmigo, por favor envíeme un correo electrónico a esta dirección.

Figura I.4. *Algunos de los nuevos pinceles Real.*

Capítulo 1

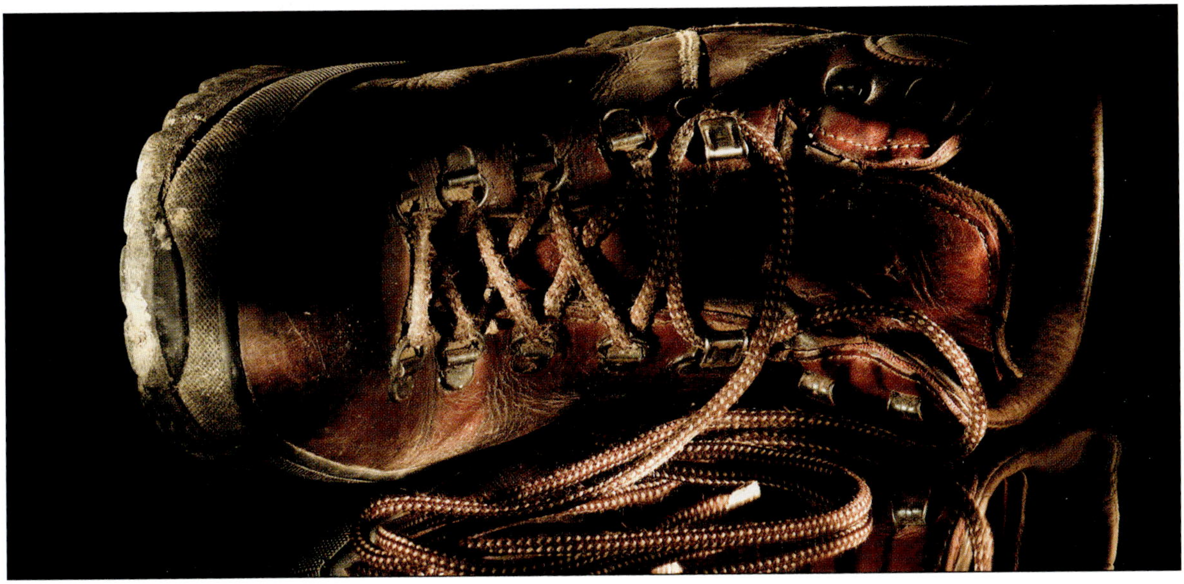

Iniciarse en Painter 11

La primera parte de este capítulo está pensada para aquellas personas que nunca han utilizado Painter. Contiene ejercicios básicos que le enseñarán a identificar las áreas más importantes del espacio de trabajo. Si ya ha utilizado Painter con anterioridad, puede que prefiera saltarse este apartado o consultar solamente las novedades del programa.

La segunda parte del capítulo contiene información que le permitirá personalizar el programa para adaptarlo a sus necesidades. También explicaremos la utilización de tabletas gráficas y la configuración de preferencias para que el proceso de trabajo sea más rápido y fluido.

Podrá utilizar ambas secciones como referencia rápida sobre los elementos principales del programa a medida que trabaja en los ejercicios paso a paso de capítulos posteriores.

En el capítulo 12, encontrará información sobre la impresión y la administración del color.

Es probable que muchos lectores hayan utilizado Adobe Photoshop o estén familiarizados con este programa. Para ellos, hemos incluido una sección en la que destacamos las diferencias principales entre los dos programas: los nombres de las técnicas pueden variar y, por supuesto, la ubicación de determinados comandos. También encontrará unas tablas de compatibilidad de archivos, herramientas y métodos abreviados de teclado.

Figura 1.1. *Buque de vela, pintado con el pincel Square Chalk (Tiza cuadrada).*

EL ESPACIO DE TRABAJO DE PAINTER 11

Vista por defecto

En la figura 1.2 puede ver la ventana por defecto de Painter 11, con la barra de menús en la parte superior de la pantalla y la barra de propiedades situada justo debajo, con el selector de pinceles a la derecha. En el lado izquierdo de la ventana se sitúan las herramientas y, en el lado derecho, una serie de paletas, justo debajo del selector de pinceles.

La barra de herramientas

La barra de herramientas es donde se almacenan todas las herramientas (como es de suponer). En la figura 1.3 puede ver la barra de herramientas de Painter 11, con todas las herramientas a priori ocultas a la vista, a ambos lados de la barra.

Para acceder a las herramientas ocultas, haga clic sobre la herramienta visible y mantenga pulsado el botón del ratón para abrir las opciones adicionales. Luego, simplemente haga clic sobre la herramienta que quiera utilizar. En este capítulo, explicaremos algunas de las herramientas más importantes que utilizaremos en el libro, aunque los iconos de la mayoría de herramientas son bastante obvios.

Existen métodos abreviados de teclado para la mayoría de las herramientas que se utilizan habitualmente y, además, también podemos crear nuevos métodos abreviados de teclado en el menú Preferences (Preferencias).

Puede encontrar una explicación completa de todas las herramientas en el propio programa, en Help>Help Topics (Ayuda>Temas de ayuda).

> **Nota:** Las nuevas herramientas que se han añadido en Painter 11 son la herramienta **Transform** (Transformar), que está escondida tras la herramienta **Layer Adjuster** (Ajustar capa), y la herramienta **Polygonal Lasso** (Lazo poligonal), tras la herramienta **Rectangular Selection** (Selección rectangular).

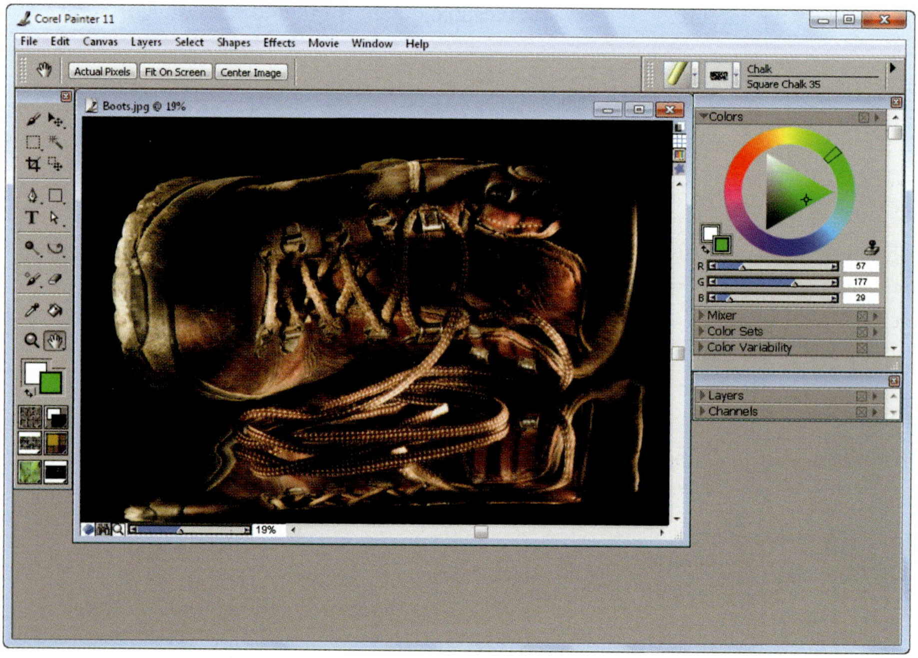

Figura 1.2. Ventana por defecto de Painter 11.

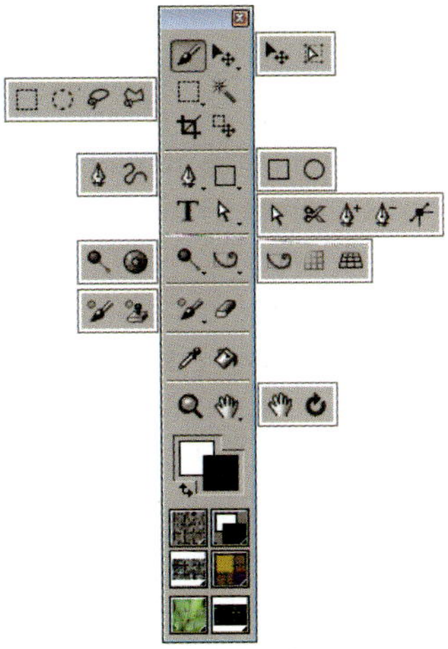

Figura 1.3. *La barra de herramientas mostrando todas las herramientas ocultas. Los iconos de la paleta Biblioteca de la parte inferior de la barra de herramientas son atajos para seleccionar Papeles (Paper Selector), Degradados (Gradient Selector), Motivos (Pattern Selector), Tejidos (Weaves Selector), Aspectos del pincel (Look Selector) y Nozzles (Nozzle Selector).*

Abrir una imagen en Painter

Painter permite utilizar diferentes tipos de imágenes. Si va a utilizar imágenes procedentes de una cámara digital, los tipos de archivo más habituales son los formatos JPEG o TIFF. Si va a importar una imagen guardada en Adobe Photoshop, lo más probable es que el archivo sea del tipo PSD. Painter puede utilizar perfectamente todos estos archivos, además de muchos otros. Este programa tiene su propio formato de archivo, llamado RIFF; sin embargo, en la mayoría de casos, no es necesario utilizar este formato cuando importamos fotografías. Por lo general, es preferible no utilizar archivos de imagen demasiado grandes, ya que ralentizan el programa y algunos de los pinceles complejos podrían trabajar muy lentamente.

Si va a imprimir la imagen, lo ideal es utilizar una resolución de 150 a 300 ppp, lo que significará un tamaño de archivo de entre 10 y 20 MB, adecuado para imprimirlo en A4 y A3. Para utilizar la imagen en Internet, podemos utilizar un tamaño de archivo mucho menor: en la mayoría de los casos en torno a 1 MB. Puede encontrar más información sobre tamaños de archivo e impresión en el capítulo 12.

Nota: Painter no puede leer archivos RAW, por tanto tendrá que abrirlos primero en un lector de imágenes RAW, como Adobe Camera Raw o Aperture.

Abra el archivo `Boots.jpg` de la carpeta `Chapter1` (Capítulo 1) del DVD o utilice una de sus fotografías para probar las siguientes técnicas.

El selector de pinceles

El selector de pinceles es donde escogeremos el tipo de pincel que queremos utilizar. Los pinceles son el núcleo de Painter y hablaremos de ellos con más detalle en los capítulos 3 y 4.

En el extremo derecho de la barra de propiedades se encuentra el selector de pinceles. Haga clic en el icono del pincel de la izquierda y se abrirá un menú desplegable que mostrará todas las categorías de pinceles disponibles. Haga clic en la esquina inferior derecha del menú y arrastre hacia abajo para ver la lista completa de categorías de pinceles. Seleccione la categoría Oils (Óleo).

Haga clic en el icono situado justo a la derecha para abrir otro menú desplegable con las variantes de la categoría Oils. Una vez más, tendrá que arrastrar la esquina inferior de la lista hacia abajo para mostrar todas las variantes. Esta categoría es muy amplia y le dará una idea de la cantidad de pinceles disponibles. Haga clic en el pincel Bristle Oils 30 (Cerda óleo 30), como se muestra en la figura 1.4.

Figura 1.4. *El selector de pinceles.*

Seleccionar un color en la paleta Colors (Colores)

Para seleccionar un color, vaya a la paleta Colors (Colores), que debería estar visible en la parte derecha de la pantalla. En caso contrario, seleccione Window>Color Palettes>Colors (Ventana>Paletas de colores>Colores) para mostrarla.

En la figura 1.5 se muestra la paleta Colors. Haga clic en el círculo exterior de colores para seleccionar el tono del color. La sección interior define el brillo del color: el color puro está a la derecha los colores más oscuros en la parte inferior izquierda y los claros en la parte superior. Haga clic en el triángulo para escoger el tono. El cuadrado naranja (cuadrado inferior, a la izquierda de la figura 1.5) es el color principal y nos muestra el color que hemos seleccionado. Explicaremos la paleta Colors con más detalle en el capítulo 7. Dibuje algunas líneas sobre la imagen para acostumbrarse al pincel. Si está utilizando una tableta gráfica, comprobará que el pincel responde de forma distinta dependiendo del ángulo utilizado (es lo habitual en la mayoría de pinceles). Es recomendable utilizar una tableta gráfica para sacar el máximo partido del programa. Al final de este capítulo, encontrará algunos consejos para configurar su tableta gráfica para Painter.

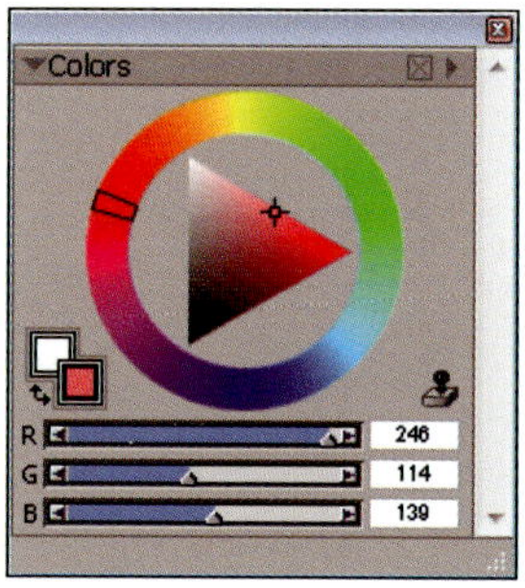

Figura 1.5. La paleta Colors.

Pruebe ahora un pincel de la categoría Chalk (Tiza). Haga clic en el pincel Square Chalk 35 (Tiza cuadrada 35), muy diferente del pincel Oils que utilizamos antes. Pruebe otras categorías de pinceles pero evite, de momento, las categorías Watercolor (Acuarela) y Liquid Ink (Tinta líquida), ya que se necesita una capa especial para poder utilizarlas. Borre los trazos de pincel pulsando las teclas **Control-Z** o **Comando-Z**.

Nota: La paleta Colors ha mejorado mucho en Painter 11. La adición de los deslizadores RGB y HSV es muy útil, al igual que la posibilidad de aumentar el tamaño de la paleta para seleccionar más fácilmente los colores. También podremos hacer ajustes menores pulsando las teclas del cursor del teclado para mover el cursor de la paleta en intervalos precisos.

La barra de propiedades

En la figura 1.6 se muestra la barra de propiedades. Es una barra dependiente del contexto que cambia en función de la herramienta que esté activa en cada momento. En este caso, puede ver la barra de propiedades cuando está seleccionado un pincel. Aquí es donde se cambia normalmente el tamaño de los pinceles (Size). Justo al lado de este cuadro de lista desplegable, está la opción Opacity (Opacidad), que nos permite ajustar la densidad del color que vamos a aplicar a la imagen. Explicaremos con más detalle el resto de estos ajustes en el capítulo 4.

Figura 1.6. La barra de propiedades.

Corregir errores

Ahora su imagen estará cubierta de trazos de pincel (véase la figura 1.7), así que es un buen momento para explicar cómo corregir errores y, en caso necesario, devolver una imagen a su estado original.

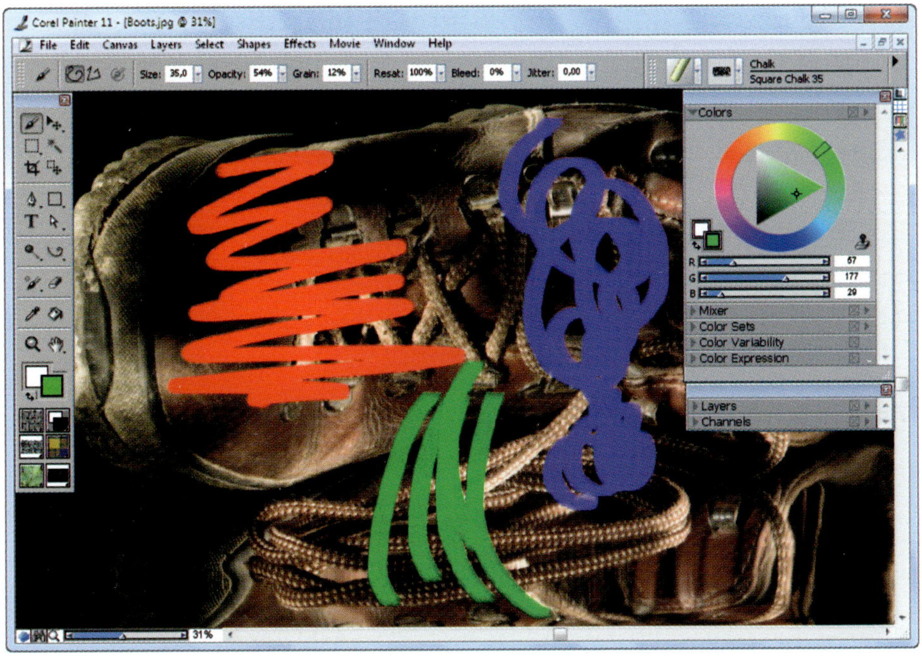

Figura 1.7.
Corregir errores.

El valiosísimo comando Undo (Deshacer) está dentro del menú Edit (Edición). Como hemos estado utilizando un pincel, aparecerán en el menú las palabras Undo brush stroke (Deshacer trazo de pincel). Haga clic en esta opción para deshacer el último trazo de pincel. Haga clic otra vez para deshacer el trazo anterior. Como puede comprobar, el comando funciona hacia atrás y nos permite deshacer la última acción hasta llegar al número máximo de acciones que podemos deshacer, que es de 32 pasos. Podemos cambiar este número en el menú Preferences, del que hablaremos más adelante en este capítulo. En vez de ir al menú cada vez que tenga que utilizar el comando Undo, es mucho más rápido utilizar el método abreviado de teclado **Control-Z** o **Comando-Z**. Si es usuario de Photoshop, debe tener en cuenta que el comando Undo de Painter funciona de forma diferente y que no actúa como un conmutador.

Para rehacer un paso, seleccione Edit>Redo (Edición>Rehacer) o utilice el método abreviado de teclado **Control-Y** o **Comando-Y**.

Si quiere volver al archivo original, seleccione File>Revert (Archivo>Volver). Confirme que quiere regresar al archivo original haciendo clic en el botón **Revert** del cuadro de diálogo que aparece y la imagen volverá a su estado inicial. Esto funciona siempre que la imagen original siga estando en el mismo lugar desde el que fue abierta, bien en su ordenador o en el DVD.

Moverse por la imagen

Una de las grandes ventajas de todos los programas de tratamiento de gráficos es la posibilidad de aumentar el tamaño de la imagen para trabajar de forma más detallada. La forma más rápida de hacerlo es utilizando los métodos abreviados de teclado, pero explicaremos también cómo hacerlo a través de la barra de herramientas.

Seleccione la herramienta **Magnifier** (Lupa) en la barra de herramientas y haga clic en la imagen. La imagen aumentará un 25 por 100 cada vez que haga clic. Para disminuir el zoom de la imagen, mantenga pulsada la tecla **Alt** u **Opción** y haga clic en la imagen de nuevo. Cuando la herramienta **Magnifier** está activada, encontramos tres botones en la barra de propiedades que nos permiten mostrar vistas predeterminadas, como puede ver en la figura 1.8

Figura 1.8. *Opciones de la herramienta Magnifier en la barra de propiedades.*

La opción Actual pixels (Píxeles reales) muestra la imagen con un zoom del 100 por 100, muy útil para comprobar detalles.

La opción Fit on Screen (Encajar en pantalla) muestra la imagen completa en pantalla, al tamaño más grande posible, sin que quede oculta ninguna parte de ella. La opción Center Image (Centrar imagen) centra de nuevo la imagen después de haber modificado el zoom.

Otra forma de modificar el zoom de la imagen es utilizando el deslizador de la parte inferior de la ventana del documento (véase la figura 1.9). El porcentaje que aparece en la parte derecha de la barra es el zoom actual de la imagen. Escriba una cantidad y pulse **Intro** para seleccionar un porcentaje de zoom determinado.

Aumente el zoom de la imagen bastante y haga clic en el icono de los prismáticos que se muestra en la figura 1.9, a la izquierda del deslizador, para mostrar la parte de la imagen que está viendo aumentada.

Figura 1.9. *Utilice el deslizador para modificar el zoom de la imagen.*

Puede ver el resultado en la figura 1.10. En la pequeña ventana de la parte inferior izquierda de la pantalla se muestra la imagen completa, con un rectángulo rojo que define la parte de la imagen que estamos viendo ampliada. Haga clic dentro del rectángulo rojo y arrástrelo para mover el área que se muestra en pantalla.

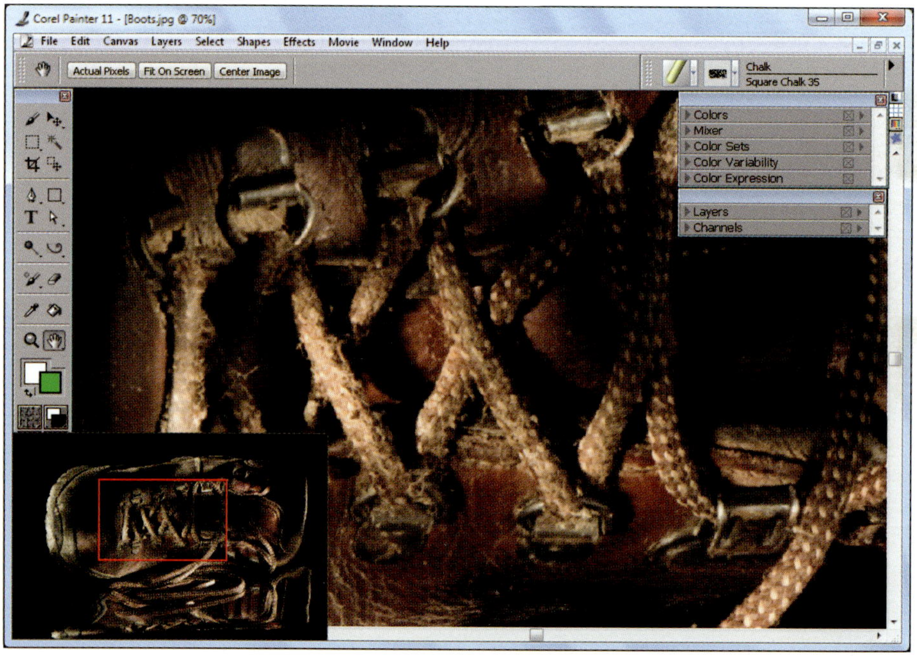

Figura 1.10. *Utilizar el navegador.*

Haga clic en la herramienta **Grabber** (Arrastrar, el icono es una mano) de la barra de herramientas y el cursor se convertirá en una mano. Haga clic sobre la imagen y arrastre para moverla. Haga doble clic en el icono de la herramienta **Grabber**, en la barra de herramientas, para mostrar la imagen en pantalla.

Rotar el lienzo

La herramienta **Grabber** es una de las herramientas que tiene opciones adicionales en la barra de herramientas. Haga clic sobre el icono de la herramienta **Grabber** y mantenga pulsado el botón del ratón para seleccionar el segundo icono, en forma de flecha circular. Es la herramienta **Rotate Page** (Rotar página), que nos permite rotar la imagen para que nos resulte más sencillo trabajar con determinados pinceles. Haga clic sobre la ventana del documento y arrastre para rotar la imagen. Para volver a la posición original, haga clic una vez sobre el icono de la herramienta **Rotate Page** en la barra de herramientas. No debe confundir esta herramienta con el comando **Rotate Canvas** (Rotar lienzo) del menú Canvas (Lienzo). La herramienta **Rotate Page** sólo gira la imagen temporalmente, igual que haría un artista con su lienzo, para obtener un mejor ángulo para trabajar. En la figura 1.11 puede ver una imagen rotada mediante esta técnica.

La vista normal

La vista normal (véase la figura 1.12) muestra la imagen dentro de su ventana de documento. La opción de pantalla completa libera la imagen de los límites de la ventana del documento, llenando con ella toda la pantalla, incluso los espacios situados por detrás de la barra de herramientas y las paletas.

Es una buena forma de trabajar, ya que permite una mayor libertad a la hora de mover la imagen por la pantalla y la ventana del programa queda más despejada.

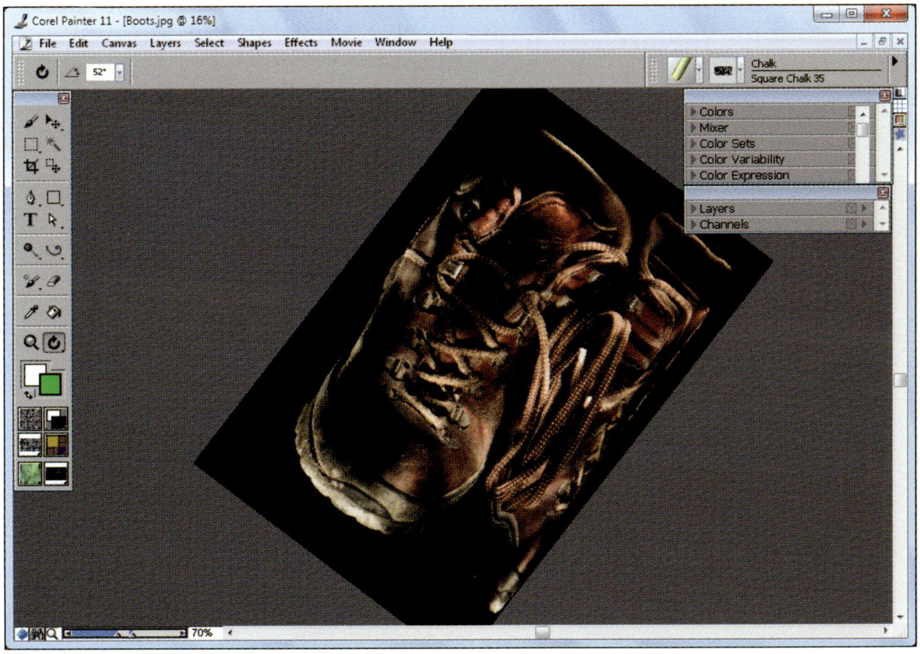

Figura 1.11. *Rotar el lienzo.*

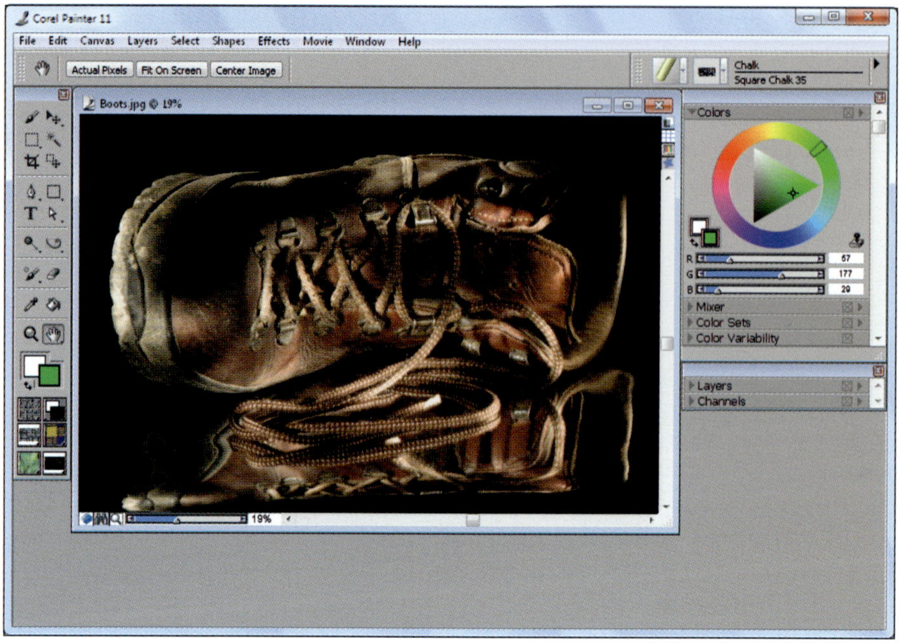

Figura 1.12.
La vista normal.

La vista de pantalla completa

En la figura 1.13 se muestra la vista a pantalla completa. Para utilizar esta vista, haga clic en la opción Screen Mode Toggle (Conmutar modo de pantalla) del menú Window (Ventana) o utilice el método abreviado de teclado **Control-M** o **Comando-M**.

Este método abreviado de teclado funciona como un conmutador, de forma que si volvemos a pulsar las teclas, regresaremos a la vista normal.

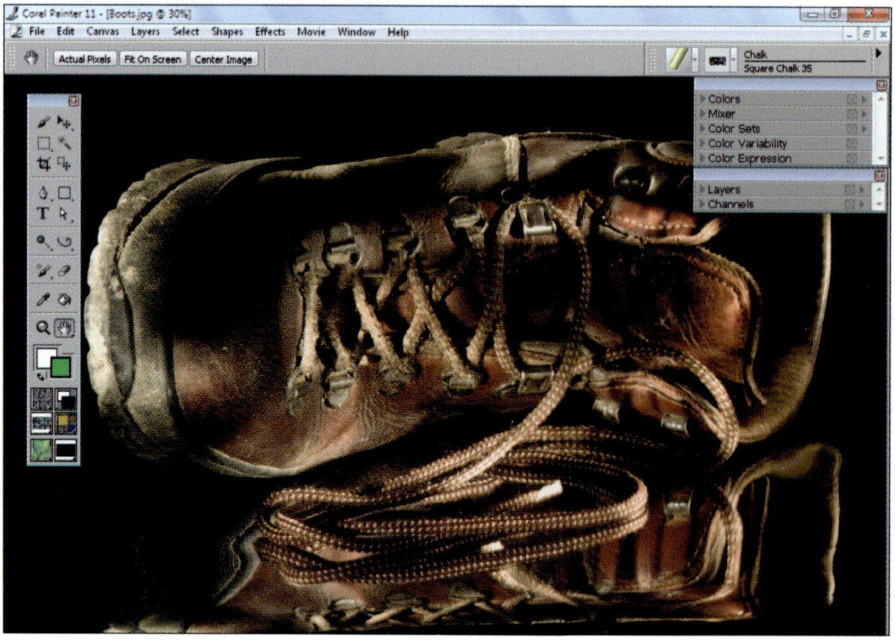

Figura 1.13.
Vista de pantalla completa.

Métodos abreviados de teclado para la pantalla

- **Control-+** o **Comando-+** (signo más) aumenta el zoom de la imagen.

- **Control--** o **Comando--** (signo menos) disminuye el zoom de la imagen.

- **Control-Alt-0** o **Comando-Opción-0** muestra la imagen con un zoom del 100 por 100 (píxeles reales).

- **Control-0** o **Comando-0** encaja la imagen en pantalla.

Utilizar y organizar paletas

En Painter 11 hay más de 30 paletas y aunque podemos minimizarlas y acoplarlas para que estén bien ordenadas, ocupan espacio en la pantalla que podría utilizarse para la imagen. Muchas de estas paletas no son necesarias cuando trabajamos con fotografías. Por suerte, es fácil organizarlas y eliminar las que no necesitemos.

Para eliminar una paleta de la pantalla, haga clic en el botón **X** de su encabezado. Para mostrar paletas que no estén visibles en pantalla, vaya al menú Window y haga clic en el nombre de la paleta que quiera mostrar. Algunas de las paletas, como Brush Controls (Controles de pincel), están organizadas en grupos para mayor comodidad.

Para expandir o minimizar una paleta, haga clic en el triángulo de la izquierda o en el propio nombre de la paleta. Para mover las paletas y acoplarlas, haga clic en el área en blanco situada a la derecha del nombre de la paleta y arrástrela sobre otra paleta para acoplarla.

En la figura 1.14 puede ver las paletas que suelo tener a la vista en la pantalla y que utilizo habitualmente. Generalmente las tengo minimizadas y sólo las expando cuando las necesito.

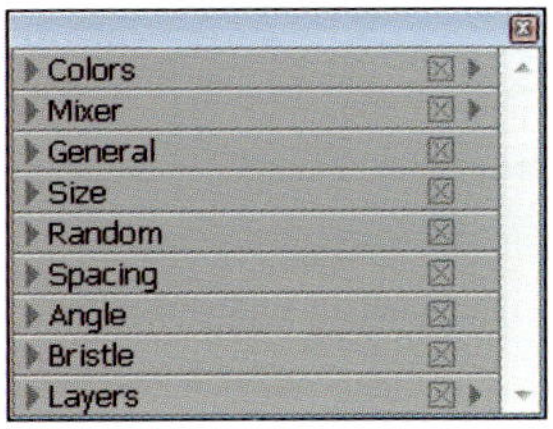

Figura 1.14. *Algunas paletas útiles que podemos mostrar en pantalla.*

Crear paletas personalizadas

Crear paletas personalizadas suele ser bastante útil, tanto para utilizarlas de forma habitual y como para usarlas en una imagen o proyecto concreto. Ésta es una guía rápida para crear una paleta en la que incluiremos diferentes accesos directos.

Seleccione una variante de pincel en el selector de pinceles, haga clic en el icono de la variante y arrástrelo al espacio de trabajo principal. Esto creará automáticamente una paleta personalizada (Custom) como la que se muestra en la figura 1.15. Ahora podrá seguir añadiendo elementos a la paleta. Seleccione un pincel de otra categoría diferente, arrástrelo a la nueva paleta personalizada y colóquelo a la derecha del icono original.

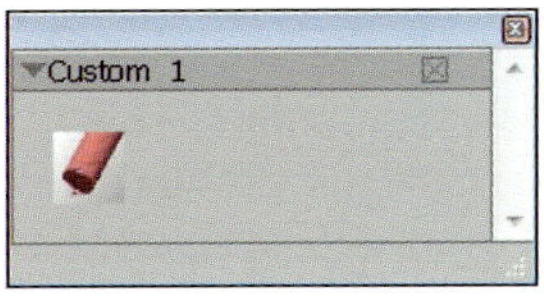

Figura 1.15. *Paleta personalizada.*

Podemos colocar el icono en cualquier lugar de la paleta personalizada, al lado de otro icono o debajo. Para recolocar los iconos, mantenga pulsada la tecla **Mayús** y arrastre el icono a la nueva posición. Para eliminar un icono, mantenga pulsada la tecla **Mayús** y arrastre el icono fuera de la paleta.

Ahora añadiremos una textura de papel. Abra la paleta Papers (Papeles) o utilice los iconos rápidos de la barra de herramientas y arrastre el icono del papel desde la paleta a la paleta Custom.

También podemos añadir comandos de menú. Seleccione Window>Custom Palette>Add Command (Ventana>Paleta personalizada>Añadir comando). Esto abrirá el cuadro de diálogo de la figura 1.16. Seleccione el nombre de la paleta personalizada que está utilizando. Para añadir el comando **Tracing Paper** (Papel de calco), vaya a Canvas>Tracing Paper (Lienzo>Papel de calco), regrese al cuadro de diálogo Add Command y haga clic en **OK**. El acceso directo al comando se incluirá en la nueva paleta.

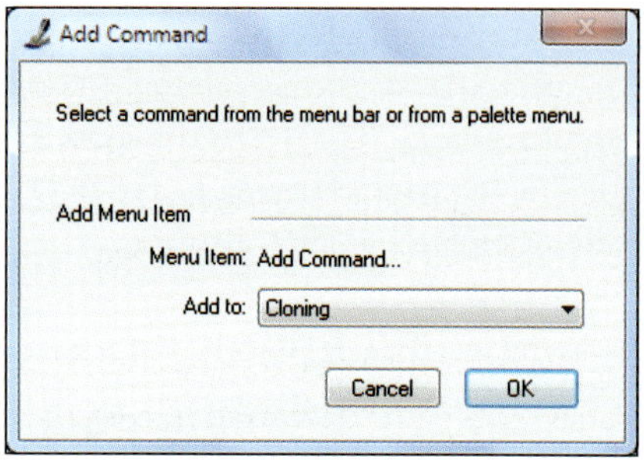

Figura 1.16. *Cuadro de diálogo Add Command para la paleta personalizada.*

Para eliminar o modificar el nombre de las paletas personalizadas, seleccione Window>Custom Palette>Organizer (Ventana>Paleta personalizada>Organizar), resalte la paleta que quiere modificar y haga clic en el botón correspondiente. Painter recordará esta paleta cada vez que abra el programa, pero para guardar una paleta realmente útil de forma permanente utilice el botón **Export**. El botón **Import** permite añadir paletas guardadas anteriormente. En la figura 1.17 puede ver un ejemplo de una paleta personalizada completada.

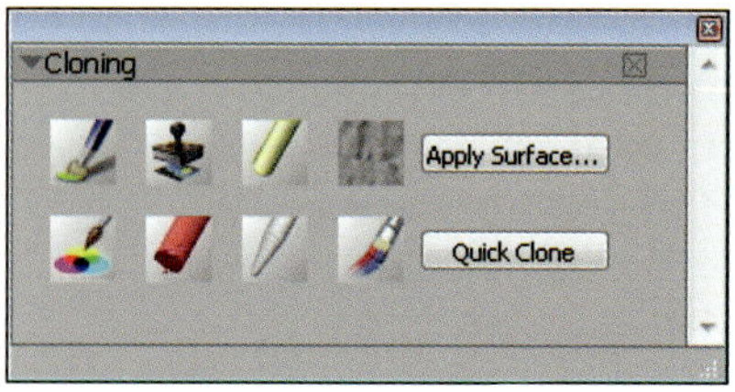

Figura 1.17. *Una paleta personalizada para el proceso de clonación.*

El menú de las paletas

Una nota más sobre las paletas: a la derecha del nombre de la paleta hay un pequeño triángulo (rodeado con un círculo en la figura 1.18) que nos indica que la paleta contiene un menú. Es una selección de opciones adicionales relacionadas con esa paleta en concreto. Haga clic sobre el triángulo y mantenga pulsado el botón del ratón para ver el menú desplegable. Explicaremos las diferentes paletas con más detalle a medida que avancemos por los ejemplos del libro.

Figura 1.18. *El menú de la paleta desplegado.*

El creador de pinceles

Hablaremos del creador de pinceles (Brush Creator) con más detalle en el capítulo 4, pero lo explicaremos brevemente aquí, ya que lo utilizaremos en algunos ejemplos de los primeros capítulos. Esta paleta, a la que podemos acceder mediante el método abreviado de teclado **Control-B** o **Comando-B,** o desde el menú Window>Show Brush Creator (Ventana>Mostrar creador de pinceles), contiene los controles para crear pinceles personalizados. Haciendo clic sobre una de las categorías de la lista de la izquierda, se abre la subpaleta correspondiente con los deslizadores y opciones disponibles (véase la figura 1.19). A la derecha, encontramos un panel con una hoja en blanco para probar los pinceles antes de utilizarlos. Regresaremos a esta paleta más adelante.

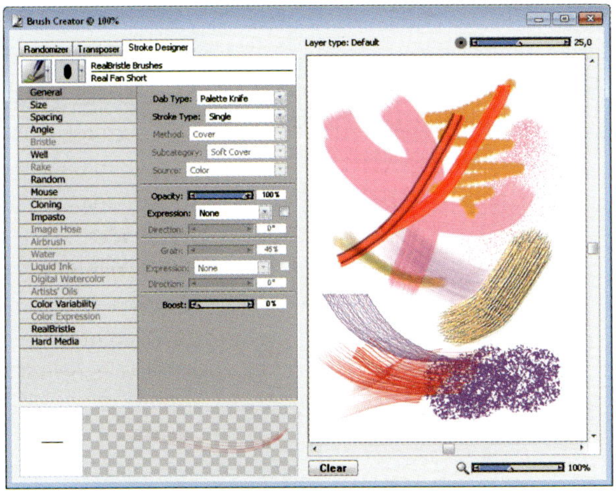

Figura 1.19. *La paleta Brush Creator (Creador de pinceles).*

En Painter 11, todas las subpaletas están disponibles como paletas independientes que podemos colocar en la pantalla de forma individual. Es una característica muy útil, ya que muchas de las paletas apenas se utilizan. Una de las paletas que recomiendo tener en pantalla es la paleta General (General), que podemos abrir mediante el menú Window>Brush Controls>General (Ventana>Controles de pincel>General). En algunas versiones anteriores de Painter, esta paleta no está disponible de forma independiente, pero podemos acceder a ella a través de la paleta Brush Creator.

Utilizar una tableta gráfica

Si queremos sacar el máximo partido de los pinceles de Painter, es necesario tener una tableta gráfica con un lápiz sensible a la presión. Wacom es la marca líder en tabletas gráficas y tienen gran cantidad de modelos, desde tabletas pequeñas a muy grandes. Personalmente, creo que el tamaño ideal es A5 (148 x 210 mm), lo bastante grande para permitirnos hacer trazos amplios con el pincel pero sin ocupar demasiado sitio en el escritorio. Actualmente podemos encontrar versiones panorámicas, perfectas para monitores modernos de formato panorámico.

La configuración de los botones de su lápiz dependerá de sus preferencias personales. Una vez que haya instalado el software en su ordenador, podrá acceder a los controles a través del Panel de control de Windows o las Preferencias del sistema en Mac.

Todos los pinceles y ajustes de opacidad de este libro están pensados para utilizarse con una tableta grafica. Si está utilizando un ratón, tendrá que reducir en gran medida la opacidad indicada.

En Painter, podemos utilizar un control llamado Brush Tracking (Calibración del pincel) para ajustar la sensibilidad del lápiz, de forma que se adapte a nuestra mano. En el menú Edit (Edición), haga clic en Preferences (Preferencias) y seleccione Brush Tracking en el cuadro de diálogo.

Haga unos cuantos trazos de prueba con diferentes intensidades en el panel de borrador, como se muestra en la figura 1.20, y Painter ajustará automáticamente la sensibilidad del lápiz a la presión de su mano. Es recomendable realizar trazos con diferentes grados de presión y velocidad para conseguir el máximo rango de ambas. También es conveniente utilizar el control Brush Tracking a menudo, ya que nuestra forma de utilizar el pincel puede variar de un día a otro (más o menos presión, más o menos velocidad). Si abrimos el control y hacemos unos cuantos trazos, Painter podrá reaccionar mejor a nuestra mano en cada momento. Podemos acceder al control Brush Tracking mediante el método abreviado de teclado **Control-Mayús-K**.

Guardar imágenes

En el menú File (Archivo), tenemos tres opciones disponibles para guardar imágenes.

La opción Save (Guardar) guardará la imagen sobrescribiendo el archivo original.

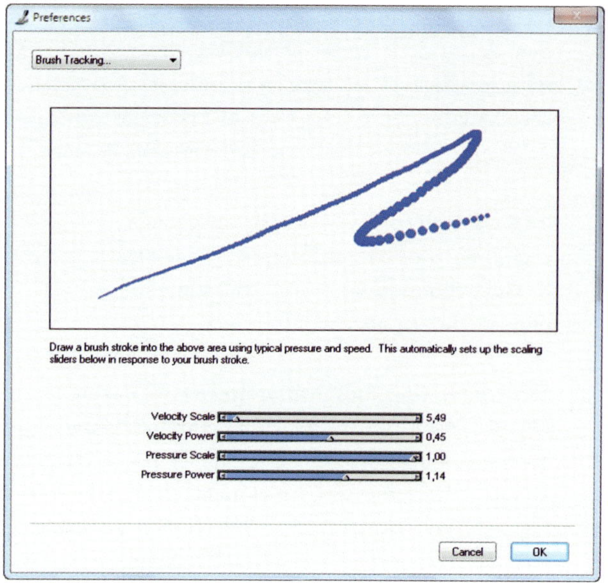

Figura 1.20. *El control Brush Tracking del menú Preferences.*

La opción Save As (Guardar como) guardará una copia de la imagen con un nombre diferente, en caso de que sea necesario.

La opción Iterative Save (Guardar iterativo) es muy útil cuando necesitamos guardar versiones intermedias de la imagen que muestren diferentes grados de finalización. Cada vez que guardemos la imagen, Painter añadirá un número incremental al archivo (por ejemplo 001, 002, etcétera). Es una opción muy útil para poder regresar a una versión anterior del archivo y, en caso de que no los vayamos a necesitar más adelante, podremos borrar estos archivos intermedios una vez que la imagen esté finalizada.

Painter permite guardar las imágenes en diferentes formatos de archivo, pero por lo general deberían guardarse en el mismo formato que tenía el archivo original cuando lo abrimos. En el caso de las fotografías, normalmente será el formato PSD, si la imagen procede de Photoshop, o el formato JPEG, si proceden de una cámara digital.

Las imágenes que comienzan siendo JPEG deberían guardarse en los formatos PDS o RIFF mientras estemos trabajando en Painter, ya que si guardamos continuamente una imagen en formato JPEG se degradaría su calidad.

El formato de archivo nativo de Painter es RIFF. Si sólo va a utilizar Painter, éste es el formado que debería emplear. Si va a utilizar Painter en combinación con Photoshop, es preferible usar el formato PSD de Photoshop, para poder abrir los archivos directamente en este programa.

Sin embargo, es recomendable, o mejor dicho indispensable, utilizar el formato RIFF cuando vayamos a usar determinadas categorías de pincel, principalmente las categorías Watercolor y Liquid Ink. Con el formato de archivo RIFF, podremos guardar el archivo y abrirlo más adelante y los trazos de pincel seguirán siendo editables. También debemos utilizar este formato, por el mismo motivo, cuando queramos aplicar un efecto de mosaico. Para los usuarios de Photoshop: estas capas son parecidas a las capas de ajuste, que podemos modificar siempre que queramos mientras no acoplemos las capas del archivo. Las capas Dynamic Plugins (Complementos dinámicos), disponibles en la parte inferior de la paleta Layers (Capas), son también muy similares a las capas de ajuste de Photoshop y no podrán editarse si guardamos el archivo en otro formato que no sea RIFF.

Ajustes por defecto de los pinceles

Cuando utilizamos Painter, es frecuente que cambiemos la configuración de muchos pinceles. Painter recuerda estos cambios de una sesión a otra, lo que resulta muy útil. Sin embargo, a veces querremos volver a los ajustes por defecto.

Para devolver una variante de pincel concreta a sus ajustes por defecto, haga clic en el icono del pincel del extremo izquierdo de la barra de propiedades o bien haga clic en el triángulo del menú desplegable de la paleta Brush Selector (Selector de pinceles) y escoja la opción Restore Default Variant (Restaurar variante predeterminada). La opción Restore All Default Variants (Restaurar todas las variantes predeterminadas) nos permite devolver todas las variantes de pincel a sus ajustes por defecto.

Si quiere restaurar todos los ajustes de Painter a su configuración original, mantenga pulsada la tecla **Mayús** cuando abra el programa y se le dará la opción de devolver todas las opciones a sus ajustes de fábrica. Evidentemente, perderá TODOS los cambios que haya realizado en el programa, así que piénselo bien antes de hacerlo.

Es una buena idea guardar una copia de seguridad de todos los pinceles personalizados que creemos, ya que también se perderán cuando devolvamos el programa a sus ajustes de fábrica.

CONFIGURAR LAS PREFERENCIAS

Preferencias - General

Además del control Brush Tracking que explicamos antes, podemos encontrar muchos otros ajustes útiles en el menú Edit>Preferences.

En la figura 1.21 se muestran las opciones incluidas en la categoría General. La sección superior izquierda controla el aspecto del cursor.

Normalmente, lo mejor es configurar la opción Cursor type (Tipo de cursor) en Brush (Pincel), aunque podemos escoger otras formas en el cuadro de lista desplegable de la derecha.

La opción Enable Brush Ghosting (Activar pincel fantasma) significa que podremos ver en pantalla el tamaño del pincel antes de pintar (cuando estemos pintando pasará a la forma de cursor).

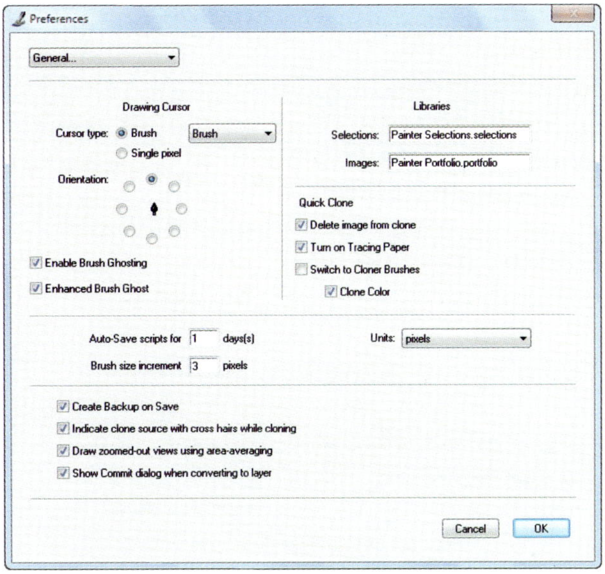

Figura 1.21. *La categoría General del cuadro de diálogo Preferences.*

La opción Enhanced Brush Ghosting (Pincel fantasma mejorado) hace que el cursor se mantenga en forma de círculo, pero añadiéndole un punto/línea para indicar su centro y en qué dirección estamos pintando. Esto es especialmente útil cuando utilizamos pinceles grandes, ya que nos permite identificar de forma precisa el punto en que vamos a pintar.

La opción Brush Size Increments (Incrementos de tamaño de pincel) controla la cantidad de píxeles que aumentará o disminuirá el tamaño del pincel cuando utilicemos el método abreviado de teclado de los corchetes.

La sección Quick Clone (Clonación rápida) define los pasos que se realizarán cuando utilicemos la clonación rápida. Le recomendamos que los configure como en la figura 1.21.

El resto de opciones pueden dejarse en sus ajustes por defecto.

Preferencias - Sistema operativo

En la categoría Operating system (Sistema operativo) del cuadro de diálogo Preferences, debe marcar las dos casillas de verificación. La opción No Device Dependent Bitmaps (Mapas de bits no dependientes del dispositivo) es para los usuarios de Windows que usen monitores de 16 bits; si utiliza otro tipo de monitor, esta opción no tendrá efecto.

Preferencias - Deshacer

En la categoría Undo (Deshacer) del cuadro de diálogo Preferences, es donde especificaremos el número de pasos para deshacer que recordará Painter. El valor que escojamos dependerá en gran medida de la cantidad de memoria RAM instalada en nuestro ordenador. Cuanto mayor sea el número, más flexibilidad tendrá el comando Undo, pero más memoria RAM tendrá que utilizar Painter para recordar los pasos realizados. El valor máximo es 32, que es el valor por defecto (véase la figura 1.22).

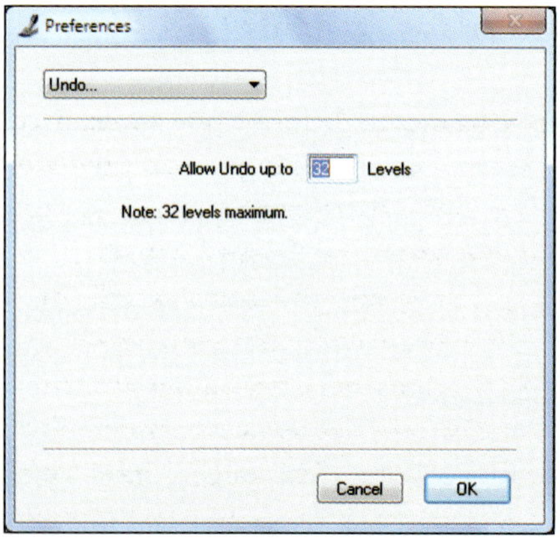

Figura 1.22. *La categoría Undo del cuadro de diálogo Preferences.*

Preferencias - Personalizar teclas

La categoría Customize Keys (Personalizar teclas) del cuadro de diálogo Preferences es perfecta para aquellas personas que utilizan mucho los métodos abreviados de teclado (entre las que me incluyo). Permite crear métodos abreviados de teclado personalizados para la mayoría de funciones de Painter y también cambiar los métodos abreviados por defecto. Es especialmente útil si usamos otro programa como Photoshop, por ejemplo, ya que nos permite emplear los mismos métodos abreviados en los dos programas.

Para abrir esta categoría, seleccione Edit> Preferentes>Customize Keys (Edición> Preferencias>Personalizar teclas). En la figura 1.23 se muestra el cuadro de diálogo por defecto. Es muy fácil de utilizar, pero veamos un ejemplo para crear un método abreviado de teclado para el comando **Revert** (que utiliza la tecla de función **F12** en Photoshop).

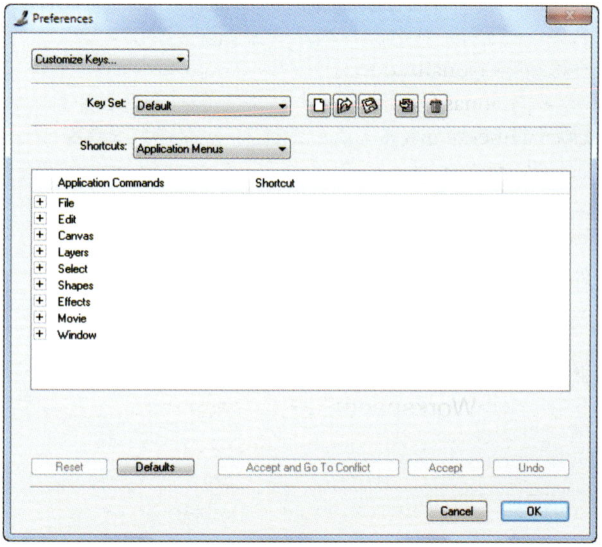

Figura 1.23. *Personaliza teclas.*

Abra el cuadro de diálogo y haga clic en el signo más situado junto a la palabra File (Archivo). Esto mostrará la lista de comandos del menú File. Resalte la opción Revert. Como puede ver, no tiene ningún método abreviado de teclado asignado. Pulse la tecla **F12** para asignar esta tecla como método abreviado de teclado. Si lo desea, cree más métodos abreviados de este modo y haga clic en **OK** cuando acabe para aceptar los cambios. Así de fácil.

Aparte de los comandos de la barra de menús, podemos crear métodos abreviados de teclado para los menús de las paletas y para las herramientas. Cambie la opción seleccionada en el cuadro de lista desplegable Shortcuts (Métodos abreviados de teclado) para acceder a estas otras áreas.

Los cambios que realicemos se guardarán para que podamos utilizarlos de forma inmediata y en los usos siguientes, pero pueden perderse si volvemos a cargar el programa. Sin embargo, podemos guardar nuestro conjunto personalizado de métodos abreviados de teclado haciendo clic en el icono de guardar. También podemos guardar y cargar diferentes conjuntos de métodos abreviados de teclado para usos específicos.

Personalizar el espacio de trabajo

Painter 11 nos permite crear y guardar espacios de trabajo personalizados, así como compartirlos con otras personas (véase la figura 1.24). Esto puede ser especialmente útil para los usuarios más avanzados cuando tengan que realizar un determinado tipo de trabajo. Por ejemplo, puede que queramos crear un espacio de trabajo para clonar imágenes en que tengamos a la vista determinadas bibliotecas de pinceles o papeles, mientras otras permanecen ocultas.

Para crear un nuevo espacio de trabajo, seleccione Window>Workspace>New Workspace (Ventana>Espacio de trabajo>Nuevo espacio de trabajo), como se muestra en la figura 1.24, y dele un nombre a su nuevo espacio de trabajo (véase la figura 1.25).

Coloque las paletas y herramientas como quiera. Si lo desea, puede crear una paleta personalizada con sus papeles y pinceles preferidos, como explicamos antes en este capítulo.

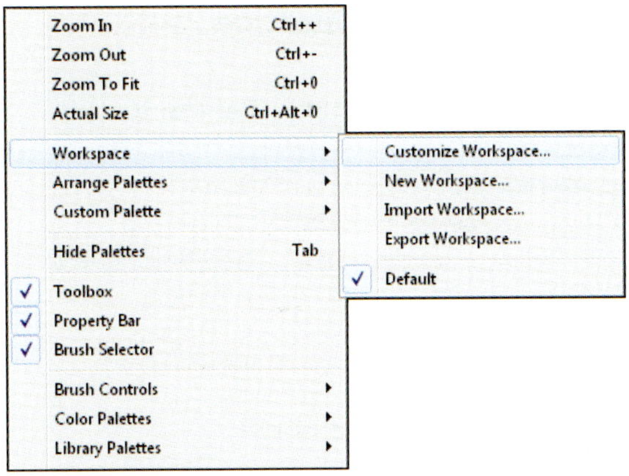

Figura 1.24. *Crear un nuevo espacio de trabajo.*

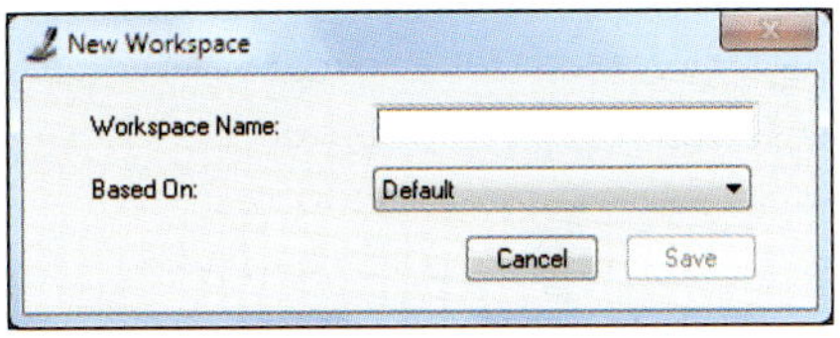

Figura 1.25. *Dar un nombre al nuevo espacio de trabajo.*

PHOTOSHOP Y PAINTER 11

Este libro se ha escrito de forma que no sea necesario el conocimiento previo de ningún otro programa. Sin embargo, soy consciente de que muchos lectores estarán familiarizados con Adobe Photoshop, ya que es el principal programa profesional de edición de imágenes. En este apartado, por tanto, explicaremos las diferencias principales entre ambos programas, los nombres distintos que se usan para describir un mismo procedimiento, cómo pueden intercambiarse archivos y las consecuencias de hacerlo y algunos trucos que nos faciliten un poco la vida.

Terminología y utilización

Photoshop	Painter 11	Comentarios
Acciones	Scripts	Funcionan de forma similar
Fondo modo	Canvas (Lienzo)	Parecidos, pero no siempre funcionan del mismo
Color de fondo	No disponible	Lo que parece el color de fondo es, en realidad, el color adicional (**Additional Color**) que se utiliza cuando empleamos dos colores de pincel
Cuentagotas	Color Picker (Cuentagotas)	Un único clic en la barra de herramientas de Photoshop y doble clic en Painter
Duplicar lienzo	No existe esta opción	Para duplicar el lienzo en Painter siga estos pasos: active la capa Canvas, vaya a Select>All (Seleccionar>Todo), Edit>Copy (Edición>Copiar), y, por último, Edit>Paste in Place (Edición>Pegar en el sitio) para crear una copia en la parte superior de la pila de capas
Duplicar capa	Duplicate Layer (Duplicar capa)	En Painter, haga clic con el botón derecho
Rellenar	Fill (Rellenar)	En el menú Fill de Painter (antes en el menú Effects (Efectos))
Acoplar imagen	Drop All (Acoplar todo)	Disponible en el menú de la paleta Layers (Capas)
Color frontal	Foreground Color (Color frontal)	Funcionan del mismo modo
Menú Filtros	Menú Effects (Efectos)	Los filtros están en el menú Effects
Menú Imagen>Ajustes	Menú Effects	Los ajustes de imagen están en el menú Effects
Modo de fusión de capa	Layer Composite Method (Método de composición de capa)	Funcionan del mismo modo, pero no todos los modos de capa son compatibles. (Más adelante encontrará más detalles)
Combinar visibles	Collapse (Combinar)	Seleccione todas las capas que quiera combinar manteniendo pulsada la tecla **Mayús** y haciendo clic sobre cada una de ellas. Haga clic en el icono **Layer Commands** (Comandos de capas), situado en la parte inferior izquierda de la paleta Layers, y seleccione la opción Collapse para combinar las capas.

Compatibilidad de archivos

De Photoshop a Painter 11	
Capas de ajuste	Ignora el efecto, abre una capa vacía
Canales alfa	Compatibles
Capas	Compatibles
Modos de fusión de capas	Los modos que se abren correctamente son Normal, Disolver, Oscurecer, Multiplicar, Aclarar, Trama, Superponer, Luz suave, Luz fuerte, Diferencia, Tono, Saturación, Color y Luminosidad. El resto de modos de fusión se cambiarán por el método Default (Por defecto)
Efectos de capas	Se ignoran
Máscaras de capa	Compatibles
Grupos de capas	Compatibles
Capas inteligentes	Se convierten en capas normales
Capas de texto	Se convierten en capas normales

De Painter 11 a Photoshop	
Canales alfa	Compatibles
Capas de complementos dinámicos	Se convierten en capas normales
Capas	Compatibles
Modos de fusión de capas	Los modos que se abren correctamente son: Default (Por defecto), Dissolve (Disolver), Darken (Oscurecer), Multiply (Multiplicar), Lighten (Aclarar), Screen (Trama), Overlay (Superponer), Soft Light (Luz suave), Hard Light (Luz fuerte), Difference (Diferencia), Hue (Tono), Saturation (Saturación), Color (Color) y Luminosity (Luminosidad). El resto de modos de fusión se cambiarán al modo Normal
Grupos de capas	Compatibles
Máscaras de capa	Compatibles
Mosaicos	Se convierten a una capa normal
Capas de texto	Se convierten a una capa normal
Capas de acuarela	Se convierten a una capa normal

Herramientas

Photoshop	Painter 11	Comentarios
Mano	Grabber (Arrastrar)	Funcionan igual, pero en Painter tiene una herramienta adicional para rotar el lienzo
Ninguna	Ajuste de selección	Una herramienta útil. Photoshop incluye este comando en el menú Selección

Nota: Por lo general, los iconos de las herramientas de Painter coinciden con los de Photoshop y funcionan de forma similar.

Algunos métodos abreviados de teclado útiles de Painter 11

Acción	Método abreviado de teclado
Cambiar el tamaño del pincel	**Control-Alt** o **Comando-Opción** y arrastrar en el documento. El círculo muestra el tamaño del pincel
Aumentar el tamaño del pincel (incremental)	**[** (Corchete izquierdo) (la cantidad de píxeles que aumentará puede ajustarse en Preferences>General)
Disminuir el tamaño del pincel (incremental)	**]** (Corchete derecho)
Cambiar entre los documentos activos en la pantalla	**Control-Tab** o **Comando-Tab**
Seleccionar todo	**Control-A** o **Comando-A**
Deseleccionar	**Control-D** o **Comando-D**
Copiar	**Control-C** o **Comando-C**
Pegar	**Control-Mayús-V** o **Comando-Mayús-V**
Pegar en el sitio	**Control-V** o **Comando-V**
Guardar	**Control-S** o **Comando-**S
Guardar como	**Control-Mayús-S** o **Comando-Mayús-S**
Guardar iterativo	**Control-Alt-S** o **Comando-Opción-S**

Acción	Método abreviado de teclado
Deshacer	**Control-Z** o **Comando-Z**
Rehacer	**Control-Y** o **Comando-Y**
Papel de calco	**Control-T** o **Comando-T**
Ajustar opacidad	Números del teclado (por ejemplo, **2** para 20 por 100)

Nota: Recuerde que puede cambiar cualquier método abreviado de teclado y crear métodos abreviados personalizados en Preferences>Customize Keys.

Capítulo 2

Los primeros pasos de la clonación

Hay muchas formas de crear imágenes artísticas con Painter: pintar directamente sobre un documento en blanco, utilizar filtros de complementos para modificar las fotografías de diferentes formas o utilizar un método llamado clonación.

La mayor parte de este libro estará dedicada a las técnicas de clonación de todo tipo, por tanto es conveniente explicar qué significa la clonación en este contexto. El término tiene un significado diferente que en otros programas gráficos, como en Photoshop, donde las herramientas de clonación se usan principalmente para retocar imágenes. También podemos utilizarla de este modo en Painter, ya que posee herramientas adecuadas para ello; sin embargo, cuando hablamos de clonar fotografías nos referimos al proceso mediante el cual se toma la imagen de la fotografía original y se reinterpreta de un modo artístico mediante la utilización de los pinceles y las superficies de papel de Painter.

En este capítulo, aprenderá los tipos básicos de clonación de Painter mediante ejercicios paso a paso. Son muy fáciles de hacer y al final del capítulo entenderá perfectamente el procedimiento de clonación artística de fotografías.

El resto del libro está fundamentado en estas técnicas básicas y le introducirá gradualmente en ideas más complejas y otras formas de reinterpretar sus fotografías.

Figura 2.1. *Castleton en la niebla, pintando con la herramienta Soft Cloner (Pincel de clonar suave).*

TÉCNICAS DE CLONACIÓN BÁSICAS

Los pasos necesarios para crear una copia clonada de una imagen son muy sencillos.

Abra y seleccione la imagen y seguidamente ejecute el comando File>Quick Clone (Archivo>Clonación rápida). Este comando realizará automáticamente varios pasos que en versiones anteriores del programa teníamos que hacer por separado. Primero, crea una copia de la imagen original; luego, elimina todo el contenido de la imagen, selecciona un pincel de la categoría Cloners (Pinceles de clonar) y activa la opción Tracing Paper (Papel de calco). En la figura 2.2 puede ver la pantalla después de utilizar el comando de clonación rápida.

Podemos personalizar los pasos que se realizan en el proceso de clonación rápida a través del cuadro de diálogo Preferences (Preferencias), como vimos en el primer capítulo. Por ejemplo, a mí me gusta tener desactivada la opción Switch to Cloner Brushes (Pasar a pinceles de clonar), para que el comando **Quick Clone** no pase a los pinceles de clonar cada vez que lo utilizo. Sin embargo, tengo siempre activada la opción Clone Color (Clonar color) que convierte la mayoría de pinceles en pinceles de clonar. En el capítulo siguiente, encontrará mucha más información sobre pinceles individuales adecuados para la clonación.

Si lo desea, puede guardar su copia clonada para seguir trabajando en ella más adelante. Guarde la imagen clonada de la forma habitual. Cuando quiera seguir clonando, abra primero la imagen original y luego la copia clonada. Con la copia clonada activa, vaya a File>Clone Source (Archivo>Origen de la clonación) y haga clic en el nombre de la imagen original.

El comando File>Clone (Archivo>Clonar) utiliza un proceso diferente. Creará una segunda copia de nuestra imagen original que podremos combinar o pintar en vez de clonarla en un documento vacío.

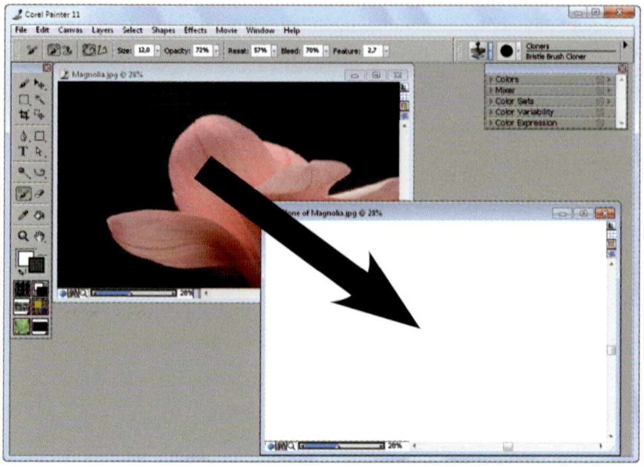

A=Papel de calco desactivado

B=Papel de calco activado

Figura 2.2. *Diferencia entre la opción Tracing paper activada o desactivada.*

EL PAPEL DE CALCO

El papel de calco es una superposición semitransparente de la imagen original que se coloca sobre la copia para que nos sirva de ayuda en los primeros pasos de la clonación. En la figura 2.2 B, puede ver el papel de calco. Cuando la opción del papel de calco está desactivada, la copia clonada se verá como un documento vacío (lo que realmente es), como se muestra en la figura 2.2 A. Si utilizamos el método de clonación rápida, este papel de calco se crea automáticamente, pero podremos activarlo o desactivarlo cuando queramos. Para mostrar u ocultar el papel de calco, haga clic en el icono **Tracing Paper**, situado en la parte superior derecha de la ventana de documento, justo encima del icono de la cuadrícula (véase la figura 2.3). El método abreviado de teclado para activar y desactivar el papel de calco es **Control-T** o **Comando-T**. Es importante que comprenda que el papel de calco sólo es una ayuda visual para empezar el dibujo, pero que no forma parte del mismo, ni formará parte de la imagen final cuando la imprimamos.

Figura 2.3. *Icono Tracing Paper.*

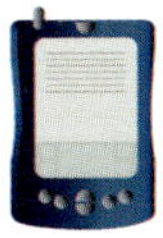

Nota: La opacidad por defecto del papel de calco es del 50 por 100, pero puede modificarse. Para ello, haga clic sobre el icono **Tracing Paper** y mantenga pulsado el botón del ratón para abrir un menú desplegable con distintos valores de opacidad y escoja uno de ellos. Puede ser útil si quiere emplear una opacidad más baja para ayudarse en las primeras fases de la clonación.

PINTURA AUTOMÁTICA

La función de pintura automática nos permite crear rápidamente imágenes clonadas de estilo pictórico utilizando gran cantidad de tipos de pincel distintos. Es una de las formas más sencillas de iniciarse en la clonación de fotografías. Este proceso consta de tres fases: Underpainting (Base), Auto-Painting (Pintura automática) y Restoration (Restauración). Cada una de ellas tiene su propia paleta y controles (véase la figura 2.4).

Si no ha utilizado Painter antes, le recomendamos que haga este ejercicio antes de que empecemos a estudiar las paletas con más detalle:

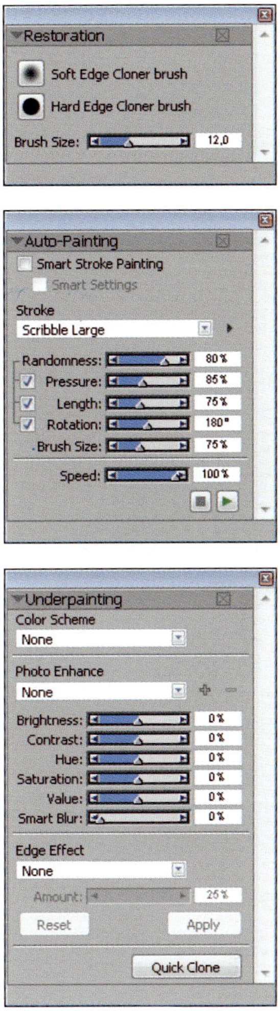

Figura 2.4. *Las tres paletas que conforman el proceso de pintura automática.*

1. Abra el archivo `Mannequin.jpg` de la carpeta `Chapter2` (Capítulo 2) del DVD (véase la figura 2.5).

2. Abra las paletas de pintura automática seleccionado Window>Auto-Painting (Ventana>Pintura automática). Esto abrirá las tres paletas de pintura automática.

3. En la paleta Underpainting, seleccione la opción Classical Scheme (Combinación clásica)

en el cuadro de lista desplegable Color Scheme (Combinación de colores). Haga clic en **Apply** (Aplicar) y guarde una copia con un nombre diferente.

Figura 2.5. *La fotografía original.*

4. En la paleta Auto-Painting, compruebe que no esté activada la opción Smart Stroke Painting (Pintura de trazo inteligente). En el cuadro de lista desplegable Stroke (Trazo), escoja la opción Scribble Large (Garabato grande).

5. Seleccione el pincel Smart Stroke Brushes>Sponge Soft (Pinceles de trazo inteligente>Esponja suave).

6. Haga clic en el botón **Quick Clone** de la paleta Underpainting.

7. Desactive el papel de calco (**Control-T** o **Comando-T**) para poder ver el proceso de clonación.

8. Haga clic en el botón **Play** (Reproducir) para iniciar el proceso de pintura automática y observe cómo se va creando la imagen. Deténgala pasados un par de minutos pulsando el botón **Stop** (Detener) o haciendo clic en la ventana del documento.

9. El resultado final debería ser similar al de la figura 2.6.

Figura 2.6. *Esta imagen se ha creado utilizando el método de pintura automática, con la combinación de colores Classical Scheme como base.*

Nota: Cuando aplicamos un efecto de la paleta Underpainting a una fotografía original antes de clonarla, como hemos hecho en este ejemplo de pintura automática, es recomendable guardar siempre una copia de la imagen con un nombre distinto. Esto nos permitirá conservar nuestra imagen original sin cambios y que podamos trabajar con la imagen modificada en el futuro.

La paleta Underpainting (Base)

La paleta Underpainting contiene opciones para preparar una fotografía antes de clonarla y para hacer ajustes a imágenes que ya han sido finalizadas.

Las opciones del cuadro de lista desplegable Color Scheme (Combinación de colores) se utilizan para mejorar o realzar el color de una fotografía antes de clonarla. Es posible que, cuando aplique una combinación de colores, el aspecto de la imagen no le parezca correcto, pero cuando finalice la clonación comprobará que la mejora es notable. Estas opciones son especialmente útiles cuando queremos crear una imagen artística (más que una imagen realista). En la figura 2.7 puede ver algunas combinaciones de color.

Figura 2.7. *Cuatro combinaciones de color de la paleta Underpainting: A. Watercolor (Acuarela), B. Sketchbook (Cuaderno de bocetos), C. Chalk (Tiza), D. Modern (Moderna).*

La sección Photo Enhance (Realzar fotografía) contiene opciones para modificar el color y el tono. Encontrará varias opciones disponibles en el cuadro de lista desplegable, pero también puede hacer los cambios utilizando directamente los deslizadores. Podemos aplicar más de un cambio seleccionando un efecto, haciendo clic en **Apply** y añadiendo más efectos del mismo modo.

Los deslizadores de esta sección son Brightness (Brillo), Contrast (Contraste), Hue (Tono), Saturation (Saturación), Value (Valor), Smart Blur (Desenfoque inteligente). Su funcionamiento es bastante obvio, pero puede probarlos si lo desea. Para hacer cambios pequeños, haga clic en las flechas situadas en los extremos del deslizador. Practicaremos con ellos en el capítulo 7.

Estos efectos suelen utilizarse para dar más luminosidad a la imagen original antes de clonarla, ya que en el proceso de clonación las imágenes tienden a perder parte del brillo y contraste originales. Por supuesto, también podemos utilizarlos al final del proceso para corregir la imagen.

La sección Edge Effects (Efectos de borde) de esta paleta nos permite aplicar efectos de borde a la imagen. Puede ver algunos ejemplos en la figura 2.8 y en el capítulo 12. Estos efectos pueden aplicarse antes o después de la clonación.

La paleta Auto-Painting (Pintura automática)

La paleta Auto-Painting nos permite clonar una fotografía utilizando un procedimiento automatizado. Aunque a veces el resultado es muy bueno, lo más habitual es que tengamos que hacer retoques manuales para rematar la imagen. La primera opción de la paleta es la casilla Smart Stroke Painting (Pintura de trazo inteligente) que define cómo se aplicarán los trazos del pincel: de forma aleatoria o siguiendo las líneas de la fotografía. A veces funciona bien y otras no tanto, así que es recomendable probar las dos antes de decidir cuál es la más adecuada para la imagen que queremos crear.

El problema de la opción Smart Stroke Painting son las líneas de contorno que crean los trazos de pincel, cosa que no sucede al usar trazos aleatorios. Aunque el procedimiento es bastante rápido, puede probar el efecto rápidamente haciendo una selección en la copia clonada y trabajando sólo en esta área. El proceso de pintura automática se inicia haciendo clic en el botón **Play** de la paleta Auto-Painting y se detiene haciendo clic en el botón **Stop**. Para iniciarlo de nuevo, vuelva a hacer clic en **Play** (figura 2.9).

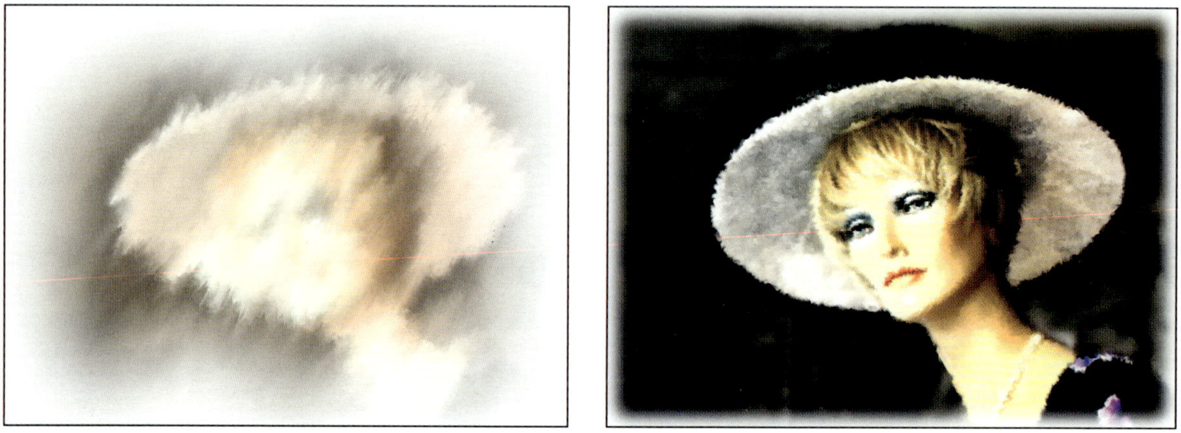

Figura 2.8. *Dos efectos de borde disponibles en la paleta Underpainting.*

Figura 2.9. *Smart Stroke Painting activado (izquierda) y desactivado (derecha). Obsérvense las diferencias de textura.*

Cuando seleccionamos Smart Stroke Painting, se habilita justo debajo de ella otra casilla de verificación llamada Smart Settings (Ajustes inteligentes). Esta opción automatiza aún más el proceso. El pincel empieza siendo de tamaño grande y va reduciendo paulatinamente su tamaño para darle a la imagen un mayor detalle. El proceso se detendrá automáticamente cuando los pinceles más pequeños hayan acabado de clonar la imagen.

La categoría de pinceles Smart Stroke Brushes (Pinceles de trazo inteligente) ha sido específicamente diseñada para trabajar con la paleta Auto-Painting, por tanto son una buena opción para empezar. Sin embargo, podremos escoger casi cualquier tipo de pincel para crear una pintura automática.

Cuando Smart Stroke Painting no está seleccionada, se habilitan otras opciones de la paleta. El cuadro de lista Stroke (Trazo) contiene diferentes opciones de trazos de pincel que modificarán el pincel seleccionado en el selector de pinceles (véase la figura 2.10). También podremos usar los cinco deslizadores de la paleta para personalizar aún más el pincel.

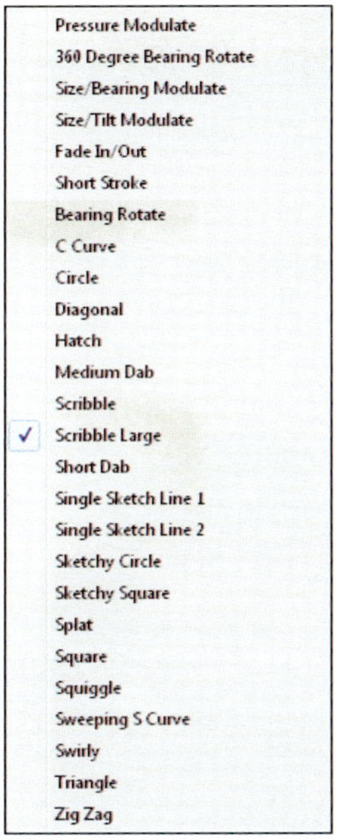

Figura 2.10. *Lista de opciones del cuadro de lista desplegable Stroke.*

LA PALETA RESTORATION (RESTAURACIÓN)

La última de las tres paletas de pintura automática nos permite restaurar fácilmente detalles de la fotografía original en la copia clonada. Es muy útil cuando necesitamos darle un mayor nivel de detalle a la copia clonada (véase la figura 2.11). Para hacerlo, tendremos que utilizar el pincel Soft Edge Cloner brush (Pincel de clonar bordes suaves).

Figura 2.11. *Utilización de la paleta Restoration.*

PINTURA AUTOMÁTICA: ¿UN TIPO DURO?

1. Abra el archivo `Tough guy.jpg` de la carpeta `Chapter2` del DVD.

2. Abra la paleta Underpainting seleccionando Window>Underpainting (Ventana>Base).

3. En el cuadro de lista desplegable Color Scheme, seleccione la opción Sketchbook Scheme (Combinación cuaderno de bocetos). Esto atenuará los colores de la imagen.

4. En el cuadro de lista desplegable Photo Enhance, seleccione la opción Increase Contrast (Aumentar contraste) para realzar aún más la imagen clonada. Haga clic en **Apply** para aplicar los cambios y guarde la copia con un nombre diferente. Esto le permitirá volver a esta versión modificada de la imagen si necesita trabajar con ella en el futuro, conservando la imagen original intacta.

5. Seguidamente, seleccionaremos un efecto de borde para suavizar los bordes. En el cuadro de lista desplegable Edge Effect, escoja la opción Rectangular con un valor del 32 por 100 (véase más adelante la figura 2.12).

6. Seleccione File>Quick Clone (Archivo> Clonación rápida).

7. Seleccione el pincel Smart Stroke Brushes> Pastel Chalk (Pinceles de trazo inteligente>Tiza pastel). Ajuste la opción Size (Tamaño) a 52,2 y la opción Opacity (Opacidad) al 100 por 100.

8. Haga clic en el botón **Clone Color** (Clonar color) de la paleta Colors (Colores).

9. En la paleta Auto-Painting, seleccione la opción Scribble Large en el cuadro de lista desplegable Stroke. Compruebe que no esté marcada la opción Smart Stroke Painting.

10. Inicie el proceso de pintura automática haciendo clic en **Play** y déjelo trabajar hasta que toda la imagen quede cubierta. Si quedan huecos en blanco, píntelos a mano con el mismo pincel (figura 2.13).

Figura 2.13. *Después de la primera fase de pintura automática.*

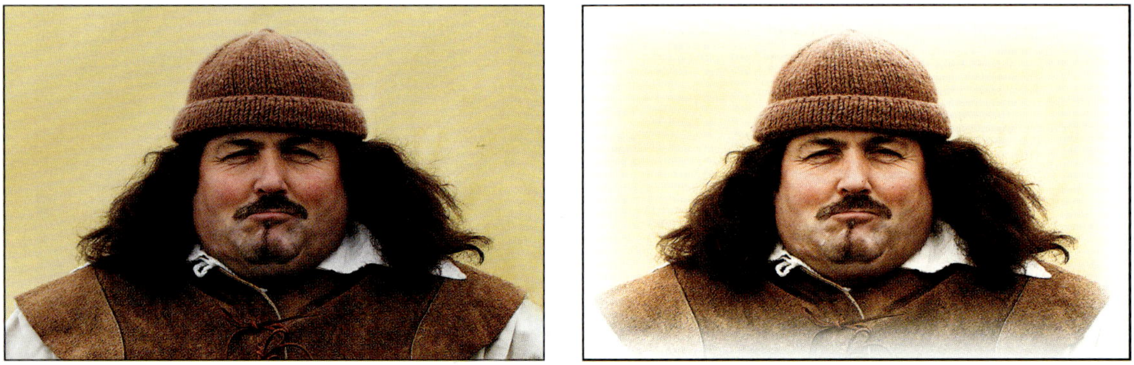

Figura 2.12. *La fotografía original a la izquierda y el resultado de aplicar el efecto de borde del paso 5 a la derecha.*

11. En los pasos siguientes, utilizaremos pinceles de menor tamaño, pero sólo en determinadas áreas de la imagen, de forma que las áreas exteriores queden más desdibujadas y las áreas interiores más detalladas.

12. Seleccione la herramienta **Oval Selection** (Selección ovalada) en la barra de herramientas y dibuje una selección ovalada que incluya la cara, el cabello y parte del sombrero (figura 2.14).

Figura 2.14. *Selección ovalada creada en el paso 12.*

13. Ejecute el comando Select>Feather (Selección>Calar) e introduzca un valor de 40 en el cuadro de diálogo. Esto suavizará la transición entre los diferentes tamaños de pincel en la imagen.

14. Cambie el tamaño del pincel a 25 y ejecute de nuevo el proceso de pintura automática, hasta que las áreas centrales queden dibujadas con pinceladas más pequeñas.

15. Con la selección aún activa, utilice el deslizador Saturation (Saturación) de la paleta Underpainting para aumentar la saturación al 10 por 100. Esto le dará más intensidad al centro (figura 2.15).

16. En la barra de menús, escoja la opción Select>None (Selección>Ninguna).

17. Utilice la herramienta **Oval Selection** otra vez para seleccionar la cara, el cuello y el cabello. Cale la selección utilizando el comando **Feather**, igual que hicimos antes (véase la figura 2.16).

Figura 2.15. *Resultado después del paso 15.*

Figura 2.16. *Selección ovalada creada en el paso 17.*

18. Cambie el tamaño del pincel a 12 y vuelva a ejecutar el proceso de pintura automática.

19. Con la selección aún activa, utilice el deslizador Saturation para aumentar la saturación al 10 por 100 (véase la figura 2.17).

Figura 2.17. *Resultado después del paso 19.*

20. En la barra de menús, escoja la opción Select>None.

21. Con la herramienta **Lasso** (Lazo), seleccione los ojos, la boca y la barbilla. Cale la selección utilizando el comando **Feather**, igual que antes.

22. Cambie el tamaño de pincel a 6,4 y vuelva a ejecutar el proceso de pintura automática. Esto dejará bien definida la cara.

23. Seguidamente, con la selección aún activa, utilice el deslizador Saturation para aumentar la saturación al 10 por 100.

24. En la barra de menús, escoja la opción Select>None. El resultado será similar al de la figura 2.18.

Como ha podido comprobar, la técnica de la pintura automática es muy flexible y no debemos considerarla simplemente una herramienta para principiantes. Si la utilizamos bien, nos permitirá crear verdaderas pinturas.

El que podamos utilizar selecciones nos permite restringir los diferentes tamaños de pincel a determinadas áreas de la imagen. Otra forma de conseguir este mismo efecto, con aún más flexibilidad, es crear cada clonación en una capa independiente y luego combinarlas utilizando diferentes niveles de opacidad y máscaras de capa. Explicaremos cómo usar capas en el capítulo 6.

En este ejemplo no lo hemos hecho, pero suele ser habitual pasar de la pintura automática a la manual en las fases finales de la clonación, para poder recuperar los detalles con más precisión.

La paleta Restoration también suele usarse al final del proceso de clonación. Después de guardar la imagen, haga clic en el botón **Soft Edge Cloner Brush** de la paleta Restoration y pinte con cuidado sobre los ojos y alrededor de la boca. Esto le permitirá recuperar los detalles originales de la fotografía.

Figura 2.18. *¿Un tipo duro?*

En este ejemplo, hemos conseguido un nivel de detalle suficiente en la imagen, por lo que este paso no es necesario. Es una opción útil cuando necesitemos un mayor grado de detalle, pero no debemos pasarnos si no queremos que la fotografía sea demasiado obvia.

CLONACIÓN SUAVE

Ahora que ya hemos visto las ventajas y la facilidad de uso de la pintura automática, es el momento de empezar a clonar imágenes a mano. El sistema de pintura automática es útil, pero la gran mayoría de técnicas clave que utilizaremos en Painter requieren trazos individuales de pincel.

En este ejemplo, utilizaremos la llamada "clonación suave", una clonación que no utiliza ninguna textura de papel y que tiene un acabado muy sutil. Es una técnica de clonación sencilla que nos permite obtener imágenes bellas y delicadas y que es perfecta para iniciarse en la clonación manual. Le recomendamos que la pruebe con la imagen que encontrará en el DVD, para que le resulte más fácil seguir los pasos. A lo largo de este libro, especificaremos ajustes detallados para cada pincel. Es importante que los configure cuidadosamente para conseguir el resultado adecuado a partir de la imagen proporcionada. Recuerde que si está utilizando el ratón tendrá que utilizar ajustes de opacidad más bajos. Cuando pruebe estas técnicas sobre sus propias imágenes, estos ajustes variarán dependiendo del contenido y tamaño de la imagen. Por lo general, cuanto mayor sea la imagen, mayores serán los ajustes que tendremos que utilizar.

Utilizaremos mucho el pincel Soft Cloner (Pincel de clonar suave) a lo largo del libro. No sólo para crear imágenes, como veremos en este ejemplo, sino también para recuperar detalles de la imagen original en una pintura creada con otros pinceles. Es el mismo pincel que utilizamos en la paleta Restoration en el ejercicio anterior.

Para que los pinceles funcionen tal y como explicaremos aquí, le recomendamos que los devuelva a su configuración por defecto. Para devolver un pincel a sus ajustes por defecto, seleccione el pincel y haga clic en el icono del pincel situado en el extremo izquierdo de la barra de propiedades. Para devolver todos los pinceles a sus ajustes por defecto, haga clic en el situado en el extremo derecho del selector de pinceles y escoja la opción Restore All Default Variants (Restaurar todas las variantes por defecto).

1. Abra el archivo `Magnolia.jpg` de la carpeta `Chapter2` del DVD (véase la figura 2.19).

Figura 2.19. *La fotografía original.*

2. Seleccione File>Quick Clone. Si los ajustes de clonación rápida están configurados en sus opciones por defecto, esta acción creará un nuevo documento, eliminará la información de la imagen y superpondrá sobre ella el papel de calco.

3. Haga clic en la barra de título del documento clonado y arrástrela para ver la imagen original que se encuentra debajo. El papel de calco está ocultando un lienzo en blanco. Haga clic en el icono **Tracing Paper**, en la esquina superior derecha de la ventana de documento de la imagen clonada, para ocultar el papel de calco y comprobar que la imagen está vacía. Vuelva a hacer clic en el mismo icono para mostrarlo de nuevo. Recuerde que la imagen original tiene que estar siempre abierta en pantalla, ya que los trazos de pincel que crearemos se obtienen de esa fotografía vinculada.

4. Seleccione Window>Screen Mode Toggle (Ventana>Conmutar modo de pantalla) para ver la imagen en modo de pantalla completa, de forma que se extienda por toda la pantalla. Personalmente, me resulta más cómodo pintar así, ya que la imagen original queda oculta y es más sencillo moverse por la imagen. El método abreviado de teclado es **Control-M** o **Comando-M** (es una acción de conmutador).

5. El selector de pinceles está situado en la parte derecha de la barra de propiedades (véase la figura 2.20). La categoría de pinceles seleccionada debería ser Cloners (Pinceles de clonar). En caso de que no lo fuese, haga clic en el icono del pincel de la izquierda y seleccione la opción Cloners en el menú desplegable.

Figura 2.20. *El selector de pinceles.*

Para seleccionar una variante de pincel, haga clic en el icono de la derecha y se abrirá un menú desplegable mostrando la extensa lista de variantes de la categoría Cloners. Todas estas variantes de pincel están configuradas para la clonación, de forma que no necesitan ajustes previos, es decir, podemos empezar a usarlas directamente. Seleccione la opción Soft Cloner. Esta variante de pincel proporciona un efecto suave y delicado. Haga clic en el icono del pincel de la izquierda de la barra de propiedades para devolver el pincel a sus ajustes por defecto (véase la figura 2.21)

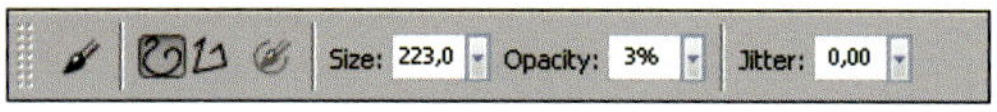

Figura 2.21. *La barra de propiedades.*

6. Compruebe la barra de propiedades, en la parte superior de la pantalla, y modifique los ajustes necesarios para que coincidan con los de la figura 2.21. En el campo Size (Tamaño) introduzca un valor de 223,0. Puede hacerlo haciendo clic en la flecha situada junto al valor actual y utilizando el deslizador o escribiendo directamente esta cantidad y pulsando **Intro**. Es un tamaño de pincel muy grande que funcionará bien con el ajuste de opacidad que configuraremos en el paso siguiente.

7. Cambie el valor Opacity (Opacidad) al 3 por 100. Puede realizar pequeños ajustes en este valor haciendo clic en las flechas situadas en los extremos del deslizador. Es bastante habitual utilizar opacidades muy bajas al clonar fotografías, pero cada tipo de pincel requerirá una configuración distinta, por tanto, conviene experimentar con la imagen antes de empezar a pintar. Haga unos cuantos trazos suaves sobre la copia clonada: empiece por la esquina inferior derecha y dibuje los trazos siguiendo la dirección de los pétalos de la magnolia.

Probablemente no verá ningún cambio, ya que el papel de calco está ocultando los trazos tan suaves que estamos pintando. Desactive el papel de calco para ver lo que ha pintado hasta ahora. Por lo general, el papel de calco sólo es necesario para realizar los primeros trazos. Luego es mejor desactivarlo para poder ver el resultado. Actívelo y desactívelo siempre que lo necesite para ir comprobando el progreso. En esta etapa, pintaremos sólo los pétalos, dejando el fondo para más adelante.

8. Siga pintando la imagen sobre la copia clonada. Este pincel de opacidad baja le permitirá ir pintando de forma muy gradual. El efecto que estamos buscando es una imagen muy suave y delicada, casi onírica. En la figura 2.22 puede ver el resultado.

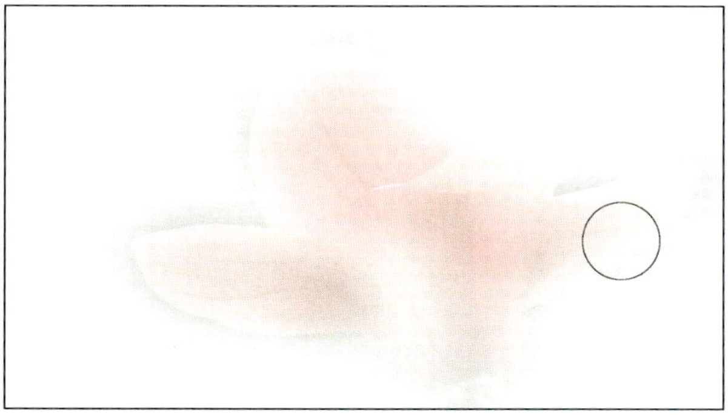

Figura 2.22. *La pantalla en el paso 8.*

Si necesita deshacer algún paso, utilice el método abreviado de teclado **Control-Z** o **Comando-Z** o vaya al menú File (Archivo) y seleccione el comando **Undo** (Deshacer). El comando **Undo** le permitirá deshacer las acciones anteriores hasta el máximo total de pasos especificado en el cuadro de diálogo Preferences (Preferencias). En el capítulo 1, explicamos cómo configurar este límite.

9. Reduzca la opacidad del pincel al 1 por 100 para pintar el fondo. Sólo queremos dar la impresión de que hay un fondo, pero sin mostrarlo realmente. Arrastre el pincel hacia fuera de los pétalos, dejando los bordes exteriores blancos.

10. Si necesita aumentar el zoom sobre alguna parte de la imagen para ver mejor lo que está haciendo, utilice el deslizador de la parte inferior de la ventana del documento. Los métodos abreviados de teclado son **Control-+** o **Comando-+** para aumentar el zoom y **Control--** o **Comando--** para disminuirlo. Para mover el área aumentada en la pantalla, haga clic y arrastre manteniendo pulsada la **Barra espaciadora**. En la figura 2.23 puede ver este estado intermedio.

Figura 2.23. *La pantalla en el paso 10.*

11. Necesitamos un acabado muy claro y suave para conseguir el efecto etéreo que estamos buscando. Aunque pintemos con mucho cuidado, habrá áreas que nos queden demasiado oscuras. Podremos corregirlas fácilmente borrando parte del área clonada. En el selector de pinceles, escoja la variante Erasers (Borradores). Cambie el tamaño de pincel a 223,0 y la opacidad al 1 por 100. Deje el resto de opciones como están.

12. Pinte suavemente sobre las áreas oscuras de la imagen hasta conseguir un acabado suave y uniforme (véase la figura 2.24). Si se pasa, seleccione otra vez el pincel Soft Cloner y vuelva a clonar los detalles de la imagen original. Este procedimiento es muy flexible y podrá repetirlo tantas veces como sea necesario.

Ahora puede buscar alguna fotografía propia para probar la técnica. Escoja una que se beneficie de este tratamiento suavizado. Uno de los puntos clave para conseguir buenos resultados es combinar la imagen y la técnica adecuadas. Puede que quiera guardar su imagen para utilizarla en el futuro.

CLONAR MEDIANTE LA TÉCNICA DEL IMPASTO

Para el siguiente ejercicio, usaremos la misma fotografía original de la magnolia, pero con un pincel muy diferente para que compruebe cómo la elección de una variante de pincel distinta puede cambiar drásticamente el resultado.

1. Abra el archivo `Magnolia.jpg` de la carpeta `Chapter2` del DVD.

2. Seleccione File>Quick Clone.

3. Pulse la combinación de teclas **Control-M** o **Comando-M** para pasar al modo de pantalla completa.

4. Seleccione la herramienta **Brush** (Pincel) en la barra de herramientas.

5. En el selector de pinceles, escoja la categoría Cloners y la variante Camel Impasto Cloner (Pincel de clonar pelo de camello impasto).

Figura 2.24. *Magnolia.*

Si no está familiarizado con la pintura tradicional, debe saber que el impasto es una técnica pictórica que consiste en aplicar capas muy gruesas de pintura sobre el lienzo, para darle a la obra un aspecto tridimensional. En Painter, este efecto se consigue añadiendo sombras automáticas a los trazos del pincel a medida que vamos pintando sobre la imagen.

6. Cambie el tamaño del pincel a 20 y la opacidad al 72 por 100.

7. Con el papel de calco activado, pinte la flor siguiendo con los trazos del pincel las líneas de los pétalos. Desactive el papel de calco para ver el resultado y aumente el zoom al 100 por 100 (**Control-0** o **Comando-0**) para ver con detalle las pinceladas tridimensionales. La dirección de las pinceladas es fundamental para conseguir un buen resultado. Siga pintando sobre las áreas en las que las pinceladas no tengan la dirección correcta (figura 2.25).

8. Continúe pintando los pétalos hasta acabar la flor, pero evite pintar el fondo en la medida de lo posible. A veces, le resultará imposible no hacerlo y aparecerá una línea verde oscuro alrededor de los bordes. Lo solucionaremos más adelante.

9. Si considera que las pinceladas son demasiado fuertes, pruebe a suavizarlas. En el selector de pinceles, escoja la categoría Impasto y la variante Depth Smear (Difuminar en profundidad). Utilizando un tamaño de pincel de 37 y una opacidad del 15 por 100, pinte ligeramente sobre los trazos de pincel para disminuir el efecto del impasto.

10. Ahora nos encargaremos de los bordes. Para ello tendremos que seleccionar otra variante de pincel de la categoría Impasto: el pincel Depth Color Eraser (Borrador de color en profundidad). Cambie el tamaño a 15 y la opacidad a 66 (véase más adelante la figura 2.26).

Figura 2.25. *La pantalla en el paso 7.*

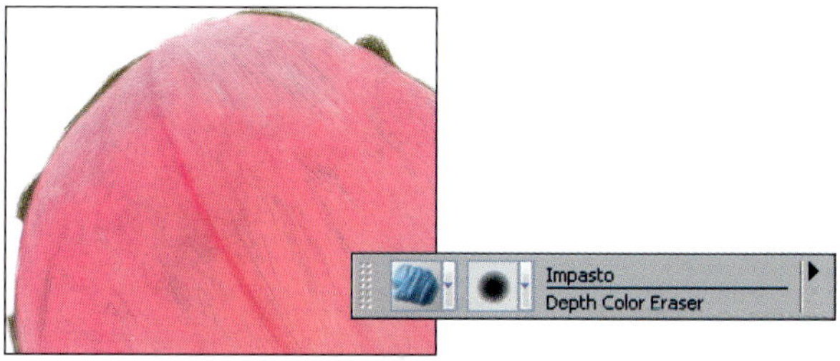

Figura 2.26. *Limpiar los bordes con el pincel Depth Color Eraser.*

Aumente el zoom de la pantalla al 100 por 100 y bordee cuidadosamente el contorno de los pétalos para eliminar las líneas oscuras del fondo. Empiece colocando el pincel bastante fuera del borde y vaya acercándolo hacia dentro. Es bastante complicado conseguir un borde suavizado que quede bien; es posible que necesite utilizar diferentes tamaños de pincel para lograrlo. Puede ver el resultado final de la imagen en la figura 2.27.

CLONACIÓN ESTILO IMPRESIONISTA

Para esta clonación, utilizaremos un tipo de pincel muy diferente. El pincel Impressionist (Impresionista) es uno de los pinceles de Painter que corresponde a un estilo artístico concreto, por tanto, es muy característico y fácilmente reconocible. El pincel que usaremos se encuentra en la categoría Cloners, pero puede encontrar otros pinceles similares en la categoría Artists (Artistas).

Figura 2.27. *La imagen de la magnolia clonada mediante la técnica del impasto.*

1. En primer lugar, abra el archivo `Scarecrow.jpg` de la carpeta `Chapter2` del DVD (véase a continuación la figura 2.28).

Figura 2.28. *La fotografía original.*

2. Seleccione File>Quick Clone.

3. Haga clic en el icono del pincel de la barra de herramientas.

4. En el selector de pinceles, escoja el pincel Cloners>Impressionist Cloner (Pinceles de clonar>Pincel de clonar impresionista). Seleccione un tamaño de 48 y una opacidad de 100.

5. Utilice el papel de calco como guía durante todo el ejercicio.

6. Pinte el fondo oscuro de los árboles. Si está utilizando una tableta gráfica sensible a la presión, comprobará que las pinceladas siguen el ángulo en que apunta el lápiz. Pinte cerca de la figura del espantapájaros, pero procure no pintar demasiado en los bordes. No es necesario cubrir toda el área con color sólido, deje reflejos visibles en blanco (véase la figura 2.29).

7. Reduzca el tamaño del pincel a 25 y pinte la camisa y el sombrero del espantapájaros (véase la figura 2.30).

8. Seguidamente, reduzca el tamaño de pincel a 19 y pinte la cara.

Figura 2.29. *Pintar el fondo.*

Figura 2.30. *Pintar la camisa y el sombrero.*

9. Reduzca el tamaño de pincel a 6 y pinte los ojos, la boca y la nariz para dar más definición a la imagen. Puede ver el resultado final en la figura 2.31.

Es una imagen bastante fácil de hacer. Las pinceladas individuales pueden variar considerablemente dependiendo del tiempo invertido en crear la pintura.

Introducción sobre la textura del papel

Generalmente, antes de que un pintor tradicional (no digital) empiece a pintar, ha de tomar dos decisiones importantes. La primera es escoger la técnica que va a utilizar (óleo, acuarela, lápiz, pastel, etc.) y la segunda, la superficie sobre la que va a pintar (papel, cartón, lienzo, etcétera).

Figura 2.31. *Espantapájaros.*

Lo que hace Painter es imitar, lo mejor posible, el resultado de la combinación escogida. Si utilizamos un pincel suave de pelo de camello sobre una superficie lisa, obtendremos un color limpio y de bordes suaves, mientras que si utilizamos tiza dura sobre un papel rugoso, la tiza sólo rozará la superficie del papel dejando las partes rehundidas sin color, dándonos como resultado un aspecto más basto. Estas decisiones iniciales influirán de forma decisiva en el aspecto final de la obra.

Cuando clonamos una fotografía utilizando los pinceles y superficies disponibles en Painter sucede algo similar. Painter proporciona una gran variedad de pinceles y papeles distintos que incluyen casi todas las técnicas de pintura tradicional, junto con otras nuevas.

Painter tiene aproximadamente unos 600 tipos de papel diferentes, aunque algunos de ellos hay que cargarlos después de haber instalado el programa. El número de combinaciones posibles entre los 900 pinceles y los 600 tipos de papel es increíble. En la figura 2.32 puede ver una mínima muestra de algunos papeles con textura disponibles en Painter. En el capítulo 5 explicaremos los papeles con más detalle, pero era necesaria una pequeña introducción antes de pasar al ejercicio siguiente.

CREAR UNA TEXTURA

En este ejemplo paso a paso explicaremos cómo utilizar texturas de papel para crear una imagen clonada. Aprenderá a cambiar el aspecto de una fotografía para dar la impresión de que ha sido pintada sobre un papel rugoso. En el capítulo 5, explicaremos con más detalle las diferentes texturas de papel y cómo utilizarlas.

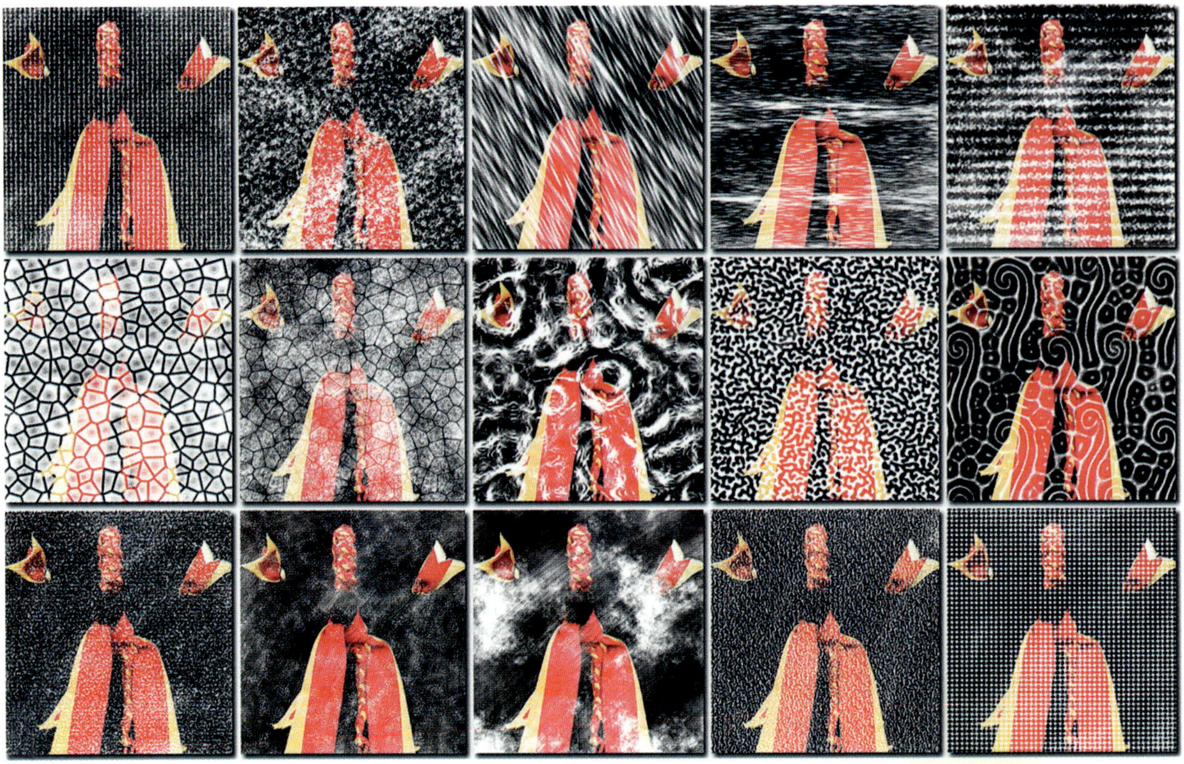

Figura 2.32. *Algunas de las texturas de papel del programa Painter.*

1. Abra el archivo `Witley Court.jpg` de la carpeta `Chapter2` del DVD (véase la figura 2.33).

2. En la paleta Underpaintig (Window> Underpainting), modifique el valor Contrast (Contraste) al 10 por 100 y el valor Saturation (Saturación) al 15 por 100.

3. Ahora necesitamos añadir un espacio en blanco alrededor de la fotografía. Esto nos ayudará a crear un borde más suave. El pincel de clonar nos permitirá difuminar los bordes.

4. Seleccione Canvas>Canvas Size (Lienzo> Tamaño de lienzo) y añada 100 píxeles a cada dimensión (véase la figura 2.34).

5. A continuación, ejecute el comando File>Quick Clone de la aplicación

6. Seleccione el pincel Chalk>Real Hard Chalk (Tiza>Tiza dura real). Configure el tamaño en 80 y la opacidad en el 16 por 100. Aumente el valor de Grain (Grano) al 20 por 100. Casi todos los pinceles "Real" funcionan bien para clonar fotografías.

7. Seleccione el papel Rough Charcoal Paper (Papel rugoso para carboncillo) en la paleta Papers (Papeles), que puede abrir desde el menú Window> Library Palettes>Papers (Ventana>Paletas de biblioteca>Papeles), o bien selecciónelo desde los iconos de la parte inferior de la barra de herramientas.

8. Haga clic en el botón **Clone Color** de la paleta Colors.

9. Pinte la imagen completa. En este momento la textura será bastante ligera, por los ajustes de opacidad y grano seleccionados (véase la figura 2.35).

Figura 2.33. *Fotografía original.*

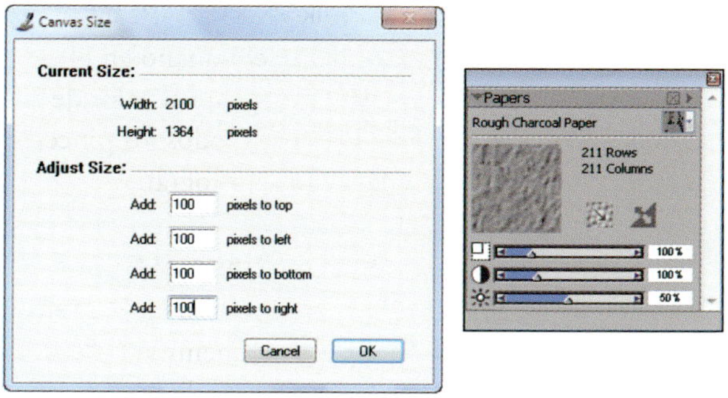

Figura 2.34. *Cómo aumentar el tamaño del lienzo y paleta Papers.*

10. Cambie el tamaño del pincel a 40 y la opacidad al 40 por 100. Vuelva a pintar sobre la imagen, centrándose sobre todo en el edificio y en los detalles principales.

11. En la paleta Papers, cambie el valor Paper Scale (Escala del papel) al 70 por 100 (es el deslizador superior). Esto permitirá que penetre más color en la superficie del papel, haciendo que la imagen se oscurezca más rápidamente.

12. Pinte sobre el edificio otra vez y también pinte ligeramente la hierba para realzar un poco el color.

13. Cambie el tamaño del pincel a 20 y la opacidad al 50 por 100.

14. Cambie el papel por Basic Paper (Papel básico). Esto hará que penetre más cantidad de color en el papel (véase la figura 2.36).

15. Pinte sobre el edificio. Trate de seguir las líneas arquitectónicas con el pincel. Ahora la densidad aumentará más rápidamente. Evite pintar los bordes, ya que queremos que se difuminen gradualmente hacia el color blanco del borde del papel. Puede ver el resultado final en la figura 2.37.

Figura 2.35. *Las primeras fases de la clonación.*

Figura 2.36. *Construir los tonos.*

Figura 2.37. *Detalle de la imagen acabada.*

UNA ACUARELA "REAL"

Painter 11 incorpora unos nuevos pinceles de acuarela digital excelentes. Utilizaremos uno de estos pinceles en este ejercicio paso a paso.

Las primeras fases de esta pintura podrían hacerse a mano; sin embargo, en este caso, también podemos utilizar la paleta Auto-Painting para acelerar el proceso.

1. Abra el archivo `Clematis.jpg` de la carpeta `Chapter2` del DVD (véase la figura 2.38).

Figura 2.38. *Fotografía original.*

2. Haga una clonación rápida.

3. Desactive el papel de calco.

4. Seleccione el papel French Watercolor Paper (Papel de acuarela francesa).

5. Escoja el pincel Watercolor>Real Filbert (Acuarela>Lengua de gato real). Configúrelo de la manera siguiente: Size 30, Opacity 10 por 100, Grain 85 por 100, Diffusion (Difusión) 20 y Wet (Humedad) 5 por 100.

6. Haga clic en **Clone Color** de la paleta Colors.

7. Abra la paleta Auto-Painting utilizando el comando Window>Auto-Painting.

8. En la paleta Auto-Painting, haga clic en la casilla de verificación Smart Stroke Painting (véase la figura 2.39).

9. Inicie el proceso de pintura automática haciendo clic en el botón **Play** de la parte inferior de la paleta.

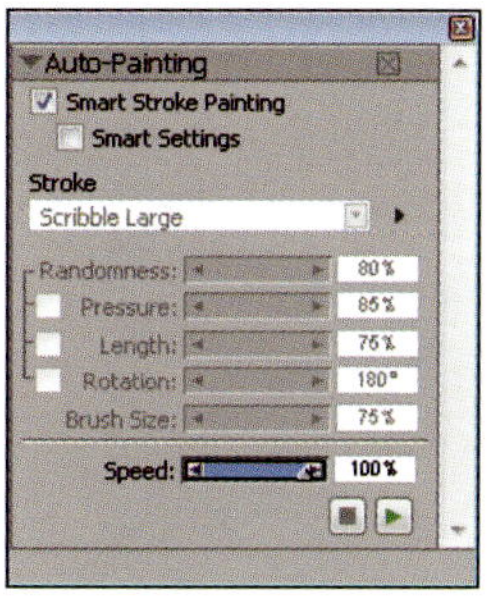

Figura 2.39. *Paleta Auto-Painting.*

10. Seguidamente, deje trabajar a la pintura automática hasta que queden cubiertas la mayor parte de las áreas blancas.

11. Puede detener la pintura automática en cualquier momento haciendo clic en el botón **Stop** o directamente en la imagen. Para volver a iniciarlo, vuelva a hacer clic en **Play**.

12. Cuando la imagen se acabe de pintar, aún quedarán algunos huecos blancos. La mayor o menor cantidad dependerá del tiempo que haya dejado trabajar a Painter (véase la figura 2.40 en la siguiente página).

13. Utilice el mismo pincel para pintar sobre la imagen. Active y desactive el papel de calco para saber dónde necesita pintar. El objetivo es convertir el contorno marcado de los trazos automáticos en formas que reflejen mejor la imagen de la fotografía. En las primeras fases, el pincel debería moverse en la dirección de los pétalos y pintar sobre todas las áreas blancas. No trabaje en exceso sobre ninguna zona, ya que la acuarela puede producir texturas poco agradables.

Una buena forma de hacerlo es dejar el lápiz sobre la tableta un rato y permitir que la difusión acabe el trabajo (véase la figura 2.41).

14. Disminuya el tamaño del pincel a 15 y empiece a redefinir las formas. Pinte sobre los tallos blancos para hacerlos resaltar más.

En ocasiones, el borde queda demasiado marcado; para solucionarlo, pinte a ambos lados de la pincelada y la difusión suavizará los bordes (véase la figura 2.42).

Una buena técnica es pintar un área con el papel de calco activado y luego suavizar los bordes con él desactivado. No es necesario suavizar todos los bordes, sólo aquéllos que lo necesiten. Siga trabajando hasta que esté satisfecho con el resultado (figura 2.43).

Figura 2.40. *Después de la pintura automática.*

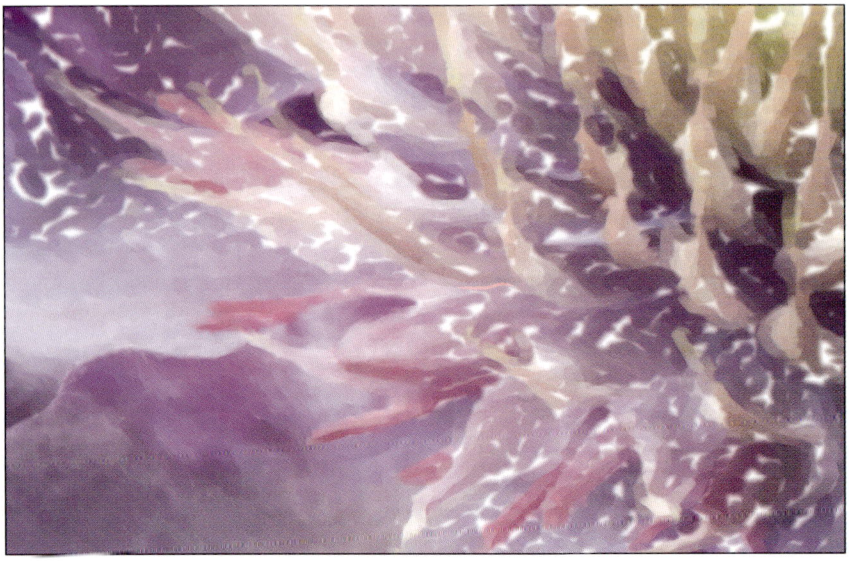

Figura 2.41. *La imagen en el paso 13.*

Figura 2.42. *La imagen en el paso 14.*

Figura 2.43. *Clematis.*

UNA FLOR CON LA TÉCNICA DEL PASTEL

La técnica del pastel permite clonar una imagen fácilmente. La diferencia entre este pincel y los otros que hemos usado es que cambiaremos los ajustes en la paleta General. Esto creará una copia clonada muy exacta que traslucirá la textura del papel claramente.

1. Abra el archivo `Flower.jpg` de la carpeta `Chapter2` del DVD (véase la figura 2.44).

2. En la paleta Underpainting, seleccione la opción Jagged (Irregular) en el cuadro de lista desplegable Edge Effect. Ajuste el deslizador Amount (Cantidad) en el 33 por 100 (véase la figura 2.45). Guarde esta versión con un nombre diferente.

Figura 2.44. *La fotografía original.*

Figura 2.45. *Aplicar el efecto de borde.*

3. Haga una clonación rápida.

4. Seleccione el pincel **Pastels>Artist Pastel Chalk** (Pasteles>Tiza pastel artística), con un tamaño de 190 y una opacidad del 8 por 100.

5. En la paleta **General**, seleccione en el cuadro de lista desplegable **Method** (Método) la opción **Cloning** (Clonar). En **Subcategory** (Subcategoría), seleccione la opción **Grainy Hard Cover Cloning** (Clonación superficie granulada dura) y ajuste el deslizador **Grain** al 16 por 100.

6. Seleccione el papel **Sandy Pastel Paper** (Papel arenoso para pastel).

7. Pinte la flor. La modificación hecha en el deslizador **Grain** enfatizará la textura del papel.

8. Cambie el tamaño del pincel a 82 y la opacidad al 23 por 100 y pinte la parte superior de la flor para realzar los colores (véase la figura 2.46).

Figura 2.46. *Flor.*

Capítulo 3

Seleccionar pinceles

Cuando nos enfrentamos a los cientos de pinceles que posee Painter, ¿cómo saber cuál de ellos escoger? En este extenso capítulo, dedicaremos un apartado a cada una de las categorías de pinceles de Painter. Puede utilizarlo como referencia cuando no esté seguro sobre qué pincel utilizar para un determinado trabajo.

Cada apartado contiene:

- Una explicación de esa categoría de pinceles.
- Una imagen finalizada creada con pinceles de esa categoría.
- Una explicación paso a paso de la creación de la imagen.
- Ejemplos de ocho variantes distintas de la categoría.

Además de las instrucciones paso a paso incluidas en este capítulo, en el DVD encontrará instrucciones más detalladas (en inglés) con imágenes que ilustran los pasos intermedios. Le recomendamos que utilice estos ejemplos en vez de los del libro. Los archivos están en formato PDF y podrá verlos en pantalla o imprimirlos como referencia. Las fotografías originales para todos estos ejemplos también se incluyen en el DVD, de forma que podrá seguir los ejercicios utilizando los originales del autor. Los ejemplos paso a paso del DVD constituyen más de 130 páginas adicionales de instrucciones e ilustraciones.

Figura 3.1. *San Lucas. Pintura creada con el pincel Graphic Bristle (Cerda gráfico) de la categoría Liquid Ink (Tinta líquida).*

SELECCIONAR PINCELES EN PAINTER 11

Antes de empezar a estudiar las categorías de pinceles, conviene aclarar la terminología que utiliza Painter para describir cada pincel. Normalmente, el nombre de la categoría y la variante de pincel suelen darnos una buena idea del aspecto del mismo. En este apartado, explicaremos brevemente qué significan estos nombres.

En primer lugar, seleccione la categoría

El nombre de la categoría es el que nos da la primera pista. La mayoría de ellos son fácilmente reconocibles: Airbrush (Aerógrafo), Oil (Óleo), Watercolor (Acuarela), Chalk (Tiza), Pencils (Lápices), etc. y no necesitan más explicación (véase la figura 3.2). Algunas categorías, como Chalk o Conte (Conté), tienen acabados muy duros y son perfectas para utilizar texturas de papel.

Comprender la forma

La forma de los pinceles también es bastante obvia: *flat* (plano), *round* (redondo), *square* (cuadrado), *tapered* (sesgado), *pointed* (en punta), *thick* (grueso), *calligraphic* (caligráfico), etc., como puede ver en la figura 3.3. Otra forma de reconocer las formas es observar la pequeña ilustración situada junto a cada variante, que nos muestra la forma básica de la pincelada.

La textura

La textura tiene una influencia fundamental en el aspecto del pincel. En la figura 3.4 puede ver los principales tipos de textura. Las variantes *greasy* (graso) o *smeary* (difuminado), arrastran los colores de la fotografía, creando un efecto similar al de los difuminos. Los pinceles *camel* (pelo de camello) son muy suaves, mientras que los pinceles *glazing* (veladuras) están configurados para pintar muy ligeramente, sin ocultar lo que hay detrás.

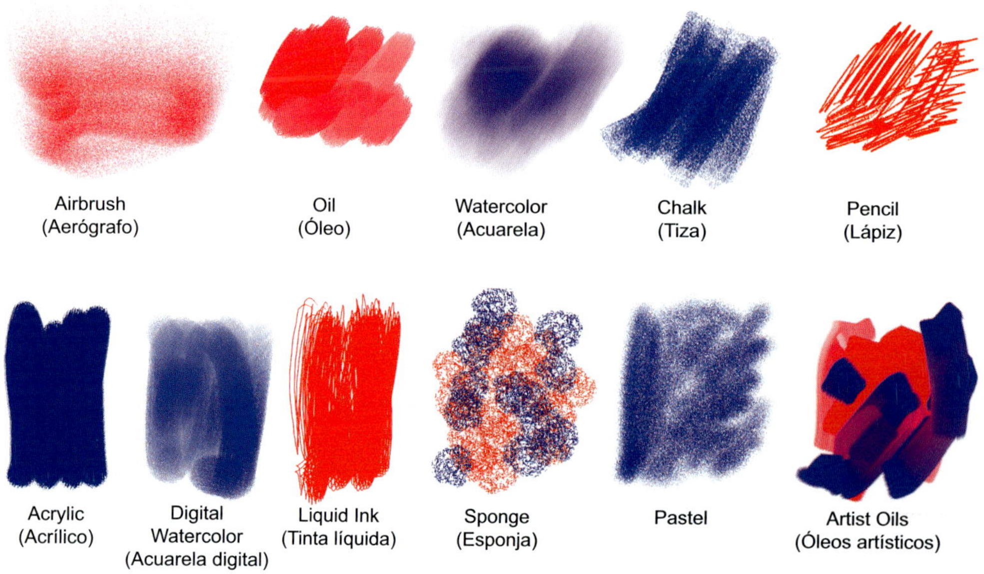

Figura 3.2. *Algunas de las categorías de pinceles de Painter.*

Los pinceles *resist* (repelente) son propios de la categoría Liquid Ink y se utilizan para proteger áreas sobre las que no queremos que se pinte. Los pinceles *impasto* añaden una sombra a las pinceladas para darles un aspecto tridimensional, mientras que los pinceles *marker* (marcador) son muy planos y de color sólido.

Opciones para suavizar y mezclar

Podemos encontrar muchos mezcladores y difuminados repartidos en distintas categorías. Cada uno tiene su forma característica de mezclar la pintura o figuras de la imagen.

Cuando la descripción incluye la palabra *grainy* (granulado), la mezcla adquirirá algunas características de la textura de papel seleccionada en ese momento. Los difuminados *oily* (oleoso) y *directional* (direccional) arrastran la pintura en una dirección determinada. Para conseguir un acabado suave, utilice el difuminado Just Add Water (Sólo añadir agua) o aquellos que incluyan la palabra *soft* (suave, blando) en su nombre. Para saber más sobre los diferentes tipos de difuminado, consulte el apartado correspondiente de este capítulo y también el capítulo 9, donde los utilizaremos para dibujar el retrato de un niño.

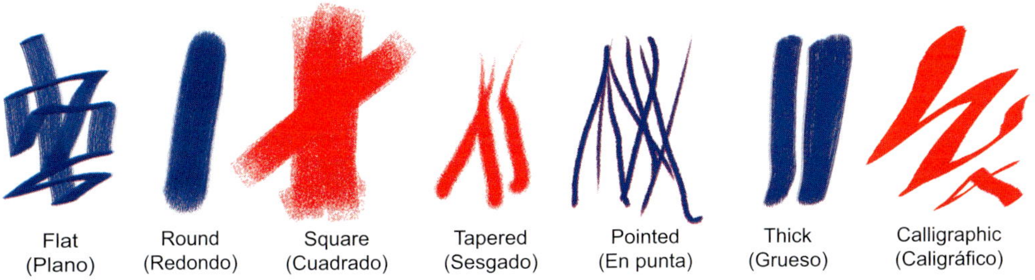

Figura 3.3. *Formas de los pinceles de Painter.*

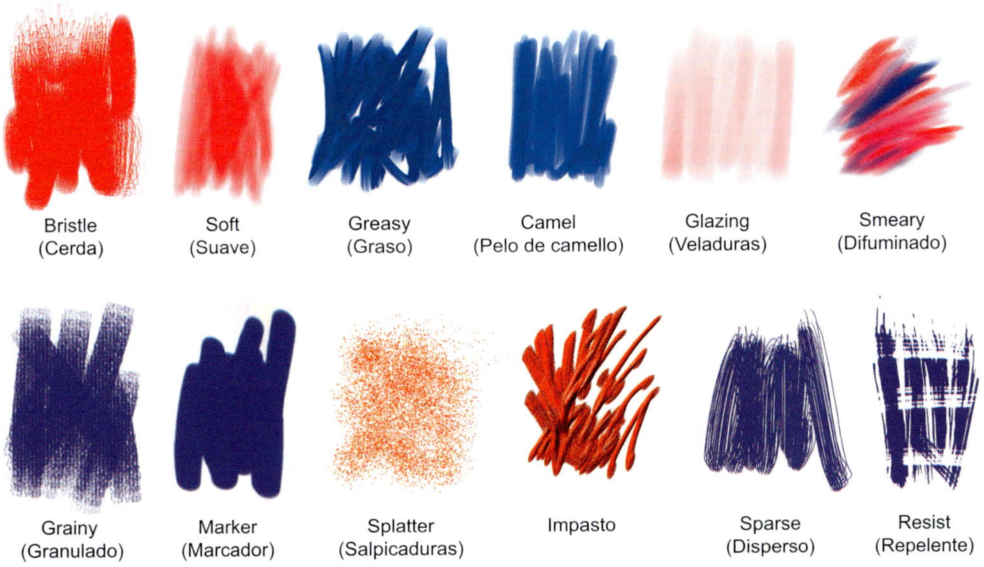

Figura 3.4. *Texturas de los pinceles de Painter.*

Figura 3.5. *Tipos de difuminado en Painter.*

ACRYLICS (ACRÍLICOS)

La categoría de pinceles Acrylics contiene varios pinceles muy útiles, muchos de los cuales se caracterizan por crear pinceladas fuertes (véase a continuación, la figura 3.6).

El pincel Captured Bristle (Cerda capturado) es uno de los pinceles más útiles de Painter. Si lo utilizamos con el método Grainy Hard Cover Cloning (Clonación superficie granulada dura) y una opacidad reducida (de un 10 por 100, por ejemplo), nos dará una textura ligera, pero característica, basada en el papel escogido, mientras que si lo utilizamos en modo Clone Color (Clonar color) con la misma opacidad conseguiremos un acabado difuminado muy atractivo.

Pruebe a clonar primero con la opción Clone Color y luego recupere los detalles pasando al método Grainy Hard Cover Cloning.

El pincel Soft Wet Acrylic (Acrílico suave húmedo) es otro de mis favoritos. Cuando lo utilizamos en el modo Clone Color, proporciona unas pinceladas suaves y hermosas.

Abra el archivo `Acrylics - Sheltie2.jpg` (véase la figura 3.7) y haga una clonación rápida (File>Quick Clone).

Seleccione el pincel Captured Bristle. Haga clic en el botón **Clone Color** de la paleta Colors y, utilizando un tamaño de pincel de 72 y una opacidad del 70 por 100, clone la imagen. Pinte con trazos cortos, siguiendo las líneas del pelo y la forma de la cabeza.

Siga trabajando hasta que toda la imagen quede cubierta. Desactive el papel de calco y continúe pintando hasta que no queden áreas blancas. En la paleta General (Window>Brush Controls>General, Ventana>Controles de pincel>General), seleccione la opción Cloning (Clonación) en el cuadro de lista desplegable Method (Método). En Subcategory (Subcategoría), seleccione Grainy Hard Cover Cloning. Cambie el tamaño de pincel a 72 y la opacidad al 30 por 100.

Pinte suavemente de nuevo. Esta vez, seleccione áreas que se beneficiarán de la adición de detalles. Continúe trabajando por toda la cabeza, siga las líneas del pelo con mucho cuidado, sobre todo en las zonas en que crece en diferentes direcciones.

Cambie el tamaño de pincel a 32,2 y la opacidad al 100 por 100 y pinte de nuevo de forma selectiva. Concéntrese sobre todo en las áreas que rodean los ojos y la nariz y en algunos mechones de pelo.

Encontrará instrucciones paso a paso de este ejercicio en el DVD.

Captured Bristle–Clone Color
Cerda capturado–Clonar color

Captured Bristle–Grainy Hard Cover Cloning Method
Cerda capturado–Clonación superficie granulada dura

Wet Soft Acrylic–Clone Color
Acrílico suave húmedo–Clonar color

Wet Soft Acrylic–Grainy Hard Cover Cloning Method
Acrílico suave húmedo–Clonación superficie granulada dura

Dry Brush–Clone Color
Pincel seco–Clonar color

Thick Acrylic Round–Clone Color
Acrílico redondo grueso–Clonar color

Opaque Acrylic–Clone Color
Acrílico opaco–Clonar color

Thick Acrylic Flat–Clone Color
Acrílico plano grueso–Clonar color

Figura 3.6. *Ejemplos de la categoría Acrylics.*

Figura 3.7. *Sheltie.*

AIRBRUSHES (AERÓGRAFOS)

Generalmente, los aerógrafos que se utilizan de forma no digital proporcionan a las ilustraciones un acabado ultrasuave, quizás demasiado suave y realista para los fotógrafos. Es más interesante utilizar los acabados de textura de esta categoría de pinceles (véase la figura 3.8).

Los aerógrafos como Graffiti y Pepper Spray (Spray de pimienta) proporcionan un acabado bastante tosco. El pincel Variable Splatter (Salpicaduras variables) es el más llamativo y podemos utilizarlo para resaltar la textura de fondo de una imagen.

Los aerógrafos suaves, entre los que se incluyen Soft Airbrush (Aerógrafo suave), Fine Tip Soft Air (Aerógrafo suave punta fina) y Fine Detail Air (Aerógrafo detalle fino), son muy suaves y difíciles de usar para la clonación.

Ésta es una imagen muy fácil y rápida de hacer (véase la figura 3.9). Abra el archivo `Airbrushes - Old Bible.jpg`. Haga una clonación rápida y seleccione el pincel Broad Wheel Airbrush (Aerógrafo rueda grande), con un tamaño de 127 y una opacidad del 47 por 100.

Haga clic en la opción Clone Color de la paleta Colors. Pinte suavemente sobre las partes centrales de la imagen para definir los contornos. Al igual que la mayoría de pinceles de la categoría Airbrushes, este pincel pulverizará la pintura hacia fuera, en la dirección en que estemos sosteniendo el lápiz sensible a la presión. Utilizando esta característica, sostenga el lápiz dentro del área del libro y pulverice la pintura hacia afuera. Pase al pincel Graffiti, con un tamaño de 128 y una opacidad del 48 por 100. Haga clic en la opción Clone Color. Pinte sobre el libro para darle más detalle al texto. Cambie al pincel Fine Spray (Spray fino), con un tamaño de 52 y una opacidad de 44 por 100. Haga clic en la opción Clone Color de la paleta Colors, Pinte sobre el libro para conseguir más nitidez. Cuando acabe, aplique un efecto de enfoque a la imagen para resaltar la textura,

Encontrará instrucciones paso a paso de este ejercicio en el DVD.

Broad Wheel Airbrush–Clone Color
Aerógrafo rueda grande–Clonar color

Coarse Spray–Clone Color
Spray grueso–Clonar color

Digital Airbrush–Clone Color
Aerógrafo digital–Clonar color

Fine Tip Soft–Grainy Hard Cover Cloning Method
Aerógrafo suave punta fina–Clonación superficie granulada dura

Fine Spray–Clone Color
Spray fino–Clonar color

Graffiti–Clone Color
Graffiti–Clonar color

Variable Splatter–Clone Color
Salpicaduras variables–Clonar color

Fine Detail Air–Grainy Hard Cover Cloning Method
Aerógrafo detalle fino–Clonación superficie granulada dura

Figura 3.8. *Ejemplos de la categoría Airbrushes.*

Figura 3.9. La vieja biblia.

ART PEN BRUSHES (PINCELES ART PEN)

Los pinceles de la categoría Art Pen Brushes se crearon originariamente para usarlos con el lápiz 3D Art Pen de Wacom, sin embargo pueden utilizarse también con cualquier otra tableta gráfica. La mayoría de estos pinceles dan muy buen resultado en la clonación de fotografías. Los pinceles del tipo *grainy* (granulado) mostrarán la textura del papel seleccionado.

Muchos de los pinceles pueden personalizarse para utilizar el método Grainy Hard Cover Cloning. Esta técnica proporcionará una clonación más exacta y, dependiendo del pincel, mostrará a menudo la textura del papel (véase la figura 3.10).

La imagen de la flor de jara de la figura 3.11 se creó utilizando la variante Worn Oil Pastel (Pastel al óleo desgastado). Abra el archivo `Art Pen Brushes - Cistus.jpg`. Haga una clonación rápida. Seleccione el pincel Worn Oil Pastel, con un tamaño de 148 y una opacidad del 12 por 100. Haga clic en el botón **Clone Color** de la paleta Colors.

Seleccione el papel Artist Canvas (en los ejemplos de la figura 3.10 se ha utilizado este papel "Lienzo para artistas"). Clone la imagen completa. Esto le dará un acabado estilo pastel muy atractivo; deje algunas áreas sin pintar del todo para permitir que se transparente la textura del lienzo. El resto del trabajo consistirá en añadir detalles a la flor. Utilice un tamaño de pincel de 53 y una opacidad del 53 por 100, y luego cambie a un tamaño de 18 para añadir más detalles. Destaque los bordes de los pétalos y las variaciones de claro oscuro de los mismos.

Para acabar la imagen, disminuya el tamaño de pincel a 11 y aumente la opacidad entre el 50 y el 100 por 100. Si queda demasiado enfocado, suavícelo con un tamaño de pincel mayor y una opacidad menor. En el ejemplo, también se ha pintado la flor rosa de la derecha que aparecía en la imagen original.

Encontrará instrucciones paso a paso de este ejercicio en el DVD.

Tapered Camel–Clone Color
Pelo de camello sesgado–Clonar color

Grainy Calligraphy–Clone Color
Caligrafía granulado–Clonar color

Soft Flat Oils–Clone Color
Óleo suave plano–Clonar color

Square Grainy Pastel–Clone Color
Pastel granulado suave–Clonar color

Worn Oil Pastel–Clone Color
Pastel al óleo desgastado–Clonar color

Worn Oil Pastel–Grainy Hard Cover Cloning Method
Pastel al óleo desgastado–Clonación superficie granulada dura

Tapered Gouache–Clone Color
Gouache sesgado–Clonar color

Grainy Edge Calligraphy–Clone Color
Caligrafía borde granulado–Clonar color

Figura 3.10. *Ejemplos de la categoría Art Pen.*

Figura 3.11. *Flor de jara.*

ARTISTS (ARTISTAS)

Esta categoría de pinceles (véase la figura 3.12) es excepcional, en el sentido de que no representa un conjunto de pinceles de un determinado tipo, sino una pequeña selección de pinceles diseñados para trabajar en el estilo de algunos grandes artistas. Probablemente, la variante más atractiva sea el pincel Impressionist (Impresionista), con el que se creó la imagen de la figura 3.13. Tiene una textura muy característica que resalta las pinceladas y puede utilizarse para muchos tipos de imágenes.

El pincel Sargent es ideal para las primeras fases de la clonación, cuando queremos descomponer completamente la textura fotográfica y sustituirla por una masa de trazos desiguales.

En el grupo de tomates de la figura 3.13 se utilizó el pincel Impressionist, que le dio a la imagen una profundidad y textura intensas.

Abra el archivo `Artists - Tomatoes.jpg` y haga una clonación rápida. Seleccione el pincel Impressionist con un tamaño de 93 y una opacidad del 100 por 100. Haga clic en la opción Clone Color de la paleta Colors. Pinte con trazos sueltos sobre los tomates, dejando el área exterior en blanco. Cambie el tamaño del pincel a 38 y pinte sobre los tomates uno a uno, siguiendo la forma de los mismos y los espacios entre ellos. Utilice un pincel de 18 para destacar los tallos y los bordes de los tomates.

El pincel Impressionist es fácil de utilizar, pero cuando usamos un tamaño muy pequeño, como hemos hecho en este ejemplo, nos llevará bastante tiempo completar la imagen.

Encontrará instrucciones paso a paso de este ejercicio en el DVD.

ARTISTS OILS (ÓLEOS ARTÍSTICOS)

La categoría Artists Oils incluye un bonito conjunto de pinceles para pintar. Estos pinceles nos permiten recoger múltiples colores de la paleta Mixer (Mezclador) y poseen muchas de las propiedades de los pinceles reales. Se quedarán sin pintura, como los pinceles verdaderos, y dependiendo del pincel que se use dejarán unas marcas muy atractivas con las cerdas.

Impressionist–Clone Color
Impresionista–Clonar color

Impressionist–Grainy Hard Cover Cloning Method
Impresionista–Clonación superficie granulada dura

Sargent Brush–Clone Color
Pincel Sargent–Clonar color

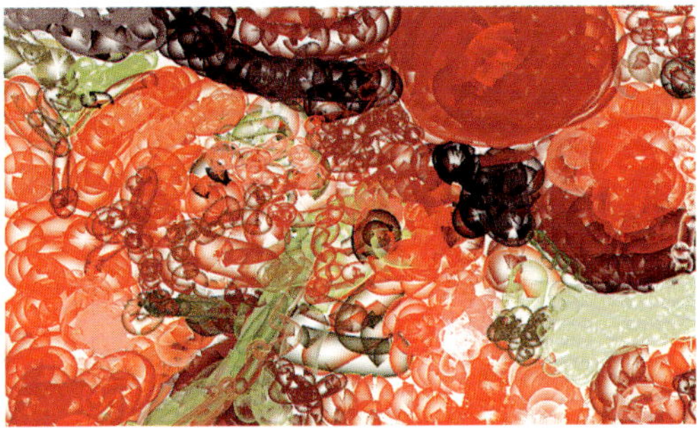

Tubism–Clone Color
Tubismo–Clonar color

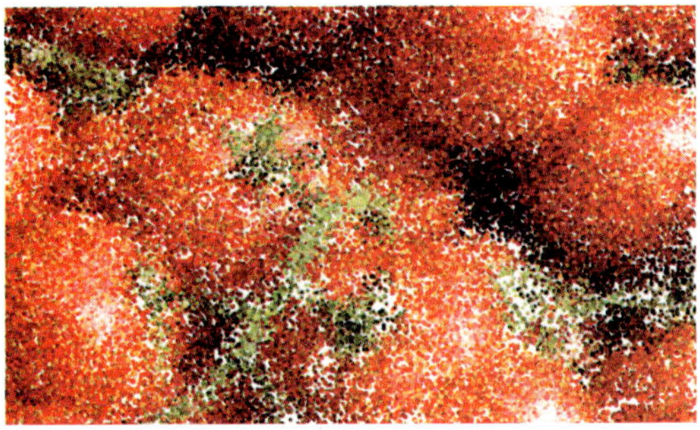

Seurat–Clone Color
Seurat–Clonar color

Seurat–Grainy Hard Cover Cloning Method
Seurat–Clonación superficie granulada dura

Auto Van Gogh–Clone Color
Van Gogh automático–Clonar color

Van Gogh–Clone Color
Van Gogh–Clonar color

Figura 3.12. *Ejemplos de la categoría Artists.*

Figura 3.13. *Tomates.*

Por desgracia, son muy difíciles de utilizar cuando estamos clonando fotografías. (Observe los ejemplos inferiores de la figura 3.14 para ver la diferencia entre clonar y pintar.)

La característica distintiva de todos estos pinceles es que arrastran los colores clonados en una línea continua y esto hace que sea muy difícil crear una imagen clonada.

Para crear una imagen como la de la figura 3.15, abra el archivo `Artists Oils - Steam Loco.jpg`, haga una clonación rápida y cree una nueva capa para clonar en ella.

Seleccione el pincel Wet Brush (Pincel húmedo), con un tamaño de 20 y una opacidad del 100 por 100, y haga clic en la opción Clone Color.

Pinte la locomotora utilizando trazos cortos, dejando de momento el fondo. Reduzca el tamaño del pincel a 11 y luego a 4 para ir sacando los detalles. Cuando estamos clonando una imagen, es muy difícil conservar los detalles con los pinceles Artists Oils, así que necesitará retocar continuamente los lados de las líneas para mantener los colores en el lugar adecuado.

Seguidamente, cree una nueva capa y colóquela bajo la capa en que ha estado pintando. Seleccione el pincel Bristle Brush (Pincel de cerda), con un tamaño de 74 y una opacidad de 27 por 100, y clone las vías y la hierba. Cree una nueva capa, colóquela también debajo de la capa de la locomotora y pinte el cielo.

Utilizando el mismo pincel que antes, desmarque la opción Clone Color y pinte el cielo seleccionando colores azules y blancos en la paleta Colors.

Encontrará instrucciones paso a paso de este ejercicio en el DVD.

Bristle Brush–Clone Color
Pincel de cerda–Clonar color

Dry Brush–Clone Color
Pincel seco–Clonar color

Wet Oily Brush–Clone Color
Pincel óleo húmedo–Clonar color

Grainy Dry Brush–Clone Color
Pincel granulado seco–Clonar color

Dry Bristle–Clone Color
Cerda seco–Clonar color

Thick Wet Impasto–Clone Color
Impasto húmedo grueso–Clonar color

Dry Bristle–Used for painting (not cloning)
Cerda seco–Usado para pintar (no clonar)

Thick Wet Impasto–Used for painting (not cloning)
Impasto húmedo grueso–Usado para pintar (no clonar)

Figura 3.14. *Ejemplos de la categoría Artists Oils.*

Figura 3.15. Locomotora a vapor.

BLENDERS (MEZCLADORES)

La categoría Blenders contiene algunos pinceles realmente útiles y todas sus variantes pueden usarse para fotografías. No son pinceles de clonar y deberían usarse para pintar sobre las fotografías para darles un acabado con textura (véase en las siguientes páginas, la figura 3.16).

Esta categoría es bastante amplia y contiene pinceles que proporcionan difuminados suaves y otros que crean texturas similares al óleo, pastel o acuarela. Aunque esta categoría se creó para reunir los diferentes mezcladores, hay más pinceles de este tipo repartidos por otras categorías. Conviene saber que podemos convertir muchos pinceles normales en mezcladores reduciendo su valor Resaturation (Resaturación) a cero y aumentando el valor Bleed (Sangrado).

Para poder crear una imagen como la de la figura 3.17, abra el archivo `Blenders - Blue Pot & Agave.jpg` y seleccione File>Clone (Archivo>Clonar) para crear una segunda copia idéntica.

Seleccione el pincel Water Rake (Peine acuoso) con un tamaño de 4,5. La opacidad será del 100 por 100 en todo el proceso.

Pinte el fondo azul con trazos cortos que formen ángulo unos con otros, para conseguir una textura de pincel. Pinte las hojas de la planta utilizando diferentes tamaños de pincel, entre 1,6 y 2,5, dependiendo del ancho de la hoja.

Cuando tenga que pintar las hojas, le resultará más fácil si gira el lienzo hacia un lado. Para ello, haga clic sobre el icono de la mano en la paleta de herramientas y mantenga pulsado el botón del ratón hasta que aparezca el icono de girar el lienzo. Haga clic sobre él y arrastre la imagen para rotar el lienzo. Haga doble clic en el centro de la imagen para regresar a la orientación normal.

Cuando pinte el panel de la izquierda, utilice un tamaño de pincel de 2,5 y siga los colores con el pincel, dando otra vez muchas pinceladas en diferentes direcciones para crear la textura.

Encontrará instrucciones paso a paso de este ejercicio en el DVD.

Coarse Oily Blender
Mezclador óleo grueso

Flat Grainy Stump
Difumino granulado plano

Just Add Water
Sólo añadir agua

Soft Blender Stump
Difumino mezcla suave

Grainy Blender
Mezclador granulado

Oily Blender
Mezclador óleo

Grainy Water
Agua granulado

Smear
Emborronar

Figura 3.16. *Ejemplos de la categoría Blenders.*

Figura 3.17. *Maceta azul y agave.*

CALLIGRAPHY (CALIGRAFÍA)

A primera vista, esta categoría de pinceles, bastante pequeña y especializada, no parece demasiado útil para los fotógrafos. Probablemente sea perfecta para crear textos escritos a mano o para hacer pinturas de estilo oriental. Sin embargo, si los utilizamos de la forma correcta, los pinceles de esta categoría pueden crear texturas muy agradables. Los ejemplos de la figura 3.18 muestran algunas de las formas en que pueden usarse.

Cuando está activada la opción Clone Color, la mayoría de pinceles proporcionarán un trazo de pincel caligráfico muy característico, sin embargo, si disminuimos el tamaño por defecto de los pinceles podremos recuperar muchos detalles. Cuando seleccionamos el método Grainy Hard Cover Cloning, todos los pinceles reflejan la textura del papel.

Para crear una imagen como la de la figura 3.19, abra el archivo `Callygraphy - Rag Dolls.jpg` y haga una clonación rápida. Seleccione el pincel Dry Ink (Tinta seca) y haga clic en el icono **Clone Color** de la paleta Colors. Pinte sobre las muñecas con un tamaño de pincel de 32 y una opacidad del 100 por 100. Emplee pinceladas cortas en las áreas principales, pinceladas largas para el pelo dorado y pequeños toques para el estampado del vestido. Reduzca el tamaño del pincel a 11,3 y retoque la cara y los ojos. Cambie el tamaño del pincel a 85 y la opacidad al 100 por 100 y pinte de forma tosca el fondo. Luego reduzca la opacidad al 13 por 100 y pinte sobre el fondo para suavizar y dar textura. Rellene todos los huecos blancos con un tamaño de pincel de 32 y una opacidad del 15 por 100 y corrija cualquier área que lo necesite. Reduzca el tamaño de pincel a 11 con una opacidad del 50 por 100 para pintar las áreas que mejorarán la profundidad y el detalle (por ejemplo, debajo del lado izquierdo de la cara de la muñeca, donde conviene resaltar la línea más oscura).

Finalmente, puede que sea necesario ajustar el contraste para realzar la imagen.

Encontrará instrucciones paso a paso de este ejercicio en el DVD.

Calligraphy–Clone Color
Caligráfico–Clonar color

Wide Stroke–Clone Color
Trazo ancho–Clonar color

Dry Ink–Clone Color
Tinta seca–Clonar color

Dry Ink–Grainy Hard Cover Cloning
Tinta seca–Clonación superficie granulada dura

Broad Grainy Pen–Clone Color
Pluma granulada grande–Clonar color

Calligraphy Brush–Clone Color
Pincel caligráfico–Clonar color

Thin Smooth Pen–Clone Color–Jitter at 4.00
Pluma suave fina–Clonar color–Variación de 4.00

Calligraphy Brush–Clone Color–Jitter at 4.00
Pincel caligráfico–Clonar color–Variación de 4.00

Figura 3.18. *Ejemplos de la categoría Callygraphy.*

Figura 3.19. Muñecas de trapo.

CHALK (TIZA)

Los pinceles de la categoría Chalk son especialmente útiles para mostrar la textura del papel. El pincel Square Chalk (Tiza cuadrada) es mi favorito dentro de esta categoría. Todos los pinceles pueden utilizarse en el modo Clone Color y también con el método Grainy Hard Cover Cloning. Generalmente, será necesario disminuir la opacidad y bajar el deslizador Grain (Grano) para que se vea el grano. En los ejemplos de la figura 3.20 se ha utilizado el papel French Watercolor Paper (Papel de acuarela francés), que proporciona una bonita superficie con pintas.

Los pinceles Chalk son excelentes para crear un fondo base para una pintura clonada. Aunque es difícil recuperar los pequeños detalles en modo Clone Color, podemos hacerlo pasando al método Grainy Hard Cover Cloning.

Para crear una imagen como la de la figura 3.21, abra el archivo `Chalk - Houseboat.jpg` y haga una clonación rápida (Quick Clone).

Seleccione el pincel Square Chalk con un tamaño de 149 y una opacidad del 13 por 100. Haga clic en el botón **Clone Color** de la paleta Colors y pinte sobre toda la imagen para darle un fondo de color base. Cree una nueva capa, cambie el tamaño de pincel a 99 y empiece a recuperar algunas formas. Reduzca el tamaño de pincel a 23 y aumente la opacidad al 54 por 100 para añadir más detalles. Reduzca aún más el tamaño del pincel a 12 y pinte a lo largo de las líneas de la imagen para resaltar las luces y las sombras.

Cree otra capa nueva, desactive la opción Clone Color haciendo clic en su icono y, en la paleta General, seleccione Cloning en el cuadro de lista desplegable Method y Grainy Hard Cover Cloning en el cuadro de lista desplegable Subcategory. Utilice un tamaño de pincel de 32, una opacidad del 28 por 100 y un grano del 6 por 100 para añadir suavemente algunos detalles más a la imagen. Finalmente, regrese al modo Clone Color y utilice tamaños de pincel entre 10 y 35 con una opacidad del 54 por 100 para volver a aplicar pinceladas pictóricas sobre los elementos más realistas.

Square Chalk–Clone Color
Tiza cuadrada–Clonar color

Square Chalk–Grainy Hard Cover Cloning
Tiza cuadrada–Clonación superficie granulada dura

Variable Width Chalk–Clone Color
Tiza de ancho variable–Clonar color

Tapered Artist Chalk–Grainy Hard Cover Cloning
Tiza artística sesgada–Clonación superficie granulada dura

Variable Chalk–Clone Color
Tiza variable–Clonar color

Blunt Chalk–Clone Color+Grainy Hard Cover Cloning
Tiza roma–Clonar color+Clonación superficie granulada dura

Large Chalk–Clone Color
Tiza grande–Clonar color

Large Chalk–Clone Location Variability 50 & How Often 15
Tiza grande–Ubicación de clonación–Variabilidad: 50 y Frecuencia: 15

Figura 3.20. *Ejemplos de la categoría Chalk.*

Figura 3.21. Casa flotante.

CHARCOAL (CARBONCILLO)

Normalmente, en la pintura tradicional el carboncillo es de color negro con sombras de gris y así son los ejemplos que veremos en este apartado (véase la figura 3.22). Sin embargo, con Painter podemos utilizar estos pinceles para clonar fotografías a todo color. En muchos casos, son similares a los de la categoría Chalk en el sentido de que son perfectos para utilizar texturas de papel. Cuando los utilizamos en modo Clone Color es difícil obtener detalles finos pero se consiguen unas texturas de boceto realmente buenas. Todos los pinceles pueden usarse también con el método Grainy Hard Cover Cloning, aunque no variarán demasiado en textura. Necesitará reducir el deslizador Grain y generalmente también la opacidad para mostrar la textura del papel de forma óptima.

Para crear una imagen como la de la figura 3.23, abra el archivo `Charcoal - Trees.jpg` y haga una clonación rápida. Seleccione el pincel Charcoal (Carboncillo) con un tamaño de 72, una opacidad del 100 por 100 y un grano del 10 por 100. En la paleta General, seleccione en Method la opción Cloning y en Subcategory la opción Grainy Hard Cover Cloning. Escoja el papel Rough Charcoal Paper (Papel rugoso para carboncillo) y pinte sobre los troncos de los árboles para conseguir una buena densidad. Pase al pincel Soft Charcoal (Carboncillo blando), con un tamaño de 78 y seleccione el método Grainy Hard Cover Cloning, como antes. Ajuste la opacidad al 17 por 100 y el grano al 15 por 100. Clone el resto de la imagen, que quedará más suave y clara que los troncos. Seleccione el pincel Sharp Charcoal Pencil (Lápiz carboncillo afilado) con el método Grainy Hard Cover Cloning, un tamaño de 24, una opacidad del 100 por 100 y un grano del 10 por 100. Pinte sobre los troncos de los árboles y las ramas para oscurecerlas aún más. Vuelva al pincel Soft Charcoal y pinte sobre cualquier área que necesite más detalle. Haga una copia del lienzo: haga clic en Select>All (Seleccionar todo), seleccione Edit>Copy (Edición>Copiar), y después haga clic en Edit>Paste In Place (Edición>Pegar en el sitio). Luego cambie el método de composición de la capa a Multiply (Multiplicar).

Encontrará instrucciones paso a paso de este ejercicio en el DVD.

Soft Charcoal–Grainy Hard Cover Cloning–Grain 10%
Carboncillo blando–Clonación superficie granulada dura–Grano: 10%

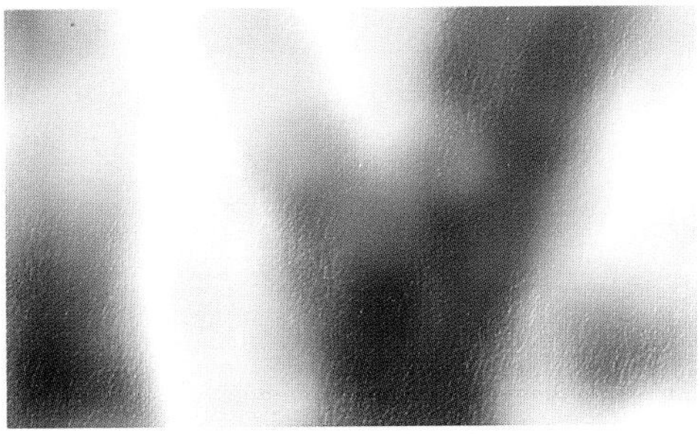

Soft Charcoal–Clone Color–Grain 100%
Carboncillo blando–Clonar color–Grano: 100%

Soft Vine Charcoal–Clone Color–Grain 17%
Carboncillo de parra blando–Clonar color–Grano: 17%

Gritty Charcoal–Clone Color–Grain 20%
Carboncillo arenoso–Clonar color–Grano: 20%

Hard Charcoal Pencil–Clone Color–Grain 10%
Lápiz carboncillo afilado–Clonar color–Grano: 10%

Hard Charcoal Pencil–Grainy HC Cloning–Grain 10%
Lápiz carboncillo afilado–Clonación superficie granulada dura–Grano: 10%

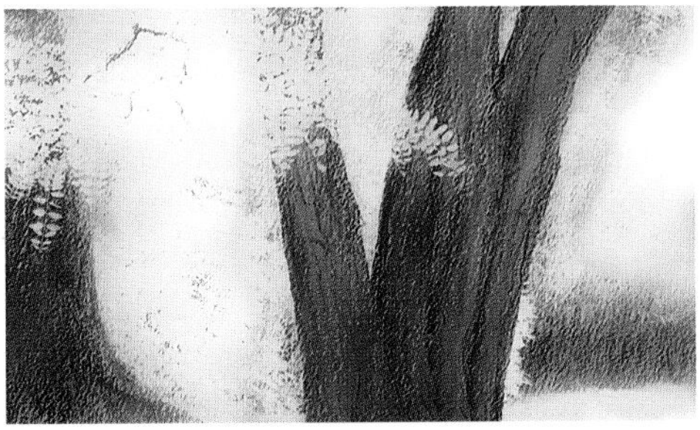

Soft Charcoal Pencil–Clone Color+Grainy HC Cloning
Lápiz carboncillo blando–Clonar color–Clonación superficie granulada dura

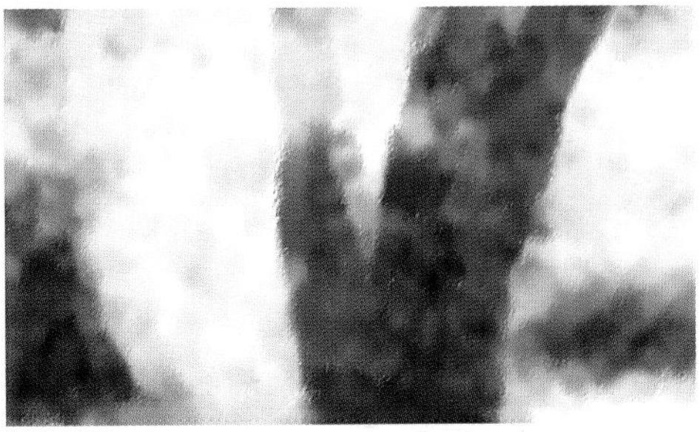

Charcoal Pencil–Clone Color–Grain 21%
Lápiz carboncillo–Clonar color–Grano: 21%

Figura 3.22. *Ejemplos de la categoría Charcoal.*

Figura 3.23. *Árboles a carboncillo.*

CLONERS (PINCELES DE CLONAR)

Si se está iniciando en Painter, éste es el mejor lugar para empezar a clonar fotografías. Todos los pinceles de esta categoría se han creado específicamente para la clonación y funcionan bien sin necesidad de hacer modificaciones (véase la figura 3.24). Hay una gran variedad de acabados. Algunos pinceles, como Bristle Brush Cloner (Pincel de clonar de cerda), Wet Oils Cloner (Pincel de clonar óleo húmedo) y Thick Bristle Cloner (Pincel de clonar de cerda gruesa) estiran los colores formando bonitas texturas. Además reaccionarán de forma diferente dependiendo de la velocidad con que movamos el pincel. Si movemos el pincel rápidamente, éste emborronará la imagen; si lo movemos despacio, la imagen clonada se verá claramente. El pincel Soft Cloner (Pincel de clonar suave) se utiliza habitualmente con otros pinceles para devolver detalles a las imágenes.

Para crear una imagen como la de la figura 3.25, abra el archivo `Cloners - Chickens.jpg` y haga una clonación rápida. Seleccione el pincel Wet Oils Cloner con un tamaño de 29 y una opacidad de 39 por 100.

Cree una nueva capa para pintar y pinte las gallinas con trazos de pincel siguiendo las líneas de las plumas. Cree una nueva capa y colóquela bajo la capa que acaba de pintar. Cambie al pincel Chalk Cloner (Pincel de clonar tiza), con un tamaño de 68 y una opacidad de 20 por 100, y pinte la hierba. Como esta capa está por debajo de la capa superior puede pintar libremente, sin que esto afecte al dibujo de las gallinas. Cambie la opacidad de la capa al 80 por 100. Cree una nueva capa y colóquela por encima de la anterior.

Con el pincel Wet Oils Cloner, de tamaño de 27 y una opacidad del 6 por 100, pinte una textura más abocetada sobre la hierba. Cree una capa más y colóquela debajo de la capa de las gallinas. Reduzca el tamaño del pincel Wet Oils Cloner a 10, escoja una opacidad del 100 por 100 y pinte algunas matas de hierba. Cambie la opacidad de esta capa al 80 por 100. Finalmente, pinte sobre las gallinas de nuevo, utilizando un tamaño de pincel de 22 y una opacidad del 20 por 100 para suavizar los bordes que hayan quedado demasiado marcados.

Encontrará instrucciones paso a paso de este ejercicio en el DVD.

Bristle Brush Cloner
Pincel de clonar de cerda

Chalk Cloner
Pincel de clonar tiza

Furry Cloner
Pincel de clonar pelo

Smeary Camel Cloner
Pincel de clonar pelo de camello emborronar

Impressionist Cloner
Pincel de clonar impresionista

Thick Bristle Cloner
Pincel de clonar de cerda gruesa

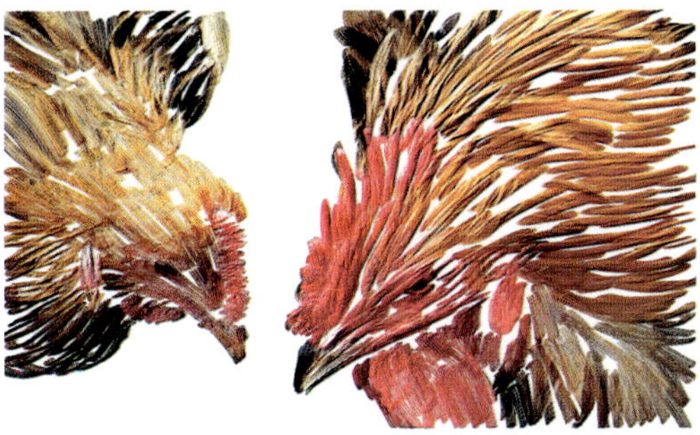

Thick Flat Cloner
Pincel de clonar grueso plano

Watercolor Run Cloner
Pincel de clonar acuarela corrida

Figura 3.24. *Ejemplos de la categoría Cloners.*

Figura 3.25. *Gallinas.*

COLORED PENCILS (LÁPICES DE COLORES)

Los lápices suelen tener una punta estrecha y afilada y cuando se utilizan para hacer un dibujo detallado se tarda mucho tiempo en acabarlo. Los lápices de Painter son similares (véase la figura 3.26). Si quiere crear una imagen con tonos delicados y sombreados rayados, podrá hacerlo utilizando un tamaño de pincel muy pequeño, pero tendrá que tener mucha paciencia. Para los ejemplos de este apartado se han utilizando pinceles de mayor tamaño y el resultado no es el del lápiz tradicional, pero merece la pena explorar diferentes efectos. La mayoría de pinceles de esta categoría utilizan el método Buildup (Acumular), lo que significa que el color se oscurecerá muy rápidamente. Esto puede ser un problema, pero podemos evitarlo cambiando el método a Cover (Cubrir).

Para crear una imagen como la de la figura 3.27, abra el archivo `Colored Pencils - Aquilegia.jpg` y haga una clonación rápida. Seleccione el pincel Hard Colored Pencil (Lápiz de colorear duro), con un tamaño de 20, una opacidad del 8 por 100 y un grano del 26 por 100. Escoja el papel French Watercolor Paper y haga clic en el botón **Clone Color**. Clone la imagen dibujando trazos que marquen únicamente los bordes de los pétalos, sin rellenar su interior. Tendrá que utilizar distintos tamaños de pincel dependiendo del tamaño de cada pétalo.

Pase al pincel Blenders>Just Add Water, con un tamaño de 21 y una opacidad del 23 por 100, y difumine los pétalos para darles un acabado suave. Arrastre la pintura y extiéndala por la superficie. Al igual que antes, tendrá que utilizar diferentes tamaños de pincel para difuminar las diferentes áreas del dibujo. Regrese al lápiz Hard Colored Pencil para enfatizar las líneas oscuras y difumine de nuevo. El resultado debería ser similar a la técnica del lápiz acuarela, en la que se añade agua a los trazos del lápiz para suavizarlos y mezclarlos. En la imagen 3.26, se ha aplicado una textura basada en el papel de acuarela utilizado.

Encontrará instrucciones paso a paso de este ejercicio en el DVD.

Cover Colored Pencil–Clone Color
Lápiz de colorear cubrir–Clonar color

Oily Colored Pencil–Clone Color
Lápiz de colorear óleo–Clonar color

Variable Colored Pencil–Clone Color
Lápiz de colorear variable–Clonar color

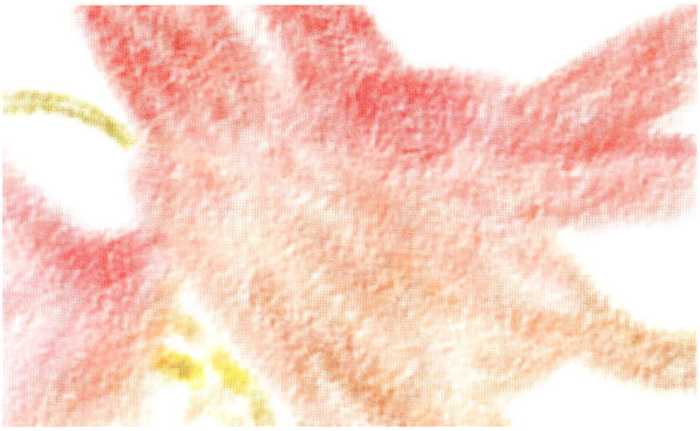
Colored Pencil–Clone Color
Lápiz de colorear–Clonar color

Grainy Colored Pencil–Clone Color
Lápiz de colorear granulado–Clonar color

Cover Colored Pencil–Grainy Hard Cover Cloning
Lápiz de colorear cubrir–Clonación superficie granulada dura

Hard Colored Pencil–Clone Color + Just Add Water
Lápiz de colorear duro–Clonar color–Sólo añadir agua

Grainy Colored Pencil–Clone Color–Size 25, Opacity 6%
Lápiz de colorear granulado–Clonar color–Tamaño: 25–Opacidad: 6%

Figura 3.26. *Ejemplos de la categoría Colored Pencils.*

Figura 3.27. *Aquilegia.*

CONTE (CONTÉ)

La categoría Conte es la más pequeña de Painter, con sólo tres variantes. Funcionan de forma similar a las tizas o pasteles y generalmente emplean tonos marrones, negros o rojos (véase la figura 3.28).

Cuando los utilizamos en el modo Clone Color, difuminan la imagen y sólo sacan detalles cuando el pincel es muy pequeño. Sin embargo, los trazos de pincel son atractivos y muestran la textura del papel bastante bien.

Cuando se utilizan con el método Grainy Hard Cover Cloning producirán una imagen clonada más nítida. Reduzca la opacidad y el grano para sacarle el máximo partido a estos pinceles. Si aumentamos el valor de la opción Jitter (Variación), las pinceladas se colocan de manera aleatoria produciendo a veces bonitas texturas.

Para crear una imagen como la de la figura 3.29, abra el archivo `Conte - Fearsome beast.jpg` y haga una clonación rápida.

Seleccione el pincel Square Conte (Conté cuadrado) con un tamaño de 190, una opacidad del 5 por 100 y un grano del 1 por 100. Escoja el papel French Watercolor Paper. Rellene la imagen con el comando Edit>Fill>Current Color (Edición>Rellenar>Color actual) y escoja un tono medio de marrón en la paleta Colors. Pinte sobre el fondo con trazos sueltos dejándolo bastante oscuro. Pinte la escultura de piedra con un tamaño de pincel de 22 y una opacidad del 16 por 100, dejando el grano al 1 por 100 durante el resto del ejercicio. Reduzca el tamaño del pincel a 5 y aumente la opacidad al 100 por 100 para pintar la cabeza y otros detalles importantes. Los pinceles más pequeños producen unas líneas muy marcadas que no quedan bien sobre un fondo tan abocetado. Para arreglarlo, pase a uno de los pinceles mezcladores, Blenders>Soft Blender Stump (Mezcladores>Difumino mezcla suave) con un tamaño de 10 y una opacidad del 37 por 100 y difumine las líneas marcadas, pero no suavice todo, deje muchos trazos para que la textura sea variada.

Encontrará instrucciones paso a paso de este ejercicio en el DVD.

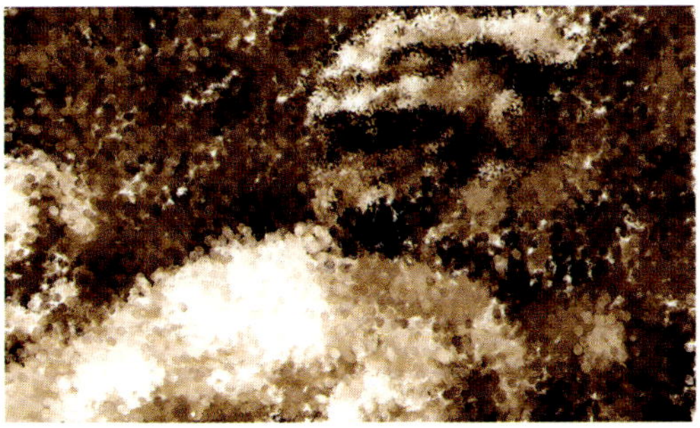

Dull Conte–Clone Color
Conté apagado–Clonar color

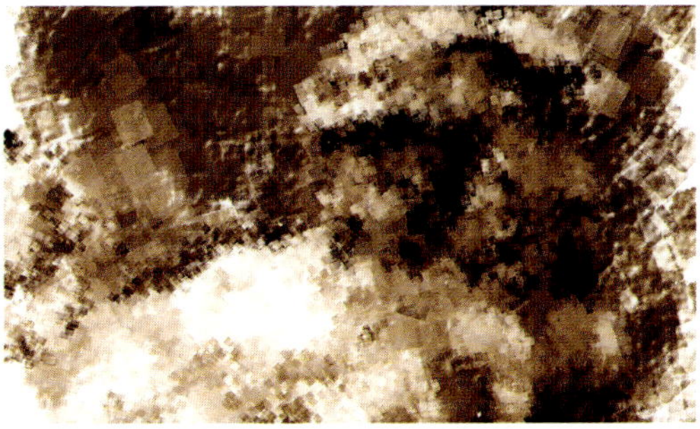

Dull Conte–Grainy Hard Cover Cloning
Conté apagado–Clonación superficie granulada dura

Square Conte–Clone Color
Conté cuadrado–Clonar color

Square Conte–Grainy Hard Cover Cloning
Conté cuadrado–Clonación superficie granulada dura

Tapered Conte–Clone Color
Conté sesgado–Clonar color

Tapered Conte–Grainy Hard Cover Cloning
Conté sesgado–Clonación superficie granulada dura

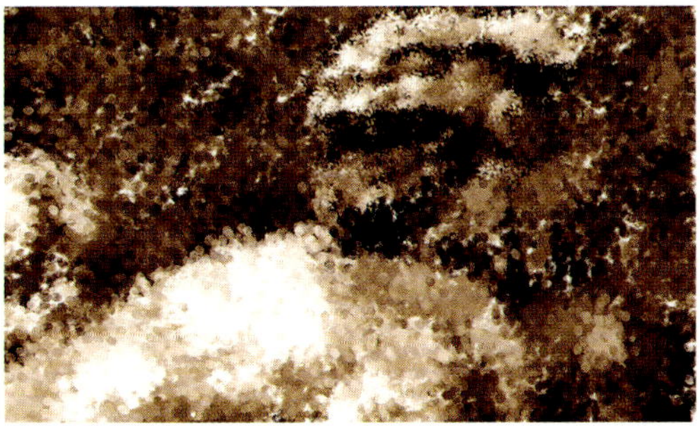

Dull Conte–Clone Color + Jitter 4.0
Conté apagado–Clonar color–Variación: 4.0

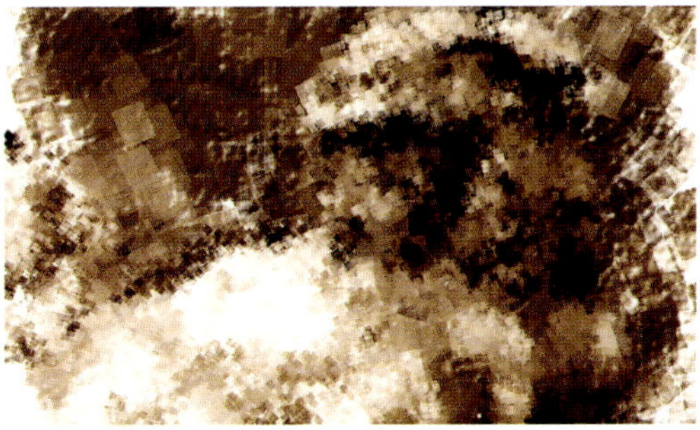

Square Conte–Clone Color + Jitter 5.0
Conté cuadrado–Clonar color–Variación: 5.0

Figura 3.28. *Ejemplos de la categoría Conte.*

Figura 3.29. Criatura terrorífica.

CRAYONS (CRAYONES)

Con sus ajustes por defecto, resulta muy difícil utilizar estos pinceles para hacer clonaciones. Esto sucede porque al utilizar el método Buildup los trazos de pincel se oscurecen al superponerlos, como puede ver en el ejemplo del pincel Dull Crayon (Crayón apagado) de la figura 3.30. Si los prueba, comprobará que pasan al negro muy rápidamente. La forma de solucionarlo es escogiendo el método Cover (Cubrir), que los hace mucho más manejables. Para hacerlo, vaya a la paleta General y en Method, seleccione la opción Cover y en Subcategory, la opción Grainy Edge Flat Cover (Superficie plana borde granulado). Merece la pena probar con diferentes ajustes (véase la figura 3.30): si pasamos del modo Clone Color a Grainy Hard Cover Cloning la mayoría de pinceles proporcionarán por defecto un efecto difuminado muy suave.

Para crear una imagen como la de la figura 3.31, abra el archivo `Crayons - Pink Cadillac.jpg` y haga una clonación rápida. Seleccione el pincel Grainy Hard Crayon (Crayón granulado duro). Abra la paleta General y seleccione la opción Cover en el cuadro de lista desplegable Method. En el cuadro de lista desplegable Subcategory de la misma paleta, escoja la opción Grainy Edge Flat Cover. Haga clic en la opción Clone Color. Cree una nueva capa vacía y, utilizando un tamaño de pincel de 334 y una opacidad del 100 por 100, pinte el fondo de forma abocetada. Cree una nueva capa sobre la anterior y pinte sobre el coche con un tamaño de pincel de 161 para mostrar sus líneas generales.

Continúe sacando detalles con pinceles de menor tamaño, utilizando tamaños de 48 y 23, cada uno en su propia capa. Para sacar detalles más nítidos, disminuya el tamaño de pincel a 4 y pinte alrededor de los faros y otros elementos.

Puede que necesite oscurecer el fondo. En ese caso, cree una nueva capa, colóquela justo encima de la primera capa sobre la que ha pintado y cambie el método de composición de la capa a Gel (Gel). Los trazos de pincel se mostrarán más oscuros.

Encontrará instrucciones paso a paso de este ejercicio en el DVD.

Basic Crayons–Clone Color
Crayones básicos–Clonar color

Basic Crayons–Grainy Hard Cover Cloning
Crayones básicos–Clonación superficie granulada dura

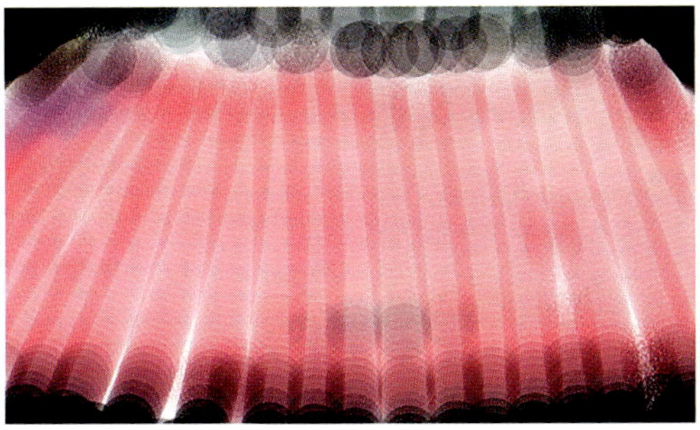

Dull Crayon–Clone Color
Crayón apagado–Clonar color

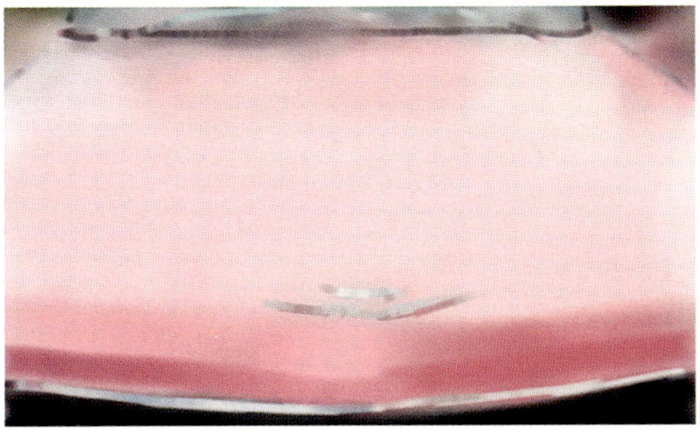

Med Dull Crayon–Grainy Edge Flat Cover Method
Crayón apagado medio–Superficie plana borde granulado

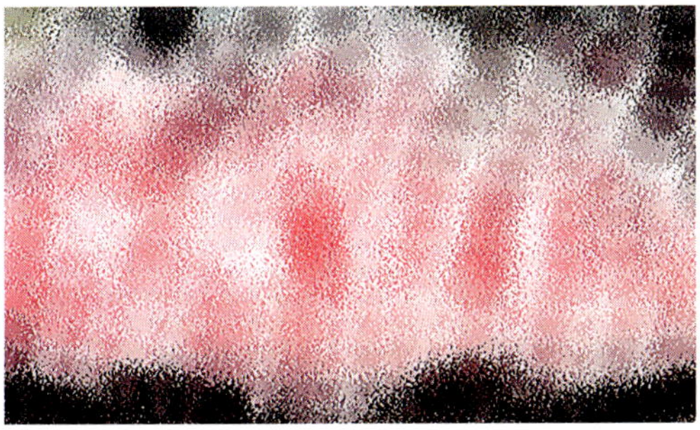

Grainy Hard Crayon–Clone Color
Crayón granulado duro–Clonar color

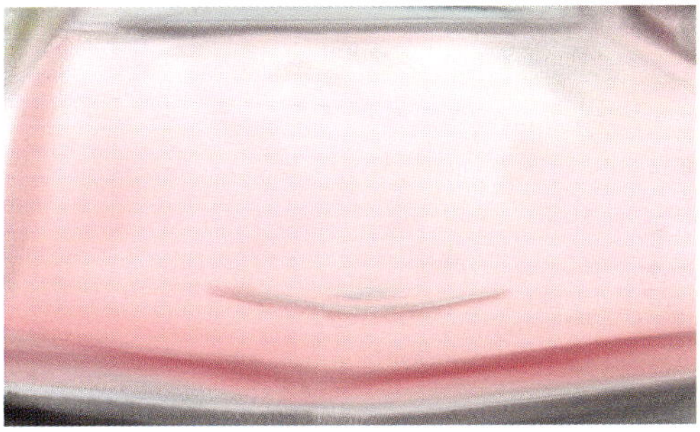

Grainy Hard Crayon–Grainy Hard Cover Cloning
Crayón granulado duro–Clonación superficie granulada dura

Pointed Crayon–Clone Color
Crayón afilado–Clonar color

Waxy Crayons–Grainy Edge Flat Cover Method
Crayones de cera–Superficie plana borde granulado

Figura 3.30. *Ejemplos de la categoría Crayons.*

Figura 3.31. *Cadillac Rosa.*

DIGITAL WATERCOLOR (ACUARELA DIGITAL)

Cuando utilizamos estos pinceles para pintar, en vez de para clonar, obtenemos un acabado de acuarela muy suave y hermoso, con maravillosos colores translucidos (véase la figura 3.32). Por desgracia, cuando los usamos para clonar, este efecto se pierde y muchos de estos pinceles son difíciles de utilizar en sus ajustes por defecto. La clave para utilizarlos como pinceles de clonar es reduciendo la opacidad e incorporando los detalles con tamaños menores de pincel. Los pinceles Dry Brush (Pincel seco) son los más fáciles de utilizar con fotografías ya que proporcionan una textura muy atractiva. Muchos de los mezcladores también pueden funcionar como pinceles de clonar y pueden darnos un aspecto similar al de la acuarela, aunque suele ser difícil conseguir detalles finos. Encontrará más información sobre las acuarelas en el capítulo 7.

Para crear una imagen como la de la figura 3.33, abra el archivo `Digital Watercolor - Arabian Horse.jpg` y haga una clonación rápida. Seleccione el pincel Dry Brush, con un tamaño de 242 y una opacidad del 11 por 100. Cree una nueva capa para pintar los colores de fondo. Escoja un tono azul muy claro en la paleta Colors y pinte el cielo con trazos horizontales. Añada algunos trazos blancos para crear las nubes y luego pinte la hierba de color verde claro. Desactive la visibilidad de esta capa por el momento. Cree una capa nueva y vuelva a utilizar el pincel Dry Brush con un tamaño de 19 y una opacidad del 65 por 100. Esta vez haga clic en la opción Clone Color de la paleta Colors. Pinte el caballo. Luego reduzca el tamaño del pincel a 6 y aumente la opacidad al 100 por 100 para pintar las bridas. Para que queden más detalladas, píntelas primero y luego pinte sobre cada borde para reducir el ancho del trazo. Pase al pincel Flat Water Blender (Mezclador agua plano), con un tamaño de 8,2 y una opacidad del 9 por 100 en modo Clone Color, y mezcle las áreas más desiguales y suavice parte de las crines. Vuelva al pincel Dry Brush, con un tamaño de 7 y una opacidad del 100 por 100 para perfeccionar los detalles, sobre todo alrededor de la cabeza y del ojo.

Encontrará instrucciones paso a paso de este ejercicio en el DVD.

Dry Brush–Clone Color
Pincel seco–Clonar color

Coarse Dry Brush–Clone Color
Pincel seco grueso–Clonar color

Fine Tip Water–Clone Color
Punta fina agua–Clonar color

Coarse Mop Brush–Clone Color
Pincel mop grueso–Clonar color

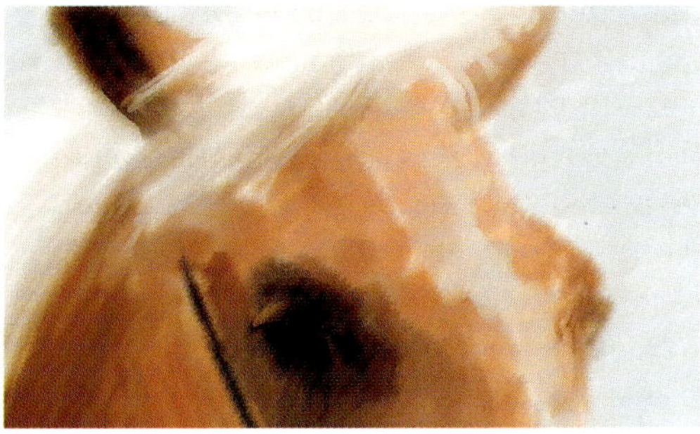

Flat Water Blender–Clone Color
Mezclador agua plano–Clonar color

Pure Water Blender–Clone Color
Mezclador agua puro–Clonar color

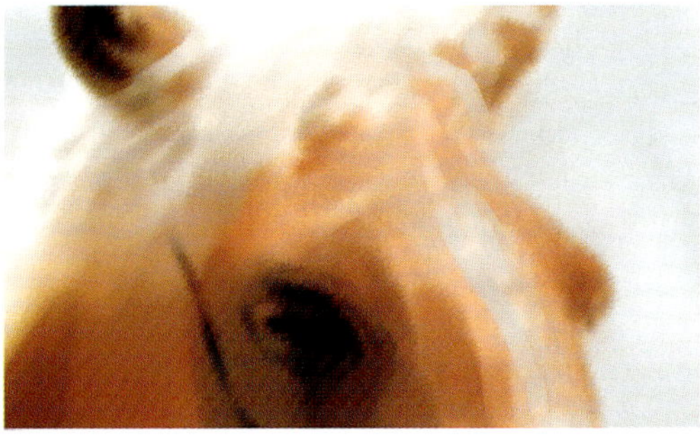

Finer Mop Brush–Clone Color
Pincel mop fino–Clonar color

New Simple Diffuser–Clone Color
Difusor simple nuevo–Clonar color

Figura 3.32. *Ejemplos de la categoría Digital Watercolor.*

Figura 3.33. *Caballo árabe.*

DISTORTION (DISTORSIÓN)

Como su propio nombre indica, todos los pinceles de esta categoría distorsionan las imágenes hasta cierto punto. Algunas variantes, como Hurricane (Huracán) y Turbulence (Turbulencia), crearán efectos más salvajes, mientas que otras, como Distortion (Distorsión) y Marbling Rake (Peine mármol), empujarán los detalles en la dirección en que movamos el lápiz (véase la figura 3.34).

Otros pinceles, como Pinch (Pellizcar) o Bulge (Abultar), también distorsionan la imagen.

Todos estos pinceles se usan directamente sobre la imagen y no a través de la clonación.

Aunque podemos considerarlos como un conjunto de pinceles de efectos, también pueden usarse durante la creación de una pintura. El pincel Diffuser (Difusor) suavizará áreas desiguales y el pincel Confusion (Confusión) creará un efecto de borde de acuarela.

Otra forma de utilizar estos pinceles es para crear un fondo difuso como base de una pintura.

Para crear una imagen como la de la figura 3.35, abra el archivo `Distortion - Mandarin duck.jpg` y haga una copia clonada (File> Clone), no una clonación rápida. Seleccione el pincel Grainy Mover (Movimiento granulado) con un tamaño de 150 y un valor de Strength (Fuerza) del 50 por 100. Seleccione el papel Artist Rough Paper (Papel artístico rugoso) en la paleta Papers. Pinte todo el fondo, excepto la hierba. Esto aumentará el aspecto difuso del área y proporcionará una textura clara. Pinte las hierbas usando un tamaño de pincel de 66 y una opacidad del 26 por 100. Dirija los trazos hacia arriba, para seguir la dirección de las hierbas. Pase al pincel Diffuser, con un tamaño de 10 y una opacidad del 50 por 100 y pinte cuidadosamente sobre la cabeza del pato, siguiendo las líneas y formas de las plumas.

Vuelva al pincel Grainy Mover, con un tamaño de 20 y un valor de Strength del 25 por 100 y pinte el resto del pato, siguiendo siempre las líneas de las plumas y procurando usar trazos bastante cortos. Reduzca el tamaño del pincel a 3, aumente el tamaño de la imagen en la pantalla y pinte el ojo y otros detalles pequeños de las plumas para finalizar la imagen.

Encontrará instrucciones paso a paso de este ejercicio en el DVD.

Hurricane
Huracán

Diffuser
Difusor

Marbling Rake
Peine mármol

Coarse Brush Mover
Movimiento de pincel grueso

Coarse Distorto
Distorsión gruesa

Confusion
Confusión

Water Bubbles
Burbujas de agua

Turbulence
Turbulencia

Figura 3.34. *Ejemplos de la categoría Distortion.*

Figura 3.35. *Pato mandarín.*

ERASERS (BORRADORES)

Los borradores se usan principalmente para corregir pinceladas erróneas y para eliminar áreas de la pintura que no nos interesan. Sin embargo, en estos ejemplos, hemos estudiado las posibilidades creativas de los borradores para conseguir cambios tonales y superponer texturas. Como puede comprobar, los borradores pueden utilizarse para iluminar áreas y dar a la imagen un aspecto muy claro.

Si usamos los borradores *tapered* (sesgado), podremos añadir fácilmente líneas direccionales, mientras que el borrador 1-pixel Eraser (Borrador de 1 píxel) nos permite conseguir un acabado inquietante. Aunque estemos empleando un color de papel de fondo distinto del blanco, conviene saber que los borradores (*eraser*) borrarán la imagen para descubrir el papel de fondo, mientras que los blanqueadores (*bleaches*) siempre borran a blanco (figura 3.36).

En la imagen de la figura 3.37 hemos usado un borrador para eliminar de forma delicada las áreas más oscuras de la foto y aclarar la imagen completa, consiguiendo un resultado suavizado y luminoso.

Abra el archivo `Erasers - Tulips.jpg` y haga una copia clonada (File>Clone), no una clonación rápida. Seleccione el borrador Gentle Bleach (Blanqueador suave), con un tamaño de 310 y una opacidad del 10 por 100. Utilizando una tableta gráfica, pinte muy suavemente sobre la imagen, concentrándose en las áreas externas de la misma. Si está usando un ratón, reduzca la opacidad hasta el 3 por 100 aproximadamente. Toda la imagen debería hacerse mucho más clara y delicada, pero comprobará que al amarillo de la parte inferior de la foto no parece afectarle apenas el borrador. Pase al borrador Erase All Soft (Borrar todo suave), con un tamaño de 234 y una opacidad el 6 por 100 y aclare suavemente este área. Tiene que tener cuidado para no borrar completamente ningún área dejándola blanca, algo que puede suceder con relativa facilidad. Si esto sucede, cambie al pincel Soft Cloner (Pincel de clonar suave), con un tamaño de 245 y una opacidad del 3 por 100, y vuelva a clonar la imagen original.

Encontrará instrucciones paso a paso de este ejercicio en el DVD.

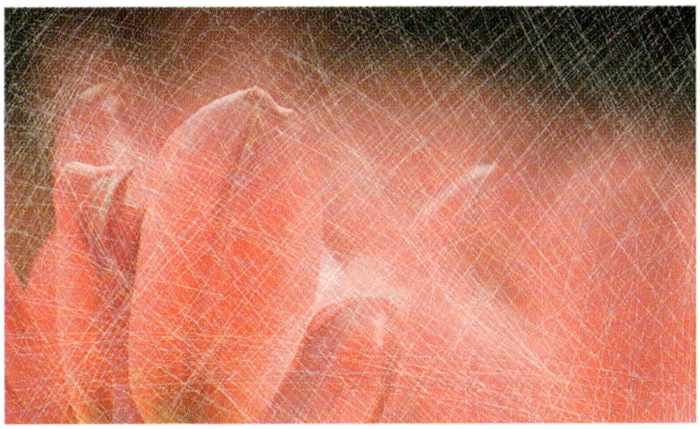

1 pixel Eraser
Borrador de 1 píxel

Tapered Eraser
Borrador sesgado

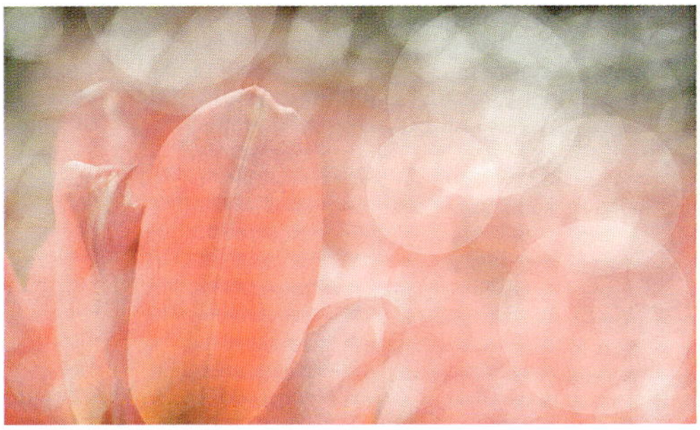

Erase All Hard
Borrar todo fuerte

Erase All Soft
Borrar todo suave

Eraser
Borrador

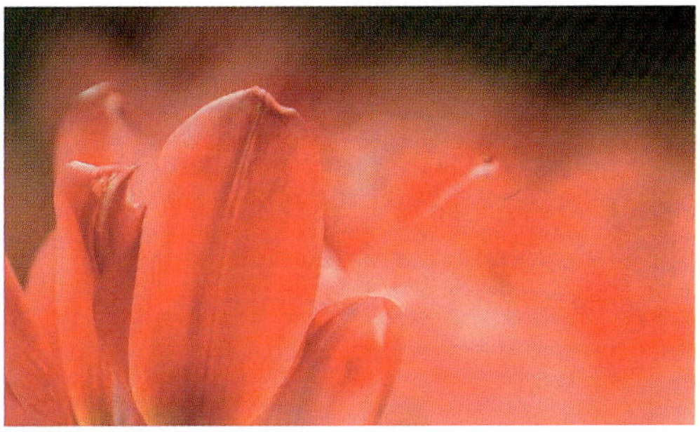

Bleach
Blanqueador

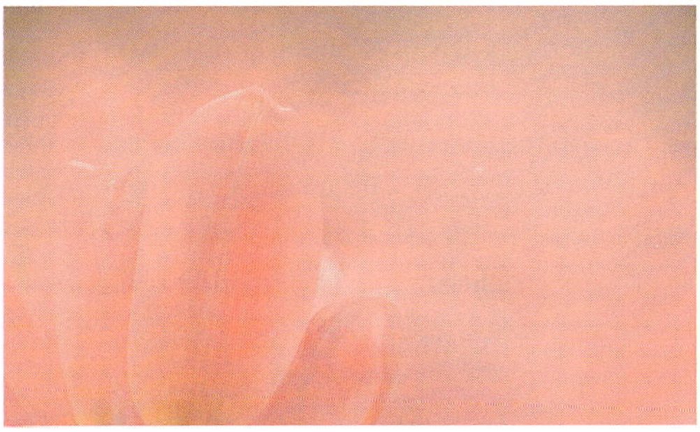

Eraser with Paper Color set to light pink
Borrador, con el papel de fondo de color rosa

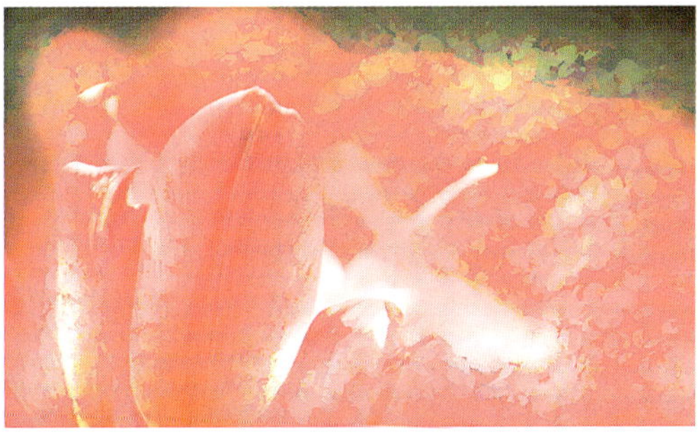

Tapered Darkener
Oscurecer sesgado

Figura 3.36. *Ejemplos de la categoría Erasers.*

Figura 3.37. *Tulipanes.*

F-X (EFECTOS ESPECIALES)

Como su nombre indica, esta categoría de pinceles contiene muchos pinceles de efectos especiales, algunos más útiles que otros. Dos de los más interesantes y divertidos son los pinceles Furry Brush (Pincel peludo) y Hair Spray (Laca), que pulverizan colores hacia fuera desde la imagen utilizando un efecto de aerógrafo. Comprobará que algunos de los pinceles funcionan como pinceles de clonar, mientras que otros tienen que usarse directamente sobre la imagen.

El pincel Fairy Dust (Polvo de hada) es útil para añadir reflejos a una imagen (utilícelo con una opacidad baja para conseguir un resultado sutil). El pincel Glow (Resplandor) también es útil para añadir un resplandor cálido a un objeto. Realmente, merece la pena estudiar esta categoría. Muchos de estos pinceles son útiles para crear fondos (véase la figura 3.38).

Para crear una imagen como la de la figura 3.39, abra el archivo `F-X - Jazz Girls.jpg` y haga una clonación rápida. Seleccione el pincel Gradient Flat Brush (Pincel plano de degradado), con un tamaño de 92 y una opacidad del 29 por 100. Haga clic en la opción Clone Color de la paleta Colors. Pinte sobre toda la imagen utilizando trazos de pincel cortos. Esto creará un efecto de mosaico vibrante y lleno de color. Comprobará que este pincel deposita gotas de pintura al inicio y al final de cada trazo. Este color procede de la muestra Additional Color (Color adicional) que está por detrás de la muestra Main Color (Color principal) en la paleta Colors. Disminuya el tamaño del pincel a 27 para las figuras principales y siga utilizando pinceles cada vez más pequeños para sacar los detalles, hasta llegar a un tamaño de 4 para los ojos. Cree una nueva capa y pase al pincel Fairy Dust, con un tamaño de 162 y una opacidad del 9 por 100. Seleccione el color blanco en la paleta Colors y pinte estrellas por toda la superficie. Cree varias capas nuevas y pinte estrellas de diferentes colores y tamaños en cada una. Ajuste las opacidades de las capas hasta que esté satisfecho con el resultado. Utilice el pincel Soft Clone (Pincel de clonar suave) para clonar algunos detalles de las manos y caras.

Encontrará instrucciones paso a paso de este ejercicio en el DVD.

Furry Brush
Pincel peludo

Hair Spray
Laca

Gradient Flat Brush
Pincel plano de degradado

Fairy Dust
Polvo de hada

Confusion
Confusión

Shattered
Hacer añicos

Piano Keys
Teclas de piano

Squeegee
Limpia ventanas

Figura 3.38. *Ejemplos de la categoría F-X.*

Figura 3.39. *Jazz girls.*

FELT PENS (ROTULADORES)

En sus opciones por defecto, estos pinceles no son demasiado satisfactorios cuando los usamos para clonar. La razón principal es que todos ellos utilizan el método Buildup que hace que los trazos de pincel aumenten de intensidad al superponerlos y por tanto se oscurezcan muy rápido.

En los ejemplos que veremos en este apartado, se ha cambiado el método Buildup por otras alternativas. De este modo, hemos podido conseguir algunas texturas y acabados interesantes.

La mayoría de los ejemplos tienden a ser muy gráficos, como corresponde a esta categoría. En muchos de los ejemplos, se ha aumentado el tamaño de la textura del papel para conseguir un acabado más abocetado (véase la figura 3.40).

Para crear una imagen como la de la figura 3.41, abra el archivo `Felt Pens - Umbrella.jpg` y haga una clonación rápida. Seleccione el pincel Fine Point Marker (Marcador de punta fina) con un tamaño de 155, una opacidad del 45 por 100 y un grano del 10 por 100. En la paleta General, seleccione en el cuadro de lista desplegable Method la opción Cloning y en el cuadro de lista desplegable Subcategory la opción Grainy Hard Cover Cloning. En la paleta Papers, escoja el papel Worn Pavement (Pavimento desgastado). Cambie el deslizador Paper Scale al 261 por 100.

Cambie el deslizador Paper Contrast al 137 por 100. Clone toda la imagen. El acabado será rugoso por el papel seleccionado y el aumento del tamaño y contraste del mismo. Reduzca el tamaño del pincel a 29,7 y cambie la opacidad al 60 por 100.

Pinte sobre los bordes del paraguas para hacerlos más definidos. Reduzca aún más el tamaño del pincel para clonar el mango y el pico superior. Cree una nueva capa y pase al pincel Design Marker (Marcador de diseño), con un tamaño de 10, una opacidad del 7 por 100, el método Buildup y la subcategoría Grainy Hard Buildup (Acumular granulado duro). En la nueva capa, clone el grafiti sobre el paraguas.

Encontrará instrucciones paso a paso de este ejercicio en el DVD.

Art Marker–Cover Method, Grainy Edge Flat Cover
Marcador artístico–Método: Cubrir–Superficie plana borde granulado

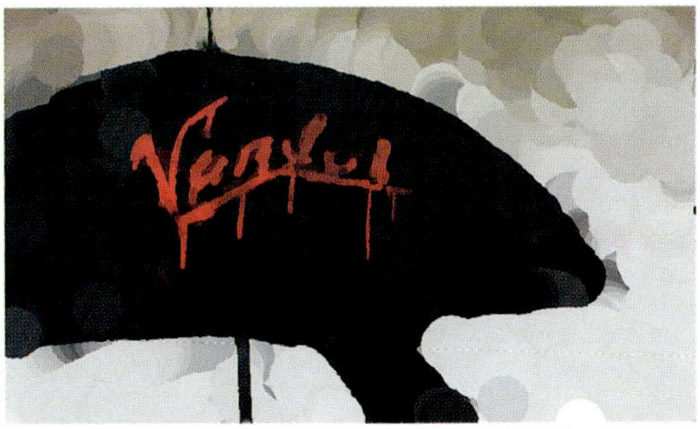

Blunt Tip–Cover Method, Grainy Edge Flat Cover
Punta roma–Método: Cubrir–Superficie plana borde granulado

Felt Marker–Cloning Method, Grainy Hard Cover Cloning
Marcador de fieltro–Método: Clonación–Clonación superficie granulada dura

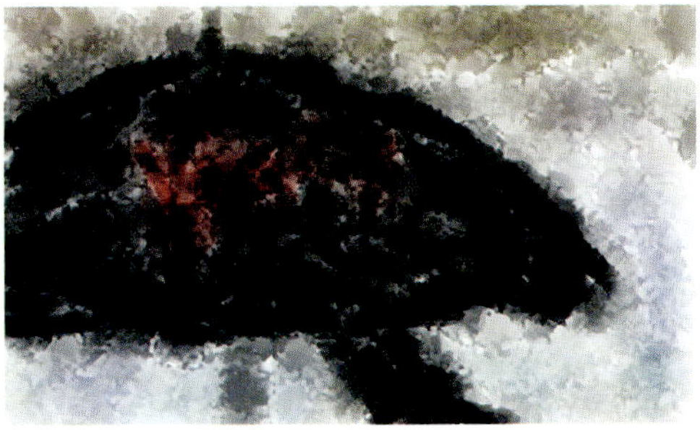

Thick n Thin Marker–Buildup Method, Grainy Edge Flat Cover
Marcador grueso y fino–Acumular–Superficie plana borde granulado

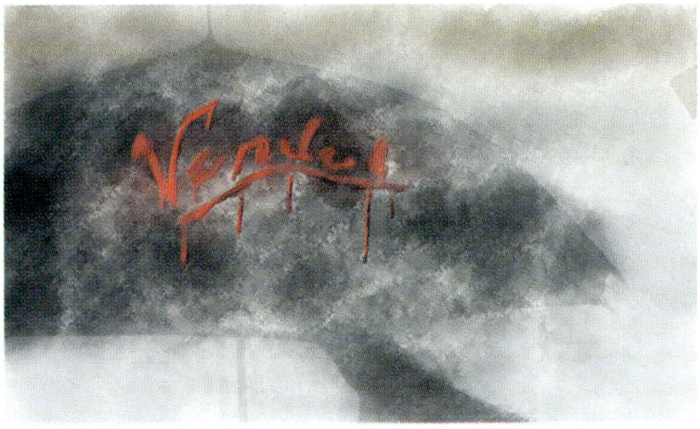

Fine Tip–Cloning Method, Grainy Hard Cover Cloning
Punta fina–Método: Clonación–Clonación superficie granulada dura

Design Marker–Cover Method, Grainy Edge Flat Cover
Marcador de diseño–Método: Cubrir–Superficie plana borde granulado

Medium Tip Felt Pen–Drip Method, Hard Drip
Rotulador de punta media–Método=Gotear–Goteo fuerte

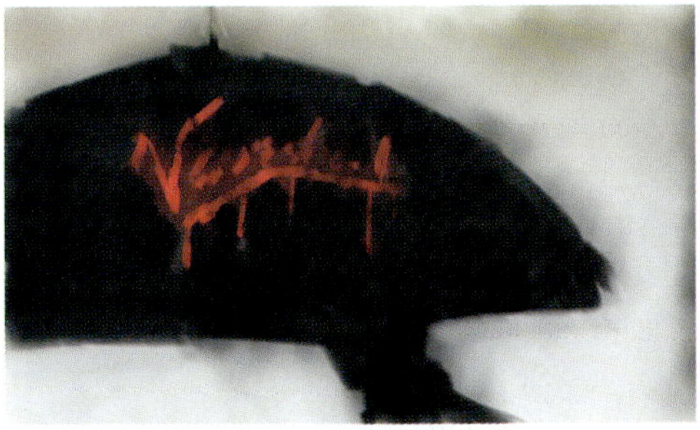

Dirty Marker–Cover Method, Soft Cover
Marcador sucio–Método: Cubrir–Cubierta blanda

Figura 3.40. *Ejemplos de la categoría Felt Pens.*

Figura 3.41. *Paraguas.*

GOUACHE (GOUACHE)

Los pinceles Gouache suelen proporcionar detalles precisos cuando los utilizamos para clonar (véase la figura 3.42).

Reduciendo la opacidad y seleccionando un papel adecuado, mostrarán la textura del papel con bastante claridad. Mi favorito es el pincel Wet Gouache Round (Gouache húmedo redondo) que emborrona la imagen dándole ricos colores, como puede ver en la imagen 3.43. El deslizador Feature (Característica) controla la separación de las cerdas; si aumentamos este valor, conseguiremos que se vean claramente las marcas del pincel.

El valor del deslizador Jitter (Variación) se ha aumentado mucho en el ejemplo del pincel Detail Opaque (Detalle opaco) de la figura 3.42 y el resultado es un acabado con una textura marcada. El deslizador Jitter se encuentra en la paleta Random (Aleatorio).

Para crear una imagen como la de la figura 3.43, abra el archivo `Gouache - Hanbury Canal Bridge.jpg` y haga una clonación rápida. Seleccione el pincel Wet Gouache Round con un tamaño de 30 y una opacidad del 100 por 100. Active la opción Clone Color. Clone la imagen con el puente y los árboles que lo rodean, reduzca la opacidad al 13 por 100 y clone los árboles más claros que se ven por encima del puente. Siga clonando el resto de árboles y hierba. Mantenga el pincel en movimiento todo el tiempo y utilice pinceladas cortas en diferentes direcciones para conseguir una textura interesante.

Aumente la opacidad del pincel al 60 por 100 y repase las áreas pintadas, incorporando más densidad y detalles. Cubra la mayoría de la imagen, pero deje algunas zonas del lienzo en blanco. Pinte el agua con el mismo pincel y un 60 por 100 de opacidad, utilizando trazos horizontales. Reduzca el tamaño del pincel a 30 y la opacidad al 22 por 100 y pinte los reflejos haciendo pequeños trazos de arriba hacia abajo. Resalte el reflejo del puente y los árboles de color.

Encontrará instrucciones paso a paso de este ejercicio en el DVD.

Fine Bristle
Cerda fina

Broad Cover Brush–Grain 1%, Opacity 1%
Pincel de cubrir grande–Grano=1%–Opacidad:1 %

Flat Opaque Gouache–Opacity 4%
Gouache opaco plano–Opacidad: 4%

Broad Cover Brush–Cloning Method, Grainy Hard Cover
Pincel de cubrir grande–Método: Clonación–Clonación superficie granulada dura

Wet Gouache Round
Gouache húmedo redondo

Wet Gouache Round–Feature 8.8
Gouache húmedo redondo–Característica: 8,8

Thick Gouache Flat
Gouache grueso plano

Detail Opaque–Size 52, Opacity 58%, Jitter 2.67
Detalle opaco–Tamaño: 52–Opacidad: 58%–Variación: 2,65

Figura 3.42. *Ejemplos de la categoría Gouache.*

Figura 3.43. *Hanbury Canal.*

IMAGE HOZE (APLICACIÓN DE IMÁGENES)

La categoría de pinceles Image Hoze es diferente del resto de categorías de Painter: los pinceles utilizan imágenes que aplican por el lienzo de diferentes formas.

Las fuentes de estos conjuntos de imágenes se llaman *nozzles*. Painter incluye una colección de ellos a la que puede acceder desde la parte inferior derecha de la barra de herramientas. Seleccione el *nozzle* que desea utilizar y un pincel de la categoría Image Hoze, en el selector de pinceles, y pinte sobre el documento.

La lista de variantes de pincel son diferentes formas de aplicar estas imágenes (véase la figura 3.44). La variante Linear (Lineal) pinta en forma de línea, mientras que la variante Spray (Spray) dispersa las imágenes. Las letras **P**, **R**, **D**,**W** y **B** se refieren a las opciones *Pressure* (Presión), *Random* (Aleatorio), *Direction* (Dirección), *Wheel* (Rueda) y *Bearing* (Acimut).

Además de los nozzles de Painter 11, también podemos crear *nozzles* con nuestras propias imágenes. La figura 3.45 se creó a partir de seis fotografías de conchas.

Las fotografías originales se encuentran en el DVD, por tanto podrá utilizarlas para crear una imagen similar a ésta, o bien usar sus propias imágenes.

El proceso de creación de *nozzles* es bastante complejo, pero podemos conseguir resultados sutiles e interesantes. El ejemplo de la figura 3.45 es bastante sencillo y utiliza un *nozzle* simple. Los *nozzles* pueden crearse con dos o tres rangos.

Los pasos son los siguientes: preparar la imagen original, cambiar el color a negativo, mover las fotografías a capas en un nuevo documento, agrupar las capas y crear, cargar y utilizar el *nozzle*.

Encontrará instrucciones paso a paso de este ejercicio en el DVD.

Baby Blue Eyes–Spray-Size-P Angle-B
Baby Blue Eyes (tipo de flor, no se traduce)
Spray-Tamaño-Presión Ángulo-Acimut

Gardenias–Spray-Size-P Angle-W
Gardenias–Spray-Tamaño-Presión Ángulo-Rueda

Passionflower Flowers–Spray-Size-P Angle-W
Flor de la pasión– Spray-Tamaño-Presión Ángulo-Rueda

Green Grass Bunch–Spray-Size-W
Manojo de hierba–Spray-Tamaño-Rueda

Paragliders–Linear-Size-P Angle-W
Parapentes–Lineal-Tamaño-Presión Ángulo-Rueda

Red Poppies–Spray-Size-P Angle-B
Amapolas–Spray-Tamaño-Presión Ángulo-Acimut

Little Houses–Linear-Size-W
Casitas–Lineal-Tamaño-Rueda

Swallows & Palm Trees–Linear-Size-P
Golondrinas & Palmeras–Lineal-Tamaño-Presión

Figura 3.44. *Ejemplos de la categoría Image Hoze.*

Figura 3.45. *Tornado.*

IMPASTO (IMPASTO)

El impasto es una técnica que consiste en aplicar capas de pintura muy gruesas. En esta categoría, todos los pinceles tienen esta característica, pero con distintas variantes.

Algunos pinceles, como el pincel Opaque Flat (Opaco plano), son pinceles normales con impasto añadido (esto se consigue aplicando luces y sombras a cada pincelada). Los pinceles Grain Emboss (Relieve granulado) y Smeary Varnish (Barniz emborronar) trabajan directamente sobre la superficie de la fotografía para darle un efecto de relieve. Las variantes Texturizer (Textura) pulverizan pintura sobre una superficie en relieve, mientras que el pincel Acid Etch (Grabado al ácido) hace justo lo contrario, ahonda en la fotografía. Los pinceles Distorto Impasto (Impasto distorsionado) y Gloopy (Viscoso) arrastran la pintura al clonar, de forma parecida a la categoría Distortion (véase la figura 3.46).

La imagen de la figura 3.47 es bastante fácil de crear. Abra la fotografía original, `Impasto - Can Handle.jpg`, desde el DVD y haga una clonación rápida (File>Quick Clone). Seleccione el pincel Smeary Bristle (Cerda emborronar), con un tamaño de 35 y una opacidad del 63 por 100, y haga clic en la opción Clone Color de la paleta Colors.

Este pincel emborrona la imagen, al tiempo que aplica un efecto de impasto y unas pinceladas muy intensas.

Clone la fotografía empezando por el asa. Siga las líneas del asa utilizando trazos cortos y pronto verá el efecto. Continúe con el fondo, variando la longitud y dirección de las pinceladas para darle más variedad.

Es difícil evaluar la intensidad del impasto en pantalla. Lo mejor es comprobarlo con un zoom del 100 por 100, ya que con niveles menores de zoom se distorsiona la visualización del efecto. Al imprimir la imagen, el efecto suele ser más suave de lo que parece en pantalla, por tanto tendrá que hacer algunas pruebas antes de la impresión definitiva.

Encontrará instrucciones paso a paso de este ejercicio en el DVD.

Opaque Flat
Opaco plano

Loaded Palette Knife
Espátula cargada

Texturizer–Variable
Textura-Variable

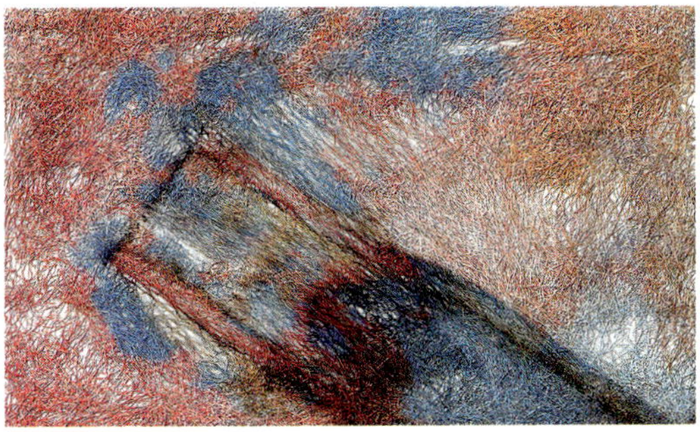

Fiber
Fibra

Pattern Emboss–on original photograph
Diseño en relieve–sobre la imagen original

Gloopy
Viscoso

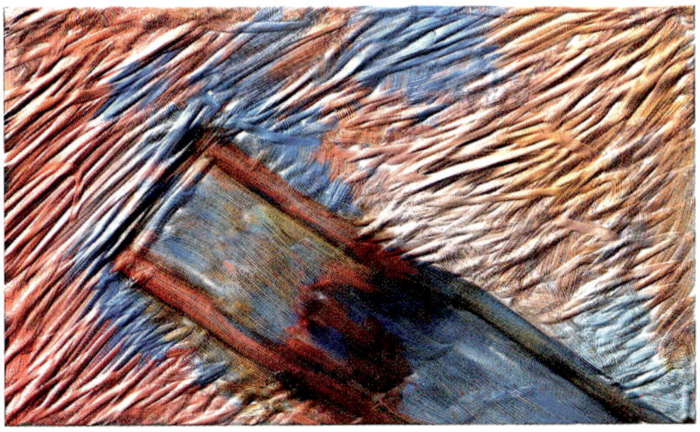

Thick Wet Flat
Húmedo plano grueso

Distorto Impasto
Impasto distorsionado

Figura 3.46. *Ejemplos de la categoría Impasto.*

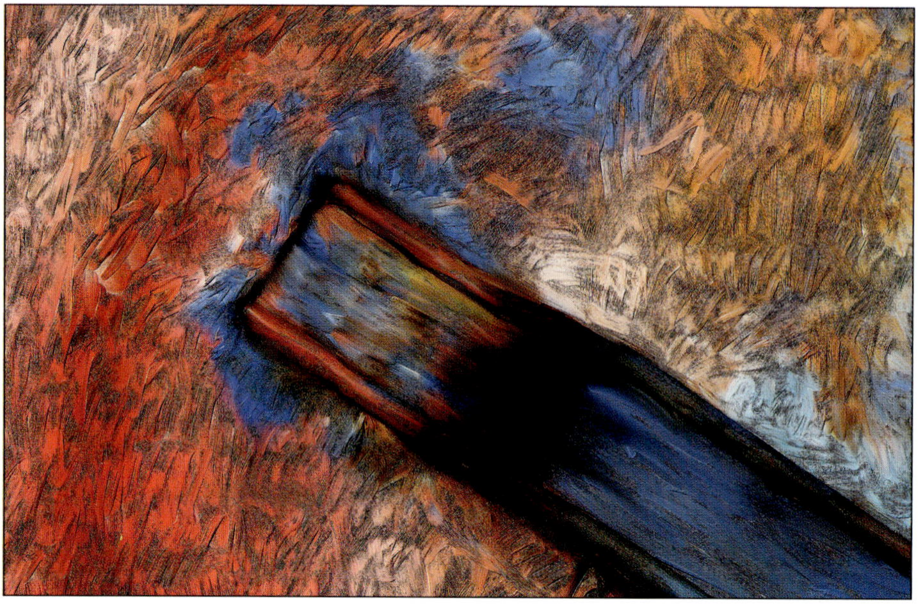

Figura 3.47. *Asa de un bote.*

LIQUID INK (TINTA LÍQUIDA)

La categoría Liquid Ink es un grupo extenso de pinceles que imitan el efecto de materiales artísticos que utilizan tinta. La tinta fluye a gran velocidad y cubre el papel rápidamente, proporcionando un efecto bastante gráfico. Todos los pinceles de la categoría Liquid Ink usan una capa especial que se crea automáticamente cuando utilizamos cualquiera de estos pinceles.

Los pinceles *Resist* (repelente) se utilizan para reservar áreas sobre las que no queremos pintar (el efecto es similar a utilizar cinta adhesiva de pintor).

La sección Liquid Ink del cuadro de diálogo Brush Creator (Creador de pinceles) contiene muchos controles para ajustar los pinceles, en especial la cantidad de tinta. Si este deslizador tiene un valor muy alto, la tinta se esparcirá encharcando el papel. Pruebe a mover algunos de los deslizadores y observe el resultado (véase la figura 3.48).

Para crear una imagen como la de la figura 3.49, abra el archivo `Liquid Ink - Door Handles.jpg` del DVD y haga una clonación rápida. Seleccione el pincel Sparse Bristle (Cerda ralo) con un tamaño de 34,9 y una opacidad del 50 por 100. Active la opción Clone Color. Al igual que sucede con muchos de los pinceles de esta categoría, si pintamos suavemente, el resultado de las pinceladas es poco uniforme. Pinte sobre los trazos una y otra vez para hacer desaparecer este efecto, aunque a mí personalmente me gusta esta textura. En este ejemplo, tendrá que pintar suave dejando parcialmente a la vista el papel blanco de fondo.

Pinte primero las dos hojas de la puerta, siguiendo con los trazos la dirección de la madera. Cuando pinte los manillares, permita que el pincel rocíe pintura sobre la imagen para resaltar aún más la textura final.

Es una imagen fácil y rápida de crear, por tanto, cuando la acabe, pruebe con otro pincel y observe las diferencias. También es recomendable experimentar con los deslizadores de la paleta Liquid Ink, que pueden llegar a tener un gran efecto sobre la imagen final.

Encontrará instrucciones paso a paso de este ejercicio en el DVD.

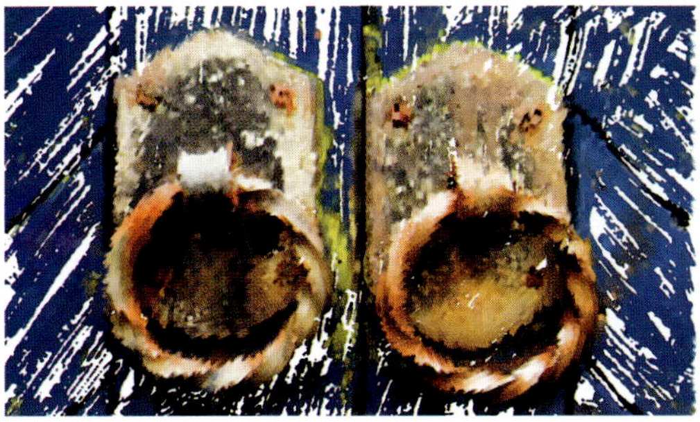
Graphic Bristle
Cerda gráfico

Depth Bristle
Cerda profundidad

Clumpy Ink
Tinta grumosa

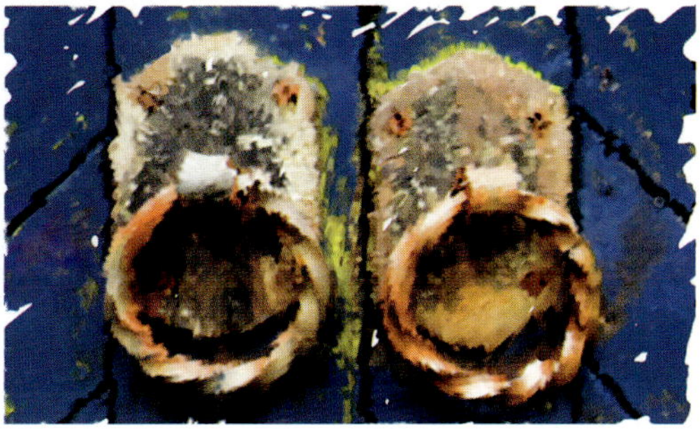
Smooth Camel
Pelo de camello suave

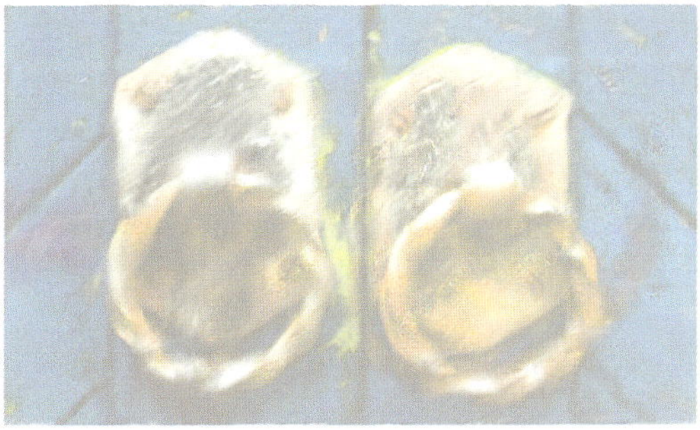
Sparse Flat cloned on layer with 28% Opacity
Plano ralo–clonado sobre una capa
con un 28% de opacidad

Sparse Bristle with Sparse Bristle Resist
Cerda ralo–Repelente cerda ralo

Smooth Thick Flat–with Jitter at 3.76
Suave grueso plano–Variación: 3,76

Velocity Sketcher
Boceto rápido

Figura 3.48. *Ejemplos de la categoría Liquid Ink.*

Figura 3.49. *Manillares.*

MARKERS (MARCADORES)

La categoría de pinceles Markers es nueva en Painter 11 y tiene todas las propiedades que podríamos encontrar en los marcadores reales: trazos planos que aumentan de densidad cuando los superponemos.

Esto hace que sea difícil utilizarlos para clonar fotografías, ya que cada trazo adicional que apliquemos se hará más oscuro. Sin embargo, con un poco de perseverancia y modificando algunos ajustes, podemos utilizar algunos de ellos.

En los ejemplos de la figura 3.50, algunos de los pinceles están en sus ajustes por defecto, mientras que otros utilizan métodos diferentes, que podemos seleccionar en la paleta General.

Para crear una imagen como la de la figura 3.51, abra el archivo `Boots.jpg` del capítulo 3 del DVD. Seleccione el pincel Chisel Tip Marker (Marcador punta cincel), con un tamaño de 45 y una opacidad del 30 por 100. Active la opción Clone Color en la paleta Colors. En la paleta General, seleccione la opción Drip en los cuadros de lista desplegables Method y Subcategory. El método Drip hace que los pinceles arrastren y distorsionen la imagen.

En la paleta Random, arrastre el deslizador completamente hacia la derecha. Esto hará que se descomponga la imagen y proporcionará una buena base. Pinte sobre toda la imagen utilizando pequeños toques y pinceladas cortas.

Haga una copia del lienzo (Select>All, Edit>Copy, Edit>Paste in Place). Arrastre el deslizador Random completamente hacia la izquierda y pinte las botas en la capa copiada, con un tamaño de pincel de 30, siguiendo las líneas de la imagen.

Con este pincel, los detalles son bastante limitados, pero el resultado es muy interesante y la imagen será reconocible.

Encontrará instrucciones paso a paso de este ejercicio en el DVD.

Chisel Tip Marker
Marcador punta cincel

Chisel Tip Marker–Drip Method
Marcador punta cincel–Método: Gotear

Leaky Marker
Marcador goteras

Flat Rendering Marker–Grainy Edge Flat Cover
Marcador plano procesar–Superficie plana borde granulado

Variable Chisel Tip Marker
Marcador punta cincel variable

Variable Chisel Tip–Grainy Hard Cover Cloning
Marcador punta cincel variable–Clonación superficie granulada dura

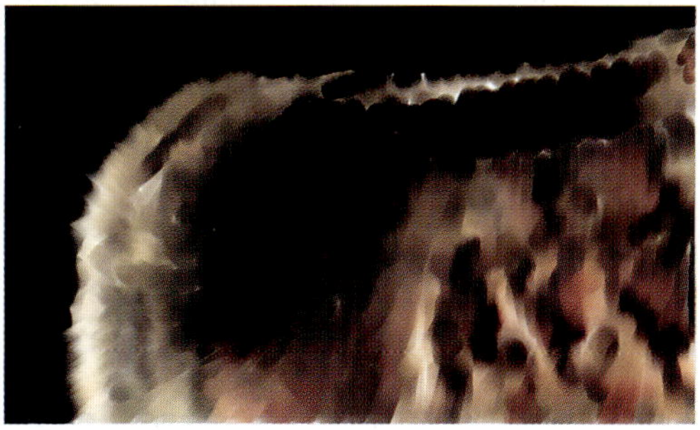

Fine Tip Marker
Marcador punta fina

Sharp Marker
Marcador afilado

Figura 3.50. *Ejemplos de la categoría Markers.*

Figura 3.51. Botas.

OIL PASTELS (PASTELES AL ÓLEO)

Esta categoría de pinceles tiene muy pocas variantes, pero todos ellos son pinceles muy atractivos (figura 3.52). Si los utilizamos con sus ajustes por defecto, conseguiremos el acabado característico de las pinturas al pastel. El pincel Variable Oil Pastel (Pastel al óleo variable) es uno de los más útiles y se funde bien con la pintura existente en el lienzo, gracias a los ajustes Resaturation (Resaturación) y Bleed (Sangrado) que son del 2 y del 92 por 100 respectivamente.

Uno de los mejores papeles para estos pinceles es el papel Sandy Pastel Paper (Papel arenoso para pastel) ya que tiene un acabado muy granuloso. Para que la textura del papel sea más visible, reduzca el deslizador Grain (Grano). Conviene mencionar que estos pinceles producen trazos muy hermosos cuando no se utilizan para clonar, sobre todo si se usa una opacidad baja.

Para crear una imagen como la de la figura 3.53, abra el archivo `Oils Pastels- Pink Flower.jpg` y haga una clonación rápida. Seleccione el pincel Soft Oil Pastel (Pastel al óleo suave), con un tamaño de 140 y una opacidad del 80 por ciento. En la paleta General, escoja la opción Cloning en el cuadro de lista desplegable Method y la opción Soft Cover Cloning (Clonación superficie suave) en el cuadro de lista desplegable Subcategory. Pinte primero el fondo, aplicando las pinceladas desde la esquina superior izquierda. En la medida de lo posible, no incluya la flor.

Pinte la flor con una opacidad del 45 por 100. Aplique las pinceladas desde la esquina inferior derecha y siguiendo la dirección de los pétalos. Cuando toda la imagen tenga una cubierta de color pálido, modifique el tamaño del pincel a 40 y aumente la opacidad al 80 por 100.

Pinte sobre los pétalos, activando y desactivando el papel de calco para comprobar dónde debe pintar. Aumente la densidad en los pétalos; concéntrese en un pétalo cada vez y pinte utilizando trazos pequeños, manteniendo el pincel sobre el lienzo y trabajando de costado a través del pétalo. Resalte los bordes de los pétalos para sacar más los detalles y luego trabaje las áreas próximas a los bordes para suavizar la transición.

Encontrará instrucciones paso a paso de este ejercicio en el DVD.

Chunky Oil Pastel
Pastel al óleo grueso

Oil Pastel
Pastel al óleo

Round Oil Pastel
Pastel al óleo redondo

Soft Oil Pastel
Pastel al óleo suave

Variable Oil Pastel
Pastel al óleo variable

Chunky Oil Pastel–Cloning Method, Soft Cover Cloning
Pastel al óleo grueso–Método: Clonación–
Clonación superficie suave

Soft Oil Pastel–Cloning Method, Hard Cover Cloning
Pastel al óleo suave–Método: Clonación–
Clonación superficie dura

Oil Pastel–Cloning Method, Grainy Hard Cover Cloning
Pastel al óleo–Método: Clonación–Clonación
superficie granulada dura

Figura 3.52. *Ejemplos de la categoría Oil Pastels.*

Figura 3.53. *Flor rosa.*

OILS (ÓLEOS)

La categoría de pinceles Oils posee algunos pinceles muy interesantes que pueden utilizarse para clonar fotografías. Personalmente, me gustan las variantes *Smeary* (Difuminar), en las que los nuevos trazos de pincel se funden con la pintura ya depositada en el lienzo (véase la figura 3.54).

La mejor forma de utilizar estos pinceles para clonar es pintar primero sobre la imagen con un pincel del tipo *Smeary*, para conseguir la base necesaria, y luego utilizar pinceles más pequeños para incorporar detalles. Muchos de los pinceles, como el pincel Thick Oil Flat (Óleo grueso plano), utilizan un efecto de impasto para indicar que se está utilizando una capa gruesa de pintura. Todos los pinceles poseen un acabado pictórico exquisito, que es el gran atractivo de la pintura al óleo.

Para crear una imagen como la de la figura 3.55, abra el archivo `Oils - Frost on the Malvern Hills.jpg` y seleccione el pincel Smeary Bristle Spray (Spray cerda difuminar), con un tamaño de 78 y en modo Clone Color, para pintar sobre la imagen completa. Pinte hacia abajo en la parte izquierda y luego siga las líneas del árbol de la derecha. Cambie al pincel Smeary Flat, (Difuminar plano) con un tamaño de 32 y en modo Clone Color, y pinte la parte superior de las espigas de la izquierda y las hierbas de la parte inferior. Siga utilizando este pincel para pintar las ramas, siguiendo cada una de las ramas principales desde el tronco hasta su extremo final. Utilice el pincel Bristle Oils (Óleo cerda) en modo Clone Color para aumentar algo más el detalle en las ramas pequeñas y por dentro del árbol. Difumine la imagen con el pincel Smeary Flat (Difuminar plano), con un 50 por 100 de opacidad, para eliminar cualquier rastro de textura fotográfica.

Con el pincel Smeary Flat, con un tamaño de 16 y una opacidad del 100 por 100, pinte sobre la imagen completa para volver a sacar detalles. Esto aumentará también el contraste de la imagen. Finalmente, haga una copia del lienzo y aplique un efecto de relieve a las pinceladas.

Encontrará instrucciones paso a paso de este ejercicio en el DVD.

Smeary Bristle Spray
Spray cerda difuminar

Thick Oil Flat
Óleo grueso plano

Smeary Round
Difuminar Redondo

Fine Feathering Oils
Óleo suavizado fino

Smeary Flat
Difuminar plano

Bristle Oils
Óleo cerda

Thick Wet Camel
Pelo de camello grueso húmedo

Thick Wet Oils
Óleo grueso húmedo

Figura 3.54. *Ejemplos de la categoría Oils.*

Figura 3.55. *Escarcha en Malvern Hills.*

PALETTE KNIVES (ESPÁTULAS)

Ésta es una categoría de pinceles bastante pequeña y los pinceles principales no son especialmente buenos para clonar fotografías. La excepción es el pincel Loaded Palette Knife (Espátula cargada) que proporciona un resultado muy satisfactorio con algunas buenas texturas (véase la figura 3.56).

Todos los pinceles pueden usarse directamente sobre la superficie de las fotografías, en cuyo caso funcionarán como mezcladores y permiten obtener unos buenos fondos para clonar luego con más detalle.

Podemos añadir profundidad extra seleccionando las opciones Color y Depth (Profundidad) en la paleta Impasto o en el cuadro de diálogo Brush Creator.

Para crear una imagen como la de la figura 3.57, abra el archivo `Palette Knives - Rare Breed Hen.jpg` y haga una clonación rápida. Seleccione el pincel Loaded Palette Knife, con un tamaño de 61,4 y una opacidad del 30 por 100.

En la paleta Colors, active la opción Clone Color. Pinte el fondo verde aplicando pinceladas en diferentes direcciones. Siga aplicando pinceladas, unas sobre otras, hasta que el fondo quede bastante suavizado, pero mostrando aún algunas marcas de espátula. Reduzca el tamaño del pincel a 22 y aumente la opacidad al 100 por 100. Pinte la gallina, empezando por la cabeza y moviéndose hacia abajo por las plumas. Reduzca el tamaño del pincel a 3,5 y pinte el ojo. Cambie el tamaño del pincel a 12,5 y, manteniendo la opacidad al 100 por 100, pinte sobre toda la cabeza para aumentar el detalle y la definición. Mueva el pincel siempre en la dirección de las plumas.

enga cuidado con las plumas que salen hacia afuera, tendrá que pintarlas con mucho cuidado para mantener la forma correcta. Cuando esté contento con el resultado, añada algo de textura para resaltar las marcas de la espátula.

Encontrará instrucciones paso a paso de este ejercicio en el DVD.

Loaded Palette Knife
Espátula cargada

Neon Knife
Espátula neón

Palette Knife
Espátula

Sharp Triple Knife
Espátula afilada triple

Smeary Palette Knife
Espátula difuminar

Subtle Palette Knife
Espátula sutil

Loaded Palette Knife–cloned on top
of original photograph
Espátula cargada–clonado
por encima de la fotografía original

Tiny Smeary Knife–cloned on top of original photograph
Espátula difuminar pequeña–clonado
por encima de la fotografía original

Figura 3.56. *Ejemplos de la categoría Palette Knives.*

Figura 3.57. Variedad de gallina poco frecuente.

PASTELS (PASTELES)

Los pinceles de esta categoría funcionan muy bien con fotografías. Las texturas son bastante bonitas y son perfectas para crear pinturas claras y delicadas (véase la figura 3.58).

El pincel Artist Pastel Chalk (Tiza pastel artística) siempre ha sido uno de mis pinceles favoritos de Painter, aunque todos los otros funcionan también muy bien. Los pasteles duros destacan más el grano del papel que los lápices suaves, que muestran el grano básicamente en los bordes de los trazos. Me gusta utilizar el papel Sandy Pastel Paper (Papel arenoso para pastel) para estos pinceles, ya que su textura arenosa es muy adecuada para los trazos de pincel. Como su propio nombre indica, los pinceles *Pencil Pastel* (Lápices pastel) son para trabajos muy detallados.

La pintura de la figura 3.59 es algo más complicada de hacer que los otros ejemplos que hemos visto en este capítulo, ya que necesita que clonemos desde dos originales diferentes. Abra las dos fotografías originales, `Pastels - Magnolia A.jpg` y `Pastels - Magnolia B.jpg`, y haga una clonación rápida. Seleccione el pincel Square X-Soft Pastel (Pastel cuadrado extra suave) con un tamaño de 137 y una opacidad del 7 por 100. Haga clic en la opción Clone Color de la paleta Colors. Pinte sobre toda la imagen muy suavemente. Y luego reduzca el deslizador Resat (Resaturación) a cero y utilice el pincel como difuminado para suavizar toda la imagen. Clone a partir de la imagen Magnolia A con el mismo pincel, con un tamaño de 30, una opacidad del 46 por 100 y una resaturación del 60 por 100. Pinte los pétalos, pero no el fondo. Cambie el origen de clonación a Magnolia B y haga lo mismo.

Reduzca el tamaño del pincel a 8,8, con una opacidad del 60 por 100, y pinte sobre los bordes de los pétalos para clarificar las formas. Haga esto a partir de los dos originales. Cambie el tamaño del pincel a 72, la opacidad al 11 por 100 y la resaturación al 7 por 100. Fusione los trazos de toda la imagen, especialmente los del fondo.

Encontrará instrucciones paso a paso de este ejercicio en el DVD.

Artist Pastel Chalk
Tiza pastel artistic

Blunt Soft Pastel
Pastel suave room

Square X-Soft Pastel
Pastel cuadrado extra suave

Square Hard Pastel
Pastel cuadrado duro

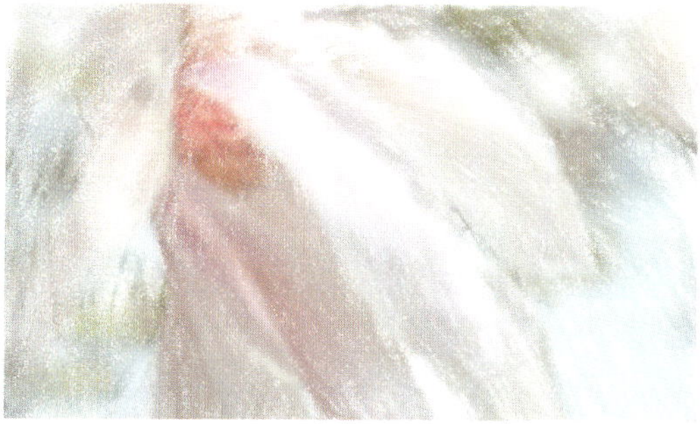

Sharp Pastel Pencil
Lápiz pastel afilado

Round X-Soft Pastel
Pastel redondo extra suave

Soft Pastel
Pastel suave

Tapered Pastel
Pastel sesgado

Figura 3.58. *Ejemplos de la categoría Pastels.*

Figura 3.59. Magnolia.

PATTERN PENS (PLUMAS DE MOTIVO)

Los pinceles Pattern Pens utilizan motivos para pintar, sin embargo, su uso es limitado cuando lo utilizamos directamente con fotografías.

Por defecto, utilizan los motivos incluidos en Painter, que pueden seleccionarse en la paleta Patterns (Motivos). Pruebe algunos de ellos, son bastante divertidos y pueden utilizarse como parte de un proyecto de dibujo.

Además de los patrones por defecto, es fácil crear nuestros propios patrones a partir de fotografías y luego utilizarlos como fondos o para montajes. El pincel Pattern Pen Soft Edge (Pluma de motivo borde suave) es muy útil para crear fondos. Si captura un motivo delicado y aplica pinceladas unas sobre otras con opacidades bajas, puede conseguir un resultado bastante satisfactorio (véase la figura 3.60).

Para crear una imagen como la de la figura 3.61 es necesario crear primero un motivo. Abra el archivo `Pattern Pens - Tree Fantasy.jpg` y utilice el comando Select>All (Seleccionar todo). Abra la paleta Patterns, haciendo clic en Window>Library Palettes>Patterns (Ventana>Paletas de bibliotecas>Motivos), y haga clic sobre el pequeño triángulo de la esquina superior derecha para mostrar el menú desplegable. Seleccione la opción Capture Pattern (Capturar motivo). Se abrirá un cuadro de diálogo para pedirle un nombre. Deje todos los deslizadores en sus ajustes por defecto. En la paleta Patterns, haga clic en el icono que muestra los motivos para abrir otro menú desplegable y seleccione en la lista el motivo que acaba de capturar.

Ahora cree un nuevo documento, seleccione File>New (Archivo>Nuevo), y utilice las medidas siguientes: Width (Anchura) 20 cm, Height (Altura) 13 cm y Resolution (Resolución) 200 píxeles por pulgada.

Seleccione el pincel Pattern Pen (Pluma de motivo) y pinte en el nuevo documento. Utilice varios tamaños de pincel. Inmediatamente comprobará que si pinta de izquierda a derecha, los árboles se muestran en vertical, mientras que si pinta de izquierda a derecha, los árboles quedan boca abajo.

Encontrará instrucciones paso a paso de este ejercicio en el DVD.

Pattern Chalk
Tiza de motivo

Pattern Marker
Marcador de motivo

Pattern Pen
Pluma de motivo

Pattern Pen Masked
Pluma de motivo máscara

Pattern Pen Soft Edge
Pluma de motivo borde suave

Pattern Pen Transparent
Pluma de motivo transparente

Pattern Marker Grad Color
Marcador de motivo gradación de color

Pattern Pen Micro
Pluma de motivo micro

Figura 3.60. *Ejemplos de la categoría Pattern Pens.*

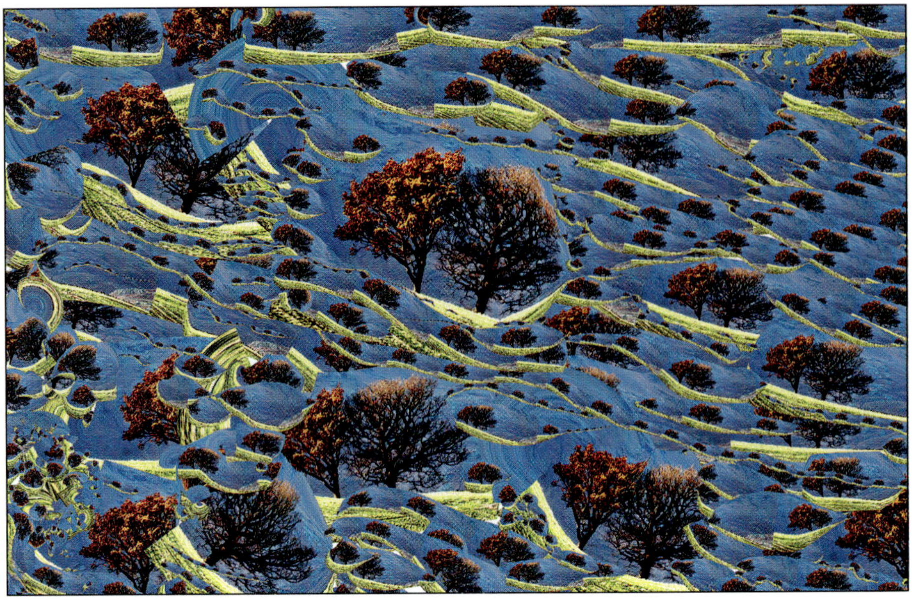

Figura 3.61. *Fantasía de árboles.*

PENCILS (LÁPICES)

Tanto si usamos lápices tradicionales como si usamos los de Painter, es probable que nos lleve mucho tiempo hacer un dibujo de calidad, algo que debemos tener en mente. Si intenta utilizar los lápices con un mayor tamaño para ahorrar tiempo, comprobará que el resultado final ya no parecerá un dibujo hecho a lápiz.

Aunque los ejemplos de estas páginas son monocromos (véase la figura 3.62), evidentemente podremos clonar de la misma forma a partir de un original en color. Las diferencias principales entre los lápices están descritas en sus nombres. Los lápices *greasy* (grasos) harán que el dibujo se vea claramente, mientras que los lápices *grainy* (granulados) muestran bien el grano. El gran favorito, 2B Pencil (Lápiz 2B), es el equivalente del lápiz tradicional.

En el capítulo sobre creación de paisajes, encontrará un tutorial paso a paso de la utilización de los nuevos lápices *real* (reales).

El primer paso para crear un dibujo como el de la figura 3.63 es convertir la fotografía en monocroma. Reduzca el deslizador Saturation (Saturación) de la paleta Underpainting (Base) a cero. Seleccione el pincel Sketching Pencil (Lápiz de boceto) con un tamaño de 3,0 y una opacidad del 40 por 100. Utilice el papel Basic Paper (Papel básico) y la opción Clone Color. Haga una clonación rápida, active el papel de calco y clone la imagen. Empiece por debajo de los ojos, pintando con trazos medios. Desactive el papel de calco para comprobar las texturas y siga trabajando esa área hasta que esté completamente clonada.

En las áreas más oscuras de alrededor de los ojos, puede utilizar un sombreado con rayas, que consiste en dibujar un entramado de líneas para crear un área densa pero no negra. Cuando termine con los ojos y el área que los rodea, reduzca la opacidad del pincel al 20 por 100 y añada algo de sombreado en el blanco del ojo. Éste debería ser más claro que cualquier otro sombreado de la imagen. Continúe con el resto de la imagen, asegurándose de que las bandas de las plumas más oscuras se vean claramente.

Encontrará instrucciones paso a paso de este ejercicio en el DVD.

Greasy Pencil
Lápiz graso

Grainy Cover Pencil
Lápiz cubrir granulado

Grainy Pencil
Lápiz granulado

2B Pencil
Lápiz 2B

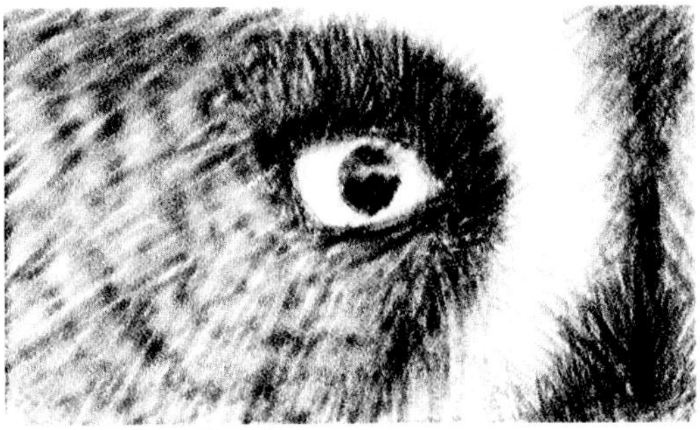

Grainy Variable Pencil
Lápiz graso variable

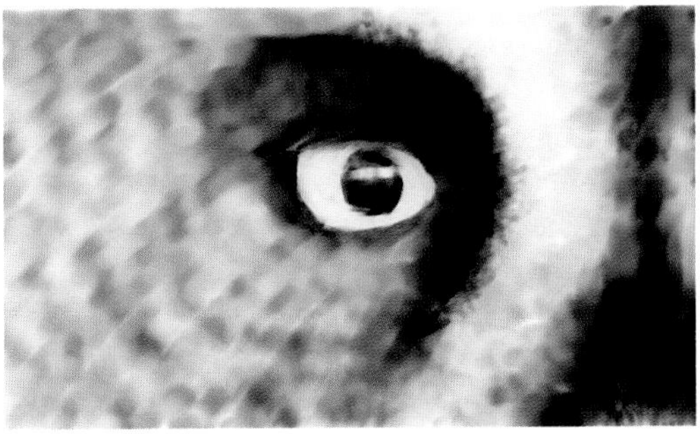

Cover Pencil
Lápiz cubrir

Oily Variable Pencil
Lápiz oleoso variable

Sketching Pencil
Lápiz de boceto

Figura 3.62. *Ejemplos de la categoría Pencils.*

Figura 3.63. *Lechuza.*

PENS (PLUMAS)

Como cabría esperar, la categoría Pens posee una buena cantidad de variantes de pincel, aunque casi todas ellas están diseñadas para usarlas a pequeña escala y no funcionan bien para clonar a un tamaño mayor (véase la figura 3.64).

La variante Nervous Pen (Pluma nerviosa) es muy práctica cuando necesitamos clonar agua ya que el trazo irregular del pincel recuerda mucho a las ondas del agua. El pincel Barbed Wire Pen (Pluma de alambre de púas) tiene una fuerte textura fibrosa y es muy útil para crear fondos o superposiciones en montajes; esta pluma también funciona bien en tamaños mayores. La variante Leaky Pen (Pluma de gotas) es bastante divertida, ya que esparce gotas de tinta por toda la página, y también es buena para crear texturas en montajes.

Para crear un dibujo como el de la figura 3.65, abra el archivo `Pens - Lakeside Reeds.jpg`. Seleccione el pincel Smooth Ink Pen (Pluma tinta suave) con un tamaño de 1,5 y una opacidad del 100 por 100.

Seleccione el color negro en la paleta Colors. Cree una nueva capa y pinte sobre los postes y la valla. Trace los postes y alambres y bordéelos con la pluma. Cambie al pincel Nervous Pen con un tamaño de 5,4 y una opacidad del 100 por 100. Utilice la opción Clone Color y pinte los reflejos. Cree una nueva capa bajo la capa en que ha estado pintando. Seleccione el pincel Smooth Ink Pen en modo Clone Color. Pinte los juncos con un tamaño de pincel de 1,5 y una opacidad del 100 por 100.

Cuando acabe de pintar los contornos, cree una nueva capa bajo el resto de capas. Pase al pincel Airbrush>Graffiti, con un tamaño de 128 y una opacidad del 48 por 100.

Haga clic en la opción Clone Color. Pinte los colores cálidos de los juncos y el área que los rodea. Ajuste la opacidad de la capa a un 75 por 100 aproximadamente.

Encontrará instrucciones paso a paso de este ejercicio en el DVD.

Nervous Pen
Pluma nerviosa

Reed Pen–Cover Method, Grainy Edge Flat Cover
Pluma de caña–Método:Cubrir–Superficie plana borde granulado

Barbed Wire Pen
Pluma alambre de púas

Scratchboard Rake
Esgrafiado

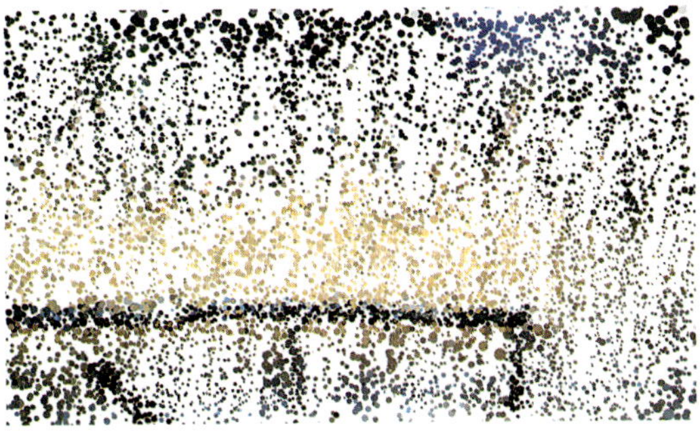

Leaky Pen
Pluma de gotas

Smooth Ink Pen
Pluma tinta suave

Coit Pen
Pluma Coit

Ball Point Pen
Bolígrafo

Figura 3.64. *Ejemplos de la categoría Pens.*

Figura 3.65. Juncos a la orilla del río.

PHOTO (FOTO)

Los pinceles de la categoría Photo se utilizan para ajustar pequeñas áreas de las fotografías (figura 3.66).

Los pinceles Burn (Subexponer) y Dodge (Sobreexponer) son muy útiles para aclarar u oscurecer partes de la imagen y añadir contrastes locales. Hay cuatro pinceles para difuminar en diferentes grados. El pincel Diffuse Blur (Desenfocar difuminado) es el más fuerte y tiene un acabado granulado. El pincel Fine Diffuser (Difuminar fino) funciona de forma similar, pero es más delicado. El pincel Blur (Desenfoque) difumina de forma muy suave, mientras que el pincel Scratch Remover (Eliminar arañazos) puede difuminar imperfecciones o funcionar como mezclador pequeño. El pincel Colorizer (Colorear) cambia el color en base al color que esté en uso. Los pinceles Saturation Add (Añadir saturación) y Sharpen (Enfocar) no necesitan más explicación. Tenga cuidado con estos tres últimos pinceles ya que si los utiliza en exceso puede arruinar fácilmente una imagen.

Para crear una imagen como la de la figura 3.67, abra el archivo `Photo - Motocross rider.jpg`. Haga una clonación rápida (File>Quick Clone) y luego haga una copia del lienzo. Seleccione el papel Rough Charcoal Paper (Papel basto para carboncillo) en la paleta Papers (Papeles). Seleccione el pincel Diffuse Blur, con un tamaño de 85 y una fuerza (Strength) del 49 por 100 y pinte sobre todo el fondo. Seleccione el pincel Blur, con un tamaño de 42 y una fuerza del 57 por 100, y pinte sobre las áreas fusionadas para eliminar la textura rugosa en su mayoría, aunque no del todo. Seleccione el pincel Scratch Remover con un tamaño de 8,5 y una fuerza del 75 por 100. Utilice este pincel para difuminar ligeramente los bordes del piloto y la motocicleta. Seleccione el pincel Dodge con un tamaño de 45 y una opacidad del 3 por 100. Pinte sobre las áreas blancas de la ropa para iluminarlas. Seleccione el pincel Sharpen, con un tamaño de 21,5 y una fuerza del 2 por 100. Pinte sobre el casco y partes de la ropa para añadir algunos toques más nítidos. Seleccione el pincel Saturation Add con un tamaño de 19,6 y una fuerza del 65 por 100. Pinte sobre los ojos y partes de la ropa para añadir un poco de saturación extra. Seleccione el pincel Add Grain (Añadir Grano) con un tamaño de 99,6 y una fuerza del 3 por 100. Pinte sobre la imagen completa para darle una textura granulada.

Encontrará instrucciones paso a paso de este ejercicio en el DVD.

Add Grain
Añadir grano

Blur
Desenfocar

Burn
Subexponer

Colorizer
Colorear

Diffuse Blur
Desenfocar difuminado

Dodge
Sobreexposición

Saturation Add
Añadir saturación

Fine Diffuser
Difuminar fino

Figura 3.66. *Ejemplos de la categoría Photo.*

Figura 3.67. *Piloto de motocross.*

REALBRISTLE (PINCELES DE CERDA REALES)

Todos los pinceles de la categoría RealBristle permiten crear pinceladas muy hermosas y son muy adecuados para clonar fotografías. Sin embargo, las marcas de estos pinceles son bastante sutiles y cuando se reproduce la imagen con un tamaño pequeño no siempre son visibles (véase la figura 3.68).

Los dos pinceles *fan* (abanico) son mis favoritos. Además de las interesantes texturas que obtenemos al clonar con ellos, son también muy útiles para pintar sobre imágenes.

El pincel Real Flat Opaque (Real plano opaco) es diferente al resto y funciona de forma similar a los pinceles de la categoría Artist Oils en el sentido de que sigue pintando con los colores seleccionados, en vez de reflejar la fuente de clonación. Todas las variantes *oil brush* proporcionan trazos muy pictóricos.

Para crear una imagen como la de la figura 3.69, abra el archivo `RealBristle - Hang dog.jpg` y haga una clonación rápida. Seleccione el pincel Real Fan Soft (Real abanico suave) con un tamaño de 50 y una opacidad del 20 por 100. Haga clic en la opción Clone Color de la paleta Colors. Pinte sobre el fondo y alrededor del perro. Cree una superficie bastante sólida, pero deje algunas áreas más claras para mostrar la textura de las cerdas del pincel. Reduzca el tamaño del pincel a 40 y la opacidad al 50 por 100 y pinte el perro. Asegúrese de seguir la dirección del pelo. Disminuya el tamaño del pincel a 7,3 y la opacidad al 100 por 100 y pinte la parte central de los ojos. La pintura está casi terminada, así que ahora le añadiremos algo de relieve para que resalten más los trazos de pincel. Cree una nueva capa. En la barra de menús, seleccione Select>All, haga clic en Edit>Copy, y luego en Edit>Paste in Place. Esto copiará el lienzo. Seleccione Effects>Surface Control>Apply Surface Texture (Efectos>Control de superficie>Aplicar textura de superficie). En el cuadro de lista desplegable Using (Utilizar), seleccione la opción Image Luminance (Luminosidad de imagen). Ajuste el valor Amount (Cantidad) al 52 por 100. Reduzca la opacidad de la capa al 50 por 100. Si lo desea, puede aplicar también una textura de papel.

Encontrará instrucciones paso a paso de este ejercicio en el DVD.

Real Fan Short
Real abanico corto

Real Fan Soft
Real abanico suave

Real Blender Round
Real mezclador redondo

Real Oils Soft Wet
Real óleo suave húmedo

Real Flat Opaque
Real plano opaco

Real Blender Flat
Real mezclador plano

Real Tapered Bristle
Real cerda sesgado

Real Oils Smeary
Real óleo difuminar

Figura 3.68. *Ejemplos de la categoría RealBristle.*

Figura 3.69. Perro triste.

SMART STROKE (TRAZO INTELIGENTE)

Estos pinceles están diseñados para trabajar con la paleta Auto-Paintint (Pintura automática) y todos los ejemplos de este apartado se han creado de este modo. Por supuesto, también pueden usarse como pinceles de clonar normales, ya que todos ellos funcionan muy bien para esta tarea (véase la figura 3.70).

El conjunto de variantes cubre muchas de las categorías principales e incluye pinceles populares, como el pincel Acrylics Captured Bristle (Acrílico cerda capturado) o los pinceles del tipo *chalk* (tiza) o *watercolor* (acuarela).

La paleta Auto-Painting puede ser muy útil para crear fondos. Deje que el programa se encargue de crear las texturas en el estilo pictórico que prefiera y luego añada los detalles más interesantes a mano.

Para crear una imagen como la de la figura 3.71, abra el archivo `Smart Stroke - Highland Cattle.jpg`, haga una clonación rápida y desactive el papel de calco. Seleccione el pincel Gouache Thick Round (Gouache redondo grueso) con un tamaño de 20 y una opacidad del 74 por 100. Abra la paleta Auto-Painting haciendo clic en Window>Show>Auto-Painting (Ventana>Mostrar>Pintura automática). En la paleta Auto-Painting, haga clic en la opción Smart Stroke Painting (Pintura de trazo inteligente). Inicie la pintura automática haciendo clic en el botón **Play** (Reproducir) de la parte inferior de la paleta. Deje trabajar la pintura automática hasta que queden cubiertas la mayoría de áreas blancas. Puede detener el proceso en cualquier momento haciendo clic en la imagen. Para volver a iniciarlo, haga clic de nuevo en el botón **Play**. Cambie el tamaño del pincel a 10 e inicie de nuevo la pintura automática. Cuando acabe, aún quedarán algunos huecos en blanco (la cantidad dependerá de cuánto tiempo haya dejado trabajar a la pintura automática). Utilice el mismo pincel pata pintar sobre las áreas en blanco y sobre las cabezas y cuernos de los animales en caso de que necesiten más definición. Añada una textura de superficie para resaltar las pinceladas.

Encontrará instrucciones paso a paso de este ejercicio en el DVD.

Figura 3.70. *Ejemplos de la categoría Smart Stroke.*

Figura 3.71. Reserva.

SPONGES (ESPONJAS)

En la pintura tradicional, las esponjas se mojan ligeramente en pintura y se aplican sobre el lienzo creando un acabado texturizado, por tanto, estos pinceles no son buenos candidatos para utilizarlos con fotografías. Sin embargo, tienen un aspecto pictórico muy hermoso y pueden usarse de diferentes formas (véase la figura 3.72).

La pintura de la figura 3.73 tiene un acabado muy interesante y se creó solamente con estos pinceles. Otra buena forma de usarlos es para crear fondos y añadir texturas a montajes, permitiendo crear efectos de capas.

Los pinceles Dense Sponge (Esponja densa) y Square Sponge (Esponja cuadrada) tienen bordes duros, pero nos permitirán conseguir detalles razonablemente finos si se usan con tamaños pequeños.

La variante Sponge es un buen pincel para añadir texturas.

Para crear una imagen como la de la figura 3.72, abra el archivo `Sponges - Cherry tree blossom.jpg` y haga una clonación rápida. Desactive el papel de calco, ya que no lo necesitaremos para este ejercicio. Seleccione el pincel Sponges>Dense Sponge, con un tamaño de 60 y una opacidad del 82 por 100, dejando el resto de ajustes en sus opciones por defecto. Haga clic en el botón **Clone Color** de la paleta Colors.

Abra la paleta Auto-Painting y marque la opción Smart Stroke Painting. Inicie la pintura automática haciendo clic en el botón **Play**. Deje que trabaje durante algunos minutos hasta que todo el lienzo quede cubierto. Cree una nueva capa. Cambie el tamaño del pincel a 30 y vuelva a iniciar la pintura automática. Cree una capa más. Cambie el tamaño del pincel a 15 y vuelva a iniciar la pintura automática. Ahora debería tener tres capas de pintura con diferentes tamaños de pincel. Puede combinarlas utilizando máscaras de capa y opacidades de capa.

Encontrará instrucciones paso a paso de este ejercicio en el DVD.

Sponge
Esponja

Dense Sponge
Esponja densa

Smeary Wet Sponge
Esponja difuminar húmeda

Wet Sponge
Esponja húmeda

Grainy Wet Sponge
Esponja granulada húmeda

Loaded Wet Sponge
Esponja húmeda cargada

Glazing Sponge
Esponja veladuras

Square Sponge
Esponja cuadrada

Figura 3.72. *Ejemplos de la categoría Sponges.*

Figura 3.73. *Cerezo en flor.*

SUMI-E

Sumi-e es una categoría de pinceles poco habitual y característica que contiene sobre todos pinceles tipo peine. Los pinceles Digital Sumi-e (Sumi-e digital) y Tapered Digital Sumi-e (Sumi-e digital sesgado) utilizan un trazo en peine muy fino para construir gradualmente la imagen. Esto puede llevar bastante tiempo, por lo que suele ser mejor utilizar la paleta Auto-Painting para crear la mayor parte de la imagen y luego completarla a mano (véase a continuación, la figura 3.74).

El nuevo pincel Real Sumi-e Dry Brush (Pincel sumi-e seco real) tiene una textura excelente y es muy fácil de utilizar. Bastantes de estos pinceles utilizan el método Buildup, que hace que sea muy difícil clonar fotografías, ya que se va acumulando el color en los sucesivos trazos de pincel, convirtiéndose fácilmente en negro.

Para crear una imagen como la de la figura 3.75, abra el archivo `Sumi-e - Birmingham city.jpg`. Haga una clonación rápida y seleccione el pincel Real Sumi-e Dry Brush con un tamaño de 123 y una opacidad del 77 por 100. Haga clic en la opción Clone Color. Cree una nueva capa. Abra la paleta Auto-Painting, deje la opción Smart Stroke Painting sin marcar y seleccione la opción Zig Zag en el cuadro de lista desplegable Stroke (Trazo).

Inicie la clonación y permita que la pintura automática cubra la imagen. Rellene cualquier hueco en blanco pintando sobre él; esto debería darle una pintura estilo abocetado. Cree dos capas nuevas y haga dos nuevas versiones de la imagen con la pintura automática utilizando tamaños de pincel de 61,4 y 30,6.

Ahora tendrá tres versiones de la imagen clonada con tres niveles de detalle diferentes. Podrá combinarlas utilizando máscaras de capa. Cree una nueva capa y clone directamente sobre esta capa a mano para acabar la imagen.

Encontrará instrucciones paso a paso de este ejercicio en el DVD.

Digital Sumi-e
Sumi-e digital

Sumi-e Brush
Pincel Sumi-e

Tapered Sumi-e Large
Sumi-e sesgado grande

Real Sumi-e Dry Brush
Pincel sumi-e seco real

Coarse Bristle Sumi-e
Sumi-e cerda grueso

Real Sumi-e Wet Brush
Pincel sumi-e húmedo real

Tapered Digital Sumi-e
Sumi-e digital sesgado

Tapered Sumi-e Small
Sumi-e sesgado pequeño

Figura 3.74. *Ejemplos de la categoría Sumi-e.*

Figura 3.75. *Birmingham.*

TINTING (TINTE)

La categoría Tinting es una mezcla extraña de pinceles, mezcladores y borradores. Como su propio nombre indica, las variantes de pincel son muy adecuadas para aplicar tintes a mano, utilizando opacidades bajas en la mayoría de los casos. Incluso con estas opacidades bajas, sigo encontrando estos pinceles demasiado fuertes para hacer trabajos delicados y he desarrollado una técnica que consiste en pintar en una capa e inmediatamente después reducir la opacidad de la misma a un 25 por 100 aproximadamente y ajustarla luego en caso necesario.

Además de los pinceles, podemos encontrar varios mezcladores muy útiles. Los dos difuminados (*diffuser*) son especialmente útiles para suavizar la pintura aplicada al lienzo y, evidentemente, pueden usarse con otros pinceles (véase la figura 3.76).

El procedimiento para crear una imagen como la de la figura 3.77 consiste en pintar cada elemento de la imagen en una capa distinta, lo que nos permitirá ajustar las opacidades de las capas siempre que sea necesario.

El efecto que buscamos es una coloración muy suave y esto se consigue utilizando una opacidad de pincel baja, reduciendo la opacidad de la capa y seleccionando colores delicados en la paleta Colors. Para comenzar, abra el archivo `Tinting - Cottage in the Woods.jpg`.

Seguidamente, seleccione el pincel Tinting>Hard Grainy Round (Tinte>Redondo granulado duro) con un tamaño de 24 y una opacidad del 10 por 100. Escoja el papel French Watercolor Paper en la paleta Papers.

Cree una nueva capa, cambie el método de composición de la capa a Colorize (Colorear) y la opacidad de la capa al 25 por 100. Seleccione un color marrón cálido para la hierba y pinte la parte inferior de la imagen.

Siga creando nuevas capas, con el mismo valor de opacidad y el mismo método de composición, y seleccionando colores adecuados para la imagen.

Encontrará instrucciones paso a paso de este ejercicio en el DVD.

Basic Round
Básico redondo

Bristle Brush
Pincel de cerda

Grainy Glazing Round
Granulado redondo veladuras

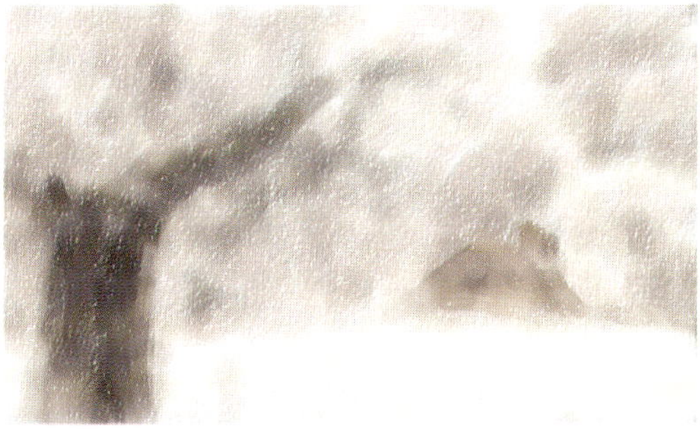

Hard Grainy Round
Redondo granulado duro

Oily Round
Óleo redondo

Soft Glazing Round
Suave redondo veladuras

Diffuser 2–on original photograph
Difumino 2–sobre la fotografía original

Directional Diffuser–on original photograph
Difumino direccional–sobre la fotografía original

Figura 3.76. *Ejemplos de la categoría Tinting.*

Figura 3.77. *Cabaña en el bosque.*

WATERCOLOR (ACUARELA)

La acuarela es una de las técnicas pictóricas más populares entre los artistas y esta categoría de Painter posee varios pinceles muy hermosos para pintar, pero, por desgracia, la mayoría de ellos no dan un resultado muy satisfactorio al usarlos con fotografías.

El problema principal es que, si utilizamos los ajustes por defecto, al clonar, los trazos de pincel se oscurecen muy rápidamente. Una forma de evitarlo es reduciendo las opacidades desde el principio a un 5 por 100 aproximadamente.

Todos los ejemplos de la figura 3.78 se han creado utilizando opacidades de entre el 5 y el 10 por 100. Otra forma de evitar la acumulación del color es pintar en múltiples capas.

Esto nos permitirá reducir la opacidad de las capas cuando lo necesitemos, como veremos en el ejemplo siguiente.

Para crear una imagen como la de la figura 3.79, abra el archivo `Watercolor - Clematis Copy.jpg` y haga una clonación rápida. Seleccione el papel French Watercolor Paper y el pincel Soft Bristle (Cerda suave), con un tamaño de 41 y una opacidad del 11 por 100.

Haga clic en la opción Clone Color de la paleta Colors. Utilizando el papel de calco como guía, pinte la imagen, asegurándose de que los trazos de pincel sigan las líneas de los pétalos.

Pinte con mucha suavidad y no trabaje en exceso ninguna zona para que no se oscurezca demasiado.

Comprobará que este pincel trabaja muy lentamente, incluso en ordenadores modernos. Observe el icono del agua en la paleta Layers: una vez que se detenga, podrá comenzar a pintar de nuevo.

Dry Camel
Pelo de camello seco

Soft Bristle
Cerda suave

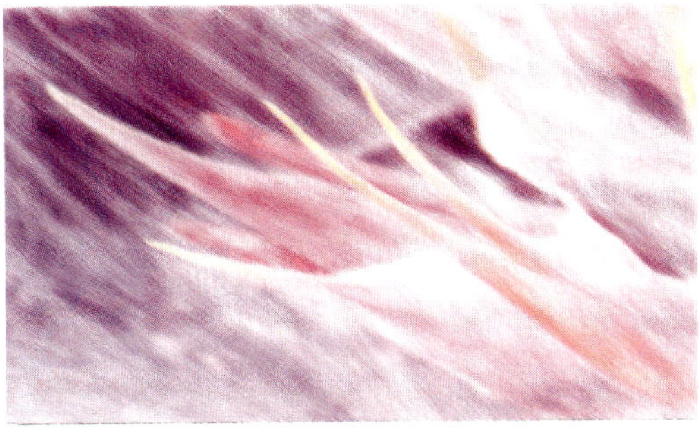

Fine Camel
Pelo de camello fino

Diffuse Grainy Camel
Pelo de camello difuminar granulado

Soft Runny Wash
Aguada suave goteo

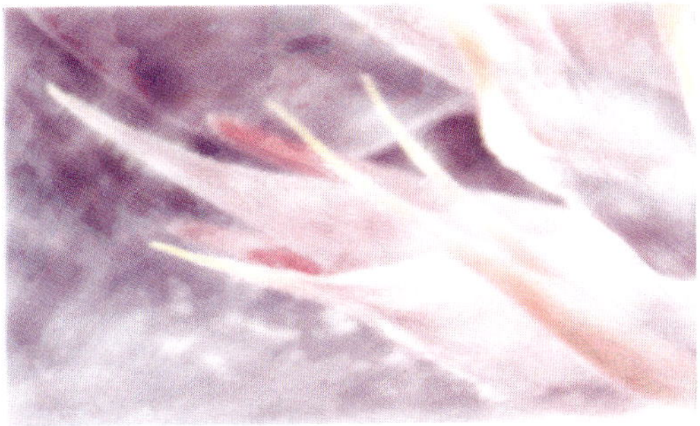

Watery Glazing Round
Acuoso redondo veladuras

Dry Bristle
Cerda seco

Watery Soft Bristle
Acuoso cerda suave

Figura 3.78. *Ejemplos de la categoría Watercolor.*

Cuando complete un área, cree una nueva capa de acuarela haciendo clic en el icono **New Watercolor Layer** (Nueva capa de acuarela) de la parte inferior de la paleta Layers (la gota azul con un signo más). Siga pintando la imagen en diferentes capas para ir construyendo la densidad gradualmente. Esto le llevará bastante tiempo.

Encontrará instrucciones paso a paso de este ejercicio en el DVD.

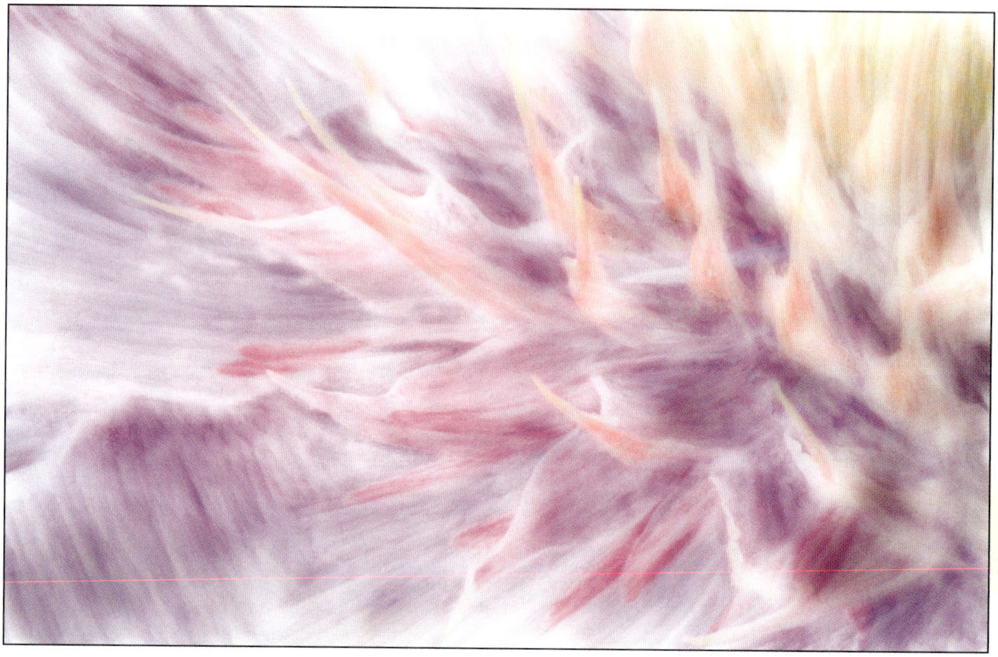

Figura 3.79. *Clematis.*

Capítulo 4

Personalizar pinceles

En el capítulo anterior, vimos la enorme variedad de pinceles predefinidos que posee Painter11. Pero incluso con tanta variedad, a veces, sigue siendo necesario personalizarlos para conseguir exactamente el tipo de pincelada que necesitamos. El cuadro de diálogo Brush Creator (Creador de pinceles) contiene todos los controles necesarios para personalizar pinceles. En este capítulo, explicaremos estos controles con detalle.

Tenga en cuenta que, a menudo, la única diferencia entre un pincel y otro son unos cuantos ajustes en el cuadro de diálogo Brush Creator. Después de todo, los pinceles que hemos visto son simplemente una serie de ajustes predefinidos creados por los diseñadores de Painter para nuestra comodidad. En teoría podríamos utilizar un único pincel estándar y cambiar las opciones necesarias en el cuadro de diálogo Brush Creator para crear cualquier tipo de pincel, desde un lápiz a un pincel de acuarela. Sin embargo, en la práctica, es más cómodo utilizar los pinceles proporcionados por Painter y cambiar unas pocas opciones para ajustarlos a nuestras necesidades.

En este capítulo, explicaremos con ejemplos algunas de las paletas de controles de pinceles más útiles, para ilustrar el efecto de los cambios que hagamos. Conviene mencionar que no todas las paletas están disponibles para todos los pinceles; muchas de ellas, como las paletas Watercolor (Acuarela) y Artist Oils (Óleos artísticos), sólo pueden utilizarse con sus categorías correspondientes.

Figura 4.1. *Geranio.*

EL CUADRO DE DIÁLOGO BRUSH CREATOR

El cuadro de diálogo Brush Creator es el centro neurálgico para la personalización de pinceles, ya que reúne todas las paletas de pinceles en un único espacio fácilmente accesible.

Para mostrarlo en pantalla, seleccione Window> Show Brush Creator (Ventana>Mostrar creador de pinceles) o utilice el método abreviado de teclado **Control-B** o **Comando-B**. Cuando vuelva a hacer clic en la imagen, el cuadro de diálogo Brush Creator se esconderá detrás del documento en que esté trabajando, una característica práctica que nos permite ahorrar tiempo. En la figura 4.2 puede ver el cuadro de diálogo Brush Creator con la ficha Stroke Designer (Diseñador de trazos) activada. Aquí es donde se almacenan todas las paletas de pinceles.

En el cuadro de diálogo Brush Creator, haga clic en los nombres de las paletas situados a la izquierda para mostrar a la derecha los controles de esa paleta. Algunas de las paletas son específicas para determinados tipos de pincel y estarán deshabilitadas cuando ese pincel no esté activo.

En la parte inferior izquierda está la ventana de vista previa, que muestra una representación visual del pincel seleccionado en vista de perfil (extremo izquierdo) y como trazo.

El área de la derecha es el panel borrador, donde podemos probar diferentes pinceles y opciones antes de tomar una decisión. Esta ventana refleja la textura de papel en uso y cuando tengamos un documento de clonación activo, el pincel funcionará en modo Clone Color (Clonar color). Recuerde que la clonación se toma de la esquina superior izquierda del original y que, por tanto, no se mostrará nada si esta área está en blanco.

El deslizador situado bajo el panel borrador modifica el nivel de zoom. Haga clic en el botón **Clear** (Borrar) para limpiar el panel borrador. El deslizador situado sobre el panel borrador sirve para cambiar el tamaño del pincel.

Figura 4.2. El cuadro de diálogo Brush Creator con la ficha Stroke Designer activada.

Todas las paletas de control de pinceles están disponibles en el cuadro de diálogo Brush Creator pero también pueden abrirse de forma independiente en pantalla desde el menú Window>Brush Controls (Ventana>Controles de pincel). Aparecen todas juntas, pero si necesita tener sólo una en pantalla, puede separarla del resto.

La paleta General - Toques de pincel

Un toque de pincel es la marca que deja el pincel cuando hacemos con él una única marca sobre el lienzo colocándolo completamente en vertical. En la figura 4.3 puede ver la larga lista de toques de pincel disponibles en Painter. Los que aparecen deshabilitados significa que no están disponibles para el pincel seleccionado.

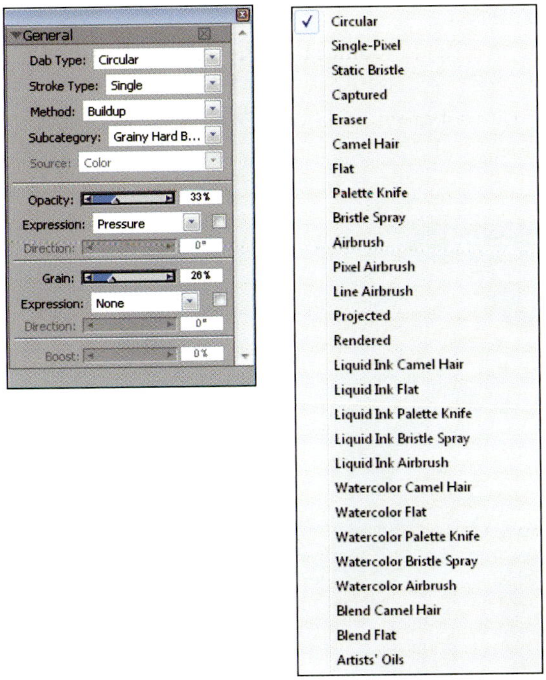

Figura 4.3. *La paleta General y la lista de toques de pincel disponibles en el menú desplegable Dab Type.*

Los cambios que hagamos en el cuadro de lista desplegable Dab Type (Tipo de toque de pincel) modificarán de forma sustancial el aspecto del pincel. Pruebe a hacer algunos cambios. No se preocupe si modifica demasiados ajustes de pincel, ya que podremos devolverlo fácilmente a sus ajustes por defecto haciendo clic en el icono del pincel del extremo izquierdo de la barra de propiedades. En los dos apartados siguientes, explicaremos e ilustraremos los principales toques de pincel de Painter.

Paleta General - Toques de pincel (I)

1. Circular: Los pinceles circulares tienen un acabado muy suave y, a pesar de su nombre, suelen ser largos y estrechos. Los pinceles de clonar suaves utilizan toques circulares, por tanto ésta es una buena opción si necesita una imagen nítida y suave.

2. Static Bristle (Cerda estática): Estos pinceles están formados por cerdas individuales y, por tanto, las líneas de pincel suelen ser visibles. Éste es el tipo de pincel que debemos utilizar si queremos enfatizar las marcas de las pinceladas.

3. Captured (Capturado): La forma del pincel se crea a partir de un diseño o imagen, en vez de utilizando cerdas individuales. Cuando creamos nuestro propio toque de pincel, éste recibe el nombre de "pincel capturado". El ejemplo de la figura 4.4 procede de una variante de la categoría Chalk (Tiza). Más adelante, en este capítulo, explicaremos cómo crear pinceles capturados.

4. Camel Hair (Pelo de camello): Utiliza las denominadas pinceladas "procesadas". Esto significa que el pincel se ha creado a partir de cerdas individuales que se calculan por separado. Estos pinceles suelen trabajar lentamente, especialmente cuando escogemos trazos suaves. El deslizador Feature (Característica) de la paleta Size (Tamaño) controla la separación de las cerdas.

5. Flat (Plano): También emplea pinceladas procesadas, igual que el tipo Camel Hair.

Figura 4.4. *Toques de pincel (1).*

6. Palette Knife (Espátula): Tiene forma alargada y puede utilizarse directamente sobre una fotografía o pintura para arrastrar imágenes. Cuando utilizamos este pincel para clonar, la imagen adquiere el aspecto tan característico de la pintura con espátula.

7. Airbrush (Aerógrafo): Pulveriza pintura en la dirección a la que apunta el lápiz de la tableta gráfica, como si fuese un aerógrafo real. Este tipo de pincel utiliza un *spray* suave.

8. Pixel Airbrush (Aerógrafo de píxel): También pulveriza pintura en la dirección a la que apunta el lápiz, pero la textura del *spray* es más irregular que la del tipo Airbrush.

9. Line Airbrush (Aerógrafo lineal): Pulveriza pintura en forma de imágenes y además las distorsiona bastante. La variante Furry Clone (Pincel de clonar pelo) utiliza este tipo de toque de pincel.

10. Rendered (Renderizado): Tiene una forma bastante similar a la del tipo Palette Knife. Es difícil clonar con este pincel, ya que la imagen queda demasiado distorsionada.

11. Artists Oils (Óleos artísticos): Es específico de la categoría de pinceles Artist Oils y funciona como la pintura al óleo real.

12. Projected (Proyectado): Toma la imagen de origen y crea un trazo de pincel a partir de ella.

Paleta General - Toques de pincel (2)

1. Watercolor Camel Hair (Acuarela pelo de camello): Pinta utilizando el método Wet (Húmedo) y difumina la imagen fusionándola con el papel.

2. Watercolor Flat (Acuarela plano): También difumina los trazos de pincel, pero al ser un pincel plano permite utilizar trazos anchos o estrechos dependiendo del ángulo del lápiz.

3. Watercolor Palette Knife (Acuarela espátula): Difumina menos que los otros y tiene el estilo característico de la pintura con espátula.

4. Watercolor Bristle Spray (Acuarela spray de cerdas): Crea unos motivos de *spray* que luego se fusionan con el papel. Es pincel para crear imágenes clonadas de tono pálido. Al igual que los otros pinceles de acuarela, utilícelo con opacidades bajas.

5. Watercolor Airbrush (Acuarela aerógrafo): Pulveriza pintura de forma uniforme y proporciona acabado suavizado si se utiliza con una opacidad baja.

6. Blend Camel Hair (Pelo de camello fusionar): Es el tipo que se emplea en la categoría RealBristle (Pinceles de cerda reales). Proporciona una textura de pincel muy atractiva y cuando se aplica sobre otros tipos de pincel les transmite su textura y aspecto suavizados.

7. Bristle Spray (Spray de cerda): Pulveriza la pintura de una forma muy característica. La variante Nervous Pen (Pluma nerviosa) de la categoría Pens (Plumas) emplea este efecto, que es muy útil para crear un fondo de textura.

8. Liquid Ink Airbrush (Aerógrafo tinta líquida): Los toques de tinta líquida imitan el efecto de la tinta fluyendo libremente y este tipo en concreto pulveriza la tinta al estilo aerógrafo.

9. Liquid Ink Bristle Spray (Aerógrafo cerda tinta líquida): Pulveriza la tinta en base a un motivo. Hay diferentes pinceles *resist* (repelentes) en esta categoría emparejados con las diferentes variantes. Si pintamos con un pincel *resist* antes de utilizar el pincel principal, haremos que la pintura no se aplique en las áreas pintadas con el repelente.

10. Liquid Ink Camel Hair (Tinta líquida pelo de camello): Proporciona un color muy suave y uniforme por toda la imagen.

11. Liquid Ink Flat (Tinta líquida plano): También es muy suave y nítido, pero su forma plana nos permite aplicar pinceladas estrechas o anchas.

12. Liquid Ink Palette Knife (Tinta líquida espátula): Desplaza la pintura igual que una espátula tradicional.

Watercolor Camel Hair
Acuarela pelo de camello

Watercolor Flat
Acuarela plano

Watercolor Palette Knife
Acuarela espátula

Watercolor Bristle Spray
Acuarela spray de cerdas

Watercolor Airbrush
Acuarela aerógrafo

Blend Camel Hair
Pelo de camello fusionar

Bristle Spray
Spray de cerda

Liquid Ink Airbrush
Aerógrafo tinta líquida

Liquid Ink Bristle Spray
Aerógrafo cerda tinta líquida

Liquid Ink Camel Hair
Tinta líquida pelo de camello

Liquid Ink Flat
Tinta líquida plano

Liquid Ink Palette Knife
Tinta líquida espátula

Figura 4.5. *Toques de pincel (2).*

Paleta General - Método

El cuadro de lista desplegable Method (Método) controla cómo se aplica la pintura sobre el papel.

El método Cover (Cubrir) cubre todo lo pintado anteriormente, pero el color no se oscurecerá más allá del color existente. El método Builup (Acumular) hace que el color se vaya oscureciendo con aplicaciones sucesivas del pincel, llegando incluso a convertirse en negro. El método Drip (Gotear) distorsiona la imagen, mientras que Wet es un método de acuarela que difumina las pinceladas.

Existen dos formas de convertir pinceles normales en pinceles de clonar: una es utilizando la opción Cloning (Clonación) de la paleta General, siempre que esté disponible, y la otra es haciendo clic en el botón **Clone Color** (Clonar color) de la paleta Colors (Colores). Normalmente, la opción de la paleta General clonará la fotografía original con más exactitud que la opción Clone Color, mientras que la opción Clone Color creará una imagen más pictórica.

El pincel utilizado para los ejemplos de la figura 4.6 es el pincel Dull Grainy Chalk (Tiza granulada apagada). Los resultados serán diferentes dependiendo del pincel seleccionado, pero el efecto general será parecido al de los ejemplos.

Paleta General - Subcategoría

El cuadro de lista desplegable Subcategory (Subcategoría) afina el método seleccionado. Cada método tiene su propio conjunto de opciones.

En el caso del método Cloning, tenemos cuatro opciones. Las dos que se utilizan con más frecuencia son Soft Cover Cloning (Clonación superficie suave), que tiene un acabado suave y uniforme de bordes suaves, y Grainy Hard Cover Cloning (Clonación superficie granulada dura), que tiene un acabado más abocetado y muestra el grano del papel (véase la figura 4.7).

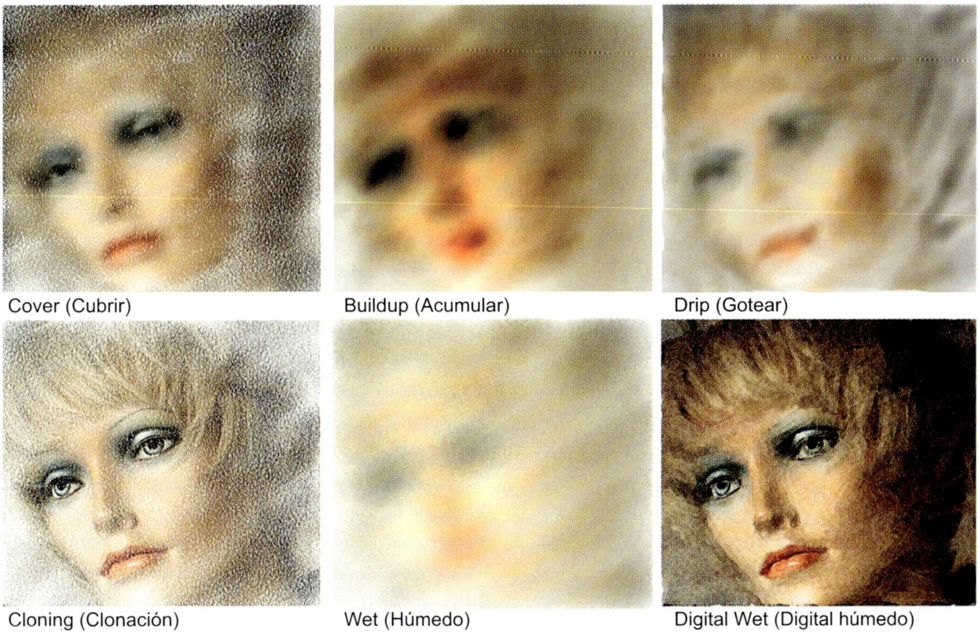
Cover (Cubrir)
Buildup (Acumular)
Drip (Gotear)
Cloning (Clonación)
Wet (Húmedo)
Digital Wet (Digital húmedo)

Figura 4.6. *El método escogido cambia de forma significativa el aspecto del pincel.*

Soft Cover (Superficie suave)

Grainy Hard Cover Cloning (Clonación superficie granulada dura)

Grainy Soft Cover Cloning (Clonación superficie granulada suave)

Figura 4.7. *La subcategoría perfecciona el método escogido.*

Paleta General - Grano

El deslizador Grain (Grano) controla la cantidad de grano que se mostrará cuando apliquemos las pinceladas sobre el papel.La cantidad necesaria dependerá de la combinación de papel y pincel seleccionados. Por lo general, este control suele ajustarse a niveles muy bajos, a veces incluso a 1 o a 2. Puede parecer raro tener que reducir el valor de este control para aumentar la cantidad de grano, pero en realidad el deslizador controla la cantidad de pintura que absorbe el grano, por tanto cuanto mayor sea el valor de este ajuste, menos visible será el grano. Algunos pinceles, como los pinceles *real* (reales) introducidos en Painter 11, utilizan este deslizador justo al revés, a mayor valor de Grain, más grano se mostrará. Puede ver ejemplos de diferentes valores de grano en la figura 4.8.

Paleta Spacing (Espaciado)

Aunque nos pueda parecer que un trazo de pincel es una línea continua, en realidad está compuesto por una serie de toques individuales de pincel con una separación entre ellos tan pequeña que quedan superpuestos unos a otros. Esta paleta ajusta la separación entre los toques. En la figura 4.9 puede ver el pincel Acrylics>Captured Bristle (Acrílicos>Cerda capturado) con un espaciado del 12 por 100 (el valor por defecto), del 100 y del 200 por 100.

Paleta Angle (Ángulo)

En la paleta Angle podemos cambiar la forma y ángulo de muchos pinceles.

El deslizador Squeeze (Apretar) nos permite aplanar la forma del pincel o cambiar la forma de un pincel muy estrecho u oval para convertirlo en un pincel redondo. El deslizador Angle modificará el ángulo con el que pinta el pincel.

No todos los pinceles pueden modificarse de esta forma. Para el ejemplo de la figura 4.10 se ha utilizado el pincel Square Conte (Conté cuadrado).

Paleta Well

Los deslizadores de esta paleta controlan cuánto se difuminará la pincelada con la imagen existente y el grado de nitidez de los detalles de la clonación. Los dos deslizadores que controlan el nivel de difuminado son Resaturation (Resaturación) y Bleed (Sangrado), que funcionan juntos. El deslizador Resaturation controla la cantidad de pintura que se repone y, en el caso de las clonaciones, esto significa el nivel de detalle que se extrae de la fuente de la clonación. El control Bleed define el grado de difuminado que se le aplicará a la imagen. Los ajustes por defecto del pincel Wet Soft Acrylic (Acrílico suave húmedo) son un valor de Resaturation del 73 por 100 y un valor de Bleed del 20 por 100. En los ejemplos de la figura 4.11 puede ver el resultado de cambiar estos valores.

Grano al 3% | Grano al 10% | Grano al 20%

Figura 4.8. *El deslizador Grain controla la cantidad de grano del papel que se mostrará en la imagen.*

Espaciado por defecto del 12% | Espaciado al 100% | Espaciado al 200%

Figura 4.9. *La paleta Spacing ajusta el espaciado entre los toques de pincel.*

Squeeze 80%, Angle 0
Apretar 80%, Ángulo 0

Squeeze 50%, Angle 50
Apretar 50%, Ángulo 50

Squeeze 4%, Angle 59
Apretar 4%, Ángulo 59

Figura 4.10. *Podemos cambiar la forma del pincel en la paleta Angle.*

Resaturation 20%, Bleed 73%
Resaturación 20%, Sangrado 73%

Resaturation 73%, Bleed 20%
Resaturación 73%, Sangrado 20%

Resaturation 50%, Bleed 50%
Resaturación 50%, Sangrado 50%

Figura 4.11. *Los deslizadores Resaturation y Bleed afectan a la nitidez de la imagen.*

Paleta Random (Aleatorio)

La paleta Random contiene el deslizador Jitter (Variación), que suele estar también en la barra de propiedades para que podamos acceder a él más fácilmente. Cuando aumentamos el valor del deslizador Jitter, la imagen se descompone y adquiere un aspecto de algodón con algunos pinceles o una textura rugosa con otros.En los ejemplos de la figura 4.12, se aumentó el valor del deslizador Jitter con los pinceles Thick Acrylic (Acrílico grueso) y Square Chalk (Tiza cuadrada).

Acuarela o acuarela digital

Painter tiene dos categorías de pinceles de acuarela: Watercolor (Acuarela) y Digital Watercolor (Acuarela digital). ¿Cuál es la diferencia entre ellas y cuál de las dos deberíamos usar?

La diferencia principal es que los pinceles de la categoría Watercolor tienen que utilizarse en una capa especial y que estas capas sólo pueden usarse con pinceles de esta categoría. Los pinceles Digital Watercolor pueden usarse sobre una capa normal, igual que cualquier otro pincel. Estos pinceles suelen ser mucho más rápidos, pero el resultado final puede ser bastante parecido dependiendo del pincel seleccionado.

Si está pintando desde cero, los pinceles Watercolor poseen más controles para personalizarlos, por tanto debería escoger esta categoría. Si está clonando una fotografía, suele ser más cómodo utilizar los pinceles Digital Watercolor.

La categoría Watercolor en detalle

Esta categoría tiene muchas características únicas. En el ejercicio siguiente, veremos algunos de los ajustes de la paleta Water (Agua) y explicaremos cómo podemos ajustar estos pinceles para adecuarlos al estilo pictórico que necesitemos.

La categoría Watercolor posee más de 50 pinceles y cada uno de ellos tiene un conjunto diferente de ajustes en la paleta Water. Con tantos pinceles disponibles, es recomendable probar varios hasta encontrar el más adecuado antes de empezar a personalizarlo.

1. Abra la paleta Water seleccionando Window> Brush Controls>Show Water (Ventana> Controles de pincel>Mostrar Agua). Esto abrirá todas las paletas de controles de pincel en la pantalla. Arrastre la paleta Water para separarla del resto de paletas y ciérrelas. Es bastante útil tener esta paleta abierta cuando estamos trabajando con pinceles Watercolor. También está disponible en el cuadro de diálogo Brush Creator.

Thick Acrylic–Jitter 0
Acrílico grueso–Variación 0

Thick Acrylic–Jitter 2.86
Acrílico grueso–Variación 2.86

Square Chalk–Jitter 2.62
Tiza cuadrada–Variación 2.62

Figura 4.12. *Efectos de la paleta Random.*

2. Abra el archivo `Clematis.jpg` del capítulo 2, que encontrará en el DVD.

3. Seleccione File>Quick Clone (Archivo>Clonación rápida).

4. En la categoría de pinceles Watercolor, seleccione el pincel Smooth Runny Flat 30 (Goteo plano suave 30). En la figura 4.13 puede ver los ajustes por defecto de la paleta Water para este pincel. Si su paleta tiene ajustes diferentes, vaya al menú desplegable del selector de pinceles y haga clic en la opción Restore Default Variant (Restaurar variante por defecto). Puede que le resulte útil volver a los ajustes por defecto del pincel cada vez que empiece un nuevo ejemplo.

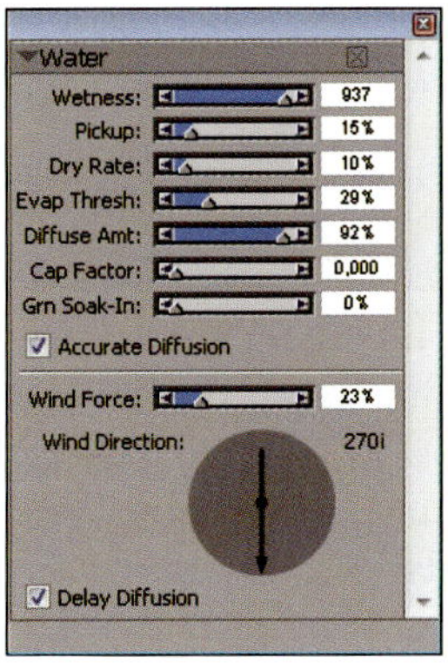

Figura 4.13. *Paleta Water.*

5. Haga clic en la opción Clone Color de la paleta Colors y desactive el papel de calco para poder empezar con los ejemplos.

6. Recuerde que es un pincel complejo, por tanto puede trabajar bastante despacio en ordenadores lentos.

Todos los ejemplos que veremos a continuación están también incluidos en un archivo PDF en el DVD, donde podrá ver las imágenes con más detalle de lo que permite el libro.

Capas de acuarela

Casi todos los pinceles de esta categoría utilizan una capa especial para pintar, que se crea automáticamente cuando seleccionamos y utilizamos un pincel de la categoría Watercolor (las únicas excepciones son los tres nuevos pinceles incluidos en Painter 11: Real Filbert (Lengua de gato real), Real Flat (Plano real) y Real Tapered (Sesgado real)). Estas capas tienen algunas características especiales; por ejemplo, como los colores de la acuarela se funden cuando están mojados, podremos volver a esta capa más adelante y, humedeciéndola de nuevo, pintar sobre la imagen utilizando la técnica tradicional de la acuarela "mojado sobre mojado". Esto sólo será posible si guardamos la imagen en formato RIFF; si la guardamos en cualquier otro formato perderemos esta opción.

Una de las cosas que conviene tener en cuenta es que el proceso de difuminado necesario para conseguir el efecto de acuarela es muy complejo y los trazos de pincel pueden tardar más de lo habitual. Observe la capa Layers (Capas) cuando haya utilizado el pincel para hacer varios trazos y verá el símbolo de una gota (véase la figura 4.14). Cuando se está moviendo, significa que el efecto aún se está procesando en el ordenador y por tanto tendrá que esperar a que acabe. También puede comprobarlo a través de los píxeles que se mueven en la propia imagen.

Figura 4.14. *El icono de la gota de agua indica que se está calculando el difuminado.*

La paleta Water: Wetness (Humedad)

Dibuje algunos trazos con el valor Wetness por defecto, que es de 937 para este pincel, y observe cómo la pintura se desliza hacia la parte inferior de la hoja. La fusión de aguadas de color es una de las características especiales de la acuarela tradicional y está causada por la naturaleza húmeda de la pintura. Para conseguir este efecto de fusión, el papel está colocado en vertical. Si observa la parte inferior de la paleta Water verá, bajo Wind Direction (Dirección del viento), que la flecha está apuntando hacia abajo. Esto nos indica que la pintura se deslizará hacia abajo por la página.

Para comprender cómo afecta el deslizador Wetness a la mezcla, pinte dos grupos más de trazos de pincel, uno con el deslizador en 500 y otro con el deslizador en 0. En la figura 4.15 puede comprobar cómo la fusión de los trazos es menor cuando la cantidad de humedad disminuye.

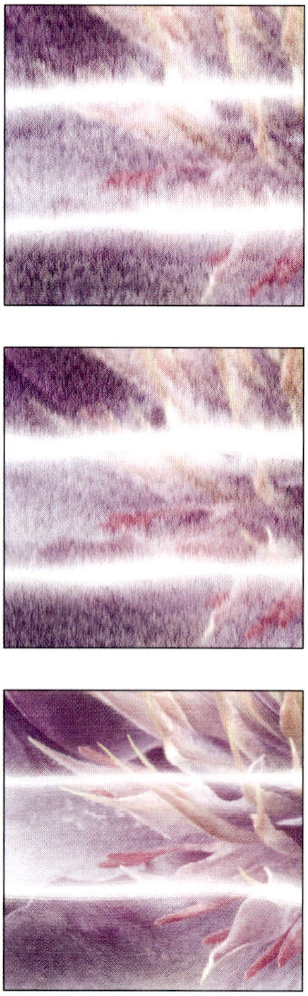

Figura 4.15. *El deslizador Wetness utilizado con diferentes valores: de izquierda a derecha 1.000, 500 y 10.*

La paleta Water: Dry Rate (Velocidad de secado)

La velocidad de secado controla la rapidez con que se seca la pintura y tiene un efecto similar al del deslizador Wetness cuando utilizamos valores extremos, pero bastante diferente a un 50 por 100.

Dibuje algunos trazos ajustando el deslizador Dry Rate al 8, 50 y 100 por 100 y observe la diferencia (véase la figura 4.16). Los trazos de pincel con valores de Dry Rate bajos funcionarán más lentamente.

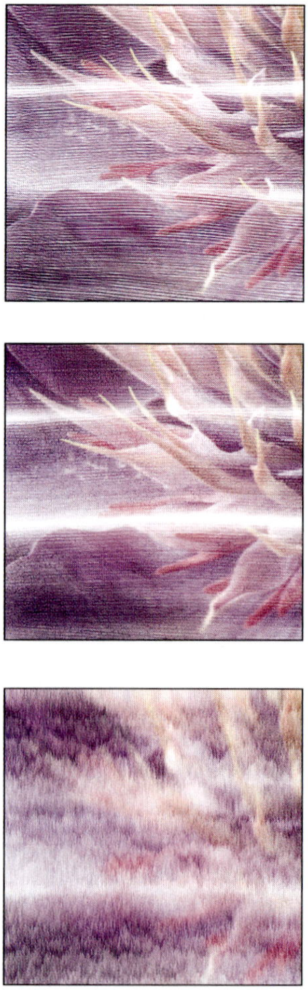

Figura 4.16. *El deslizador Dry Rate utilizado con diferentes valores: de izquierda a derecha: 100, 50 y 7.*

Otra diferencia, que no se aprecia en este ejemplo, es que, cuando aplicamos pintura sobre la pincelada anterior, los colores se mezclarán si la pintura sigue húmeda. Esto se percibe mejor cuando pintamos que cuando clonamos.

La paleta Water: Diffuse Amount (Cantidad de difuminado)

El deslizador Diffuse Amount controla el nivel de difuminado. En la figura 4.17, el ejemplo de la izquierda se ha hecho con un valor del 100 por 100, dando como resultado un difuminado evidente. Los otros dos ejemplos, al 50 y al 7 por 100 respectivamente, muestran un difuminado mucho menor. Cuando utilizamos un pincel con una cantidad de difuminado alta, las pinceladas tardarán bastante tiempo en procesarse (está advertido, así que no pruebe a hacerlo en un ordenador lento).

Figura 4.17. El deslizador Diffuse Amount utilizado con diferentes valores: de izquierda a derecha: 100, 50 y 7.

La paleta Water: Wind Force (Fuerza del viento)

Ya hemos mencionado esta opción antes. Es una función increíble que imita la técnica tradicional de la acuarela permitiéndonos colocar el papel en vertical para que la aguada se deslice hacia abajo mezclándose con otros trazos. En Painter, podemos modificar tanto el ángulo como la dirección del movimiento.

En la figura 4.18 puede ver tres ejemplos diferentes de la utilización de este control. En el primero, el deslizador Wind Force está configurado en el 0 por 100, por tanto la aguada no se ha movido de forma significativa. En el segundo ejemplo está al 50 por 100, lo que ha hecho que el agua se deslice hacia abajo. En el ejemplo final, el deslizador Wind Force está en el 100 por 100 y la dirección del viento es hacia abajo, en la parte superior, y horizontal en la inferior, un verdadero vendaval. Esta opción es muy útil ya que nos permite controlar el resultado final con mucha precisión.

La paleta Water: otros controles

La paleta Water contiene varios controles más, aunque ninguno de ellos afecta a este pincel que hemos seleccionado (pero sí afectan a otros pinceles).

La opción Delay Diffusion (Demora del difuminado), que está activada en los ajustes por defecto, hace que no se inicie el proceso de difuminado hasta que no se complete el trazo de pincel. Pruebe las dos opciones para ver la diferencia.

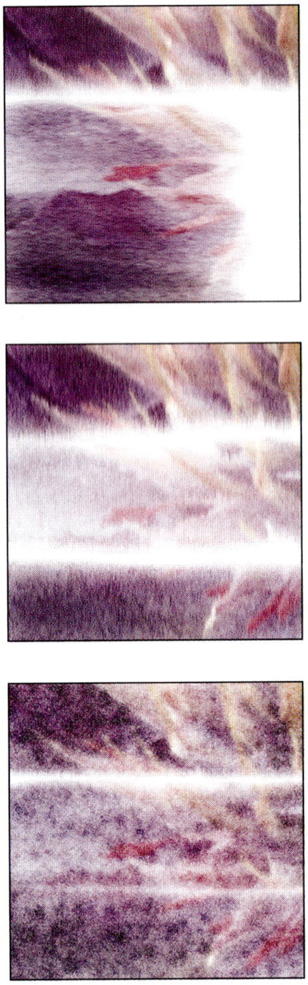

***Figura 4.18.** El deslizador Wind Force utilizado con diferentes valores: de izquierda a derecha, 100, 50 y 0.*

La opción Accurate Diffusion (Difuminado preciso) hace que la copia clonada tenga más nitidez. Desactive esta opción para conseguir un resultado más irregular que puede ser útil para crear fondos.

La ficha Randomizer (Aleatorio)

La ficha Randomizer, incluida en el cuadro de diálogo Brush Creator, nos permite escoger un pincel que se aproxime al efecto que estamos buscando y generar variantes de ese tipo de pincel para que podamos considerar las opciones sugeridas.

***Figura 4.19.** La opción Accurate Diffusion activada (izquierda) y desactivada (derecha).*

Haga clic en la pestaña Randomizer para mostrar la ficha y seleccione el pincel que quiere utilizar como pincel inicial. Haga clic en el botón de las ruedas dentadas y Painter generará una serie de alternativas que mostrará en el área de previsualización de la izquierda. Pruebe algunas de ellas para ver cómo se ha modificado el pincel original.

Para conseguir un nivel de variación mayor, mueva el deslizador de la parte inferior hacia la derecha; para que las variaciones sean menos acentuadas, mueva el deslizador hacia la izquierda.

En la figura 4.20 puede ver una serie de variantes basadas en el pincel Smeary Bristle Cloner (Pincel de clonar de cerda difuminar) de la categoría Cloners (Pinceles de clonar).

En el panel borrador verá una serie de trazos que ilustran algunas de estas variantes creadas por Painter.

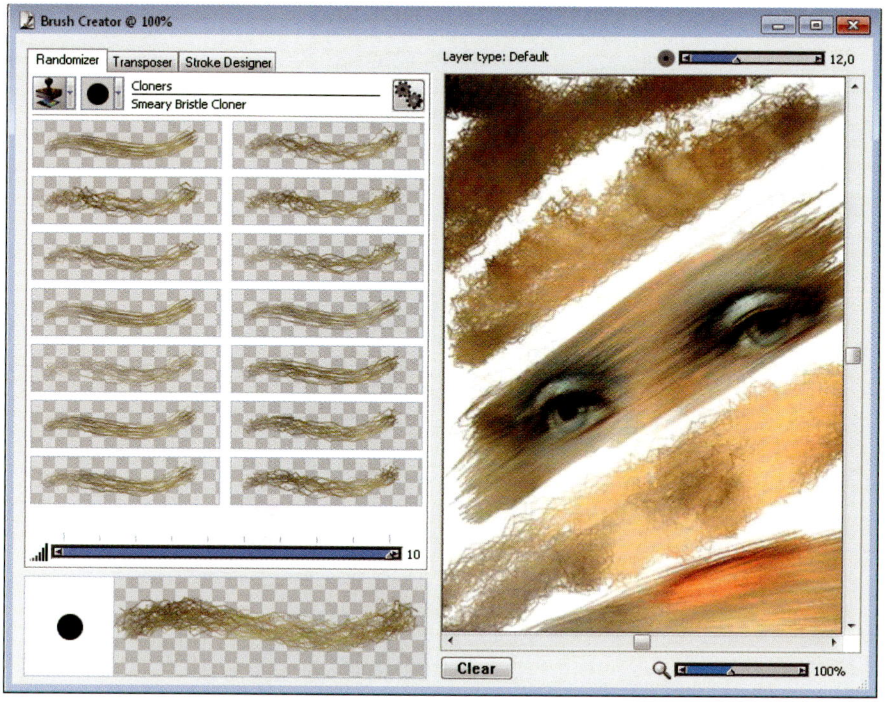

Figura 4.20. *La ficha Randomizer.*

La ficha Transposer (Transponer)

La ficha Transposer es otra herramienta para crear variantes de pincel. En este caso, Painter empieza con el pincel actual, que se muestra en la parte superior del área de previsualización, y va cambiando paso a paso a otro pincel diferente, situado en la parte inferior.

En la figura 4.21 se muestra la conversión del pincel Furry Brush (Pincel peludo) de la categoría F-X (Efectos especiales) en el pincel Bristle Oils (Óleo cerda). En el panel borrador puede ver cómo la característica textura del pincel Furry Brush se convierte gradualmente en una textura mucho más suave del pincel Bristle Oils, en la parte inferior.

Haga clic en el icono de las ruedas dentadas para generar las transposiciones. Pruebe a cambiar el pincel inicial y final para conseguir un resultado completamente diferente.

Esta paleta es útil para generar ideas cuando estamos buscando un pincel adecuado. En el ejemplo de la figura 4.21, la última transformación tiene una textura suave y delicada muy hermosa.

CAPTURAR UN TOQUE DE PINCEL

Capturando nuestros propios toques de pincel, podremos personalizar aún más nuestros pinceles favoritos. Podemos crear el toque a partir de un diseño creado específicamente, como el de la figura 4.22, o desde una fotografía. Antes de empezar, tenga cuidado de no reemplazar la variante capturada del pincel por defecto que esté utilizando. En teoría, podemos hacer clic en la opción Replace Default Variant (Sustituir variante por defecto) en el menú del selector de pinceles; sin embargo, hay algunos pinceles en los que esto no funciona y el toque capturado se negará a cambiar. En el paso 6, encontrará una forma sencilla de evitarlo.

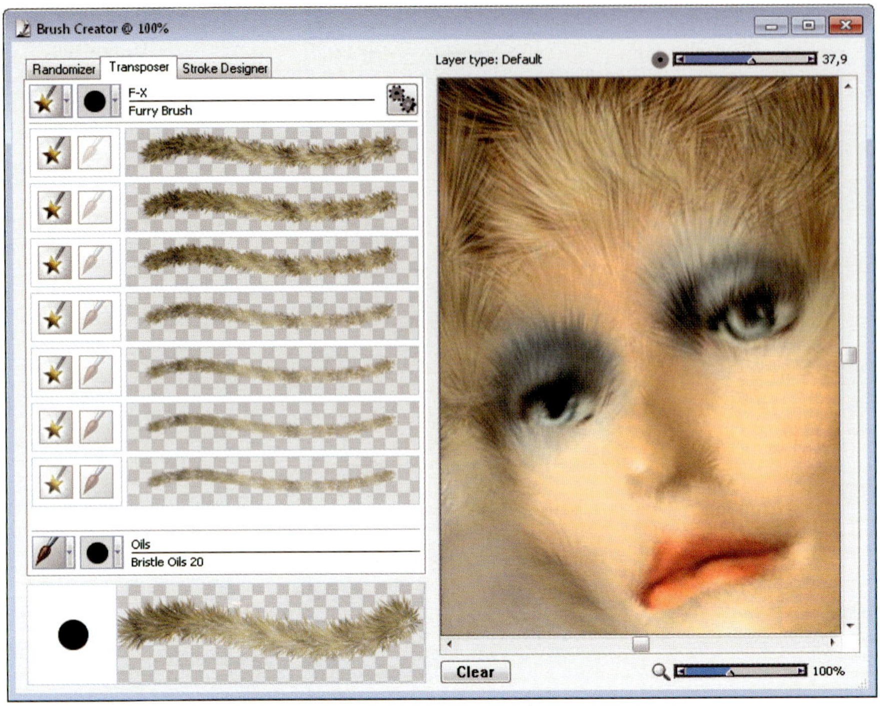

Figura 4.21. La ficha Transposer.

Figura 4.22. Crear un toque de pincel para capturarlo.

1. Seleccione File>New (Archivo>Nuevo) para crear un nuevo documento de 500 x 500 píxeles y 200 píxeles por pulgada.

2. Escoja un pincel para crear el toque. Pruebe con la variante Real Drippy Pen (Pluma goteo real), con un tamaño de 36.

3. Pinte algunas marcas distintivas en el papel, como en la figura 4.22. Esto debe hacerse sobre el lienzo, no en una capa.

4. Haga clic en la herramienta **Rectangular Selection** (Selección rectangular) y, manteniendo pulsada la tecla **Mayús** para crear una selección cuadrada, seleccione las marcas.

5. Escoja una variante de pincel existente en la que guardar su nuevo toque de pincel. Para este ejemplo, seleccione Acrylics>Thick Acrylic Bristle (Acrílicos>Acrílico cerda grueso). Cuando seleccione el pincel, las características del pincel original se conservarán y sólo se cambiará el toque de pincel.

6. En el menú del selector de pinceles, haga clic en Save Variant (Guardar variante) y dele un nombre temporal. Luego seleccione este pincel para utilizarlo para sus capturas de prueba. Esto le evitará perder sus ajustes por defecto,

7. Haga clic en la flecha del selector de pinceles para acceder al menú y escoja la opción Capture Dab (véase la figura 4.23). Cierre el archivo que acaba de crear.

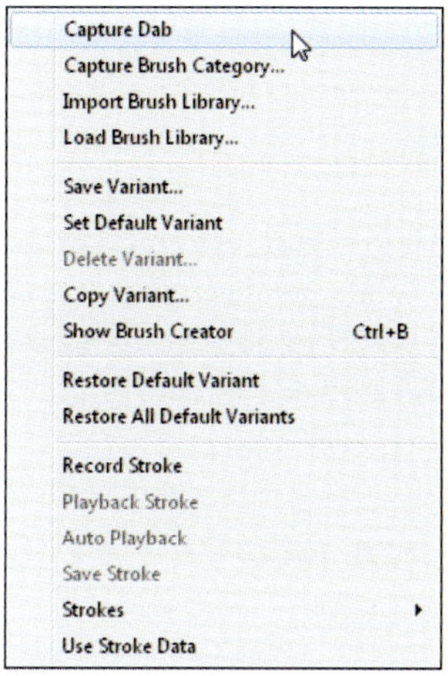

Figura 4.23. *El menú del selector de pinceles.*

8. Abra el archivo `Mannequin.jpg` de la carpeta del capítulo 2 (`Chapter 2`) del DVD.

9. Haga una clonación rápida (File>Quick Clone).

10. Haga clic sobre la opción, Clone Color de la paleta Colors.

11. Pinte la imagen empezando con un tamaño de pincel de 132 y vaya reduciendo gradualmente el tamaño del pincel para ir dando más detalle al rostro. Necesitará llegar hasta un tamaño de 1,3 para acabar los ojos y la cara. En la figura 4.24 puede ver las marcas distintivas creadas por este pincel.

12. Si quiere guardar la variante para utilizarla en el futuro, puede conservar el nombre que le dio o guardarla de nuevo con un nombre distinto y eliminar el pincel de prueba.

También podemos crear toques de pincel capturados a partir de una fotografía. En la figura 4.25 puede ver una marca de pincel creada a partir de la fotografía del maniquí y en la figura 4.26, la imagen resultante.

Figura 4.24. *Utilizar un toque capturado.*

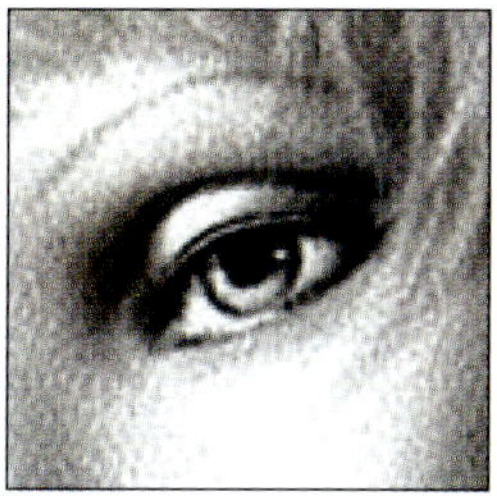

Figura 4.25. *Se ha creado un toque de pincel a partir de la fotografía del maniquí.*

Figura 4.26. *Imagen clonada creada con el toque capturado.*

1. Seleccione el pincel Sharp Chalk (Tiza afilada) y escoja en el cuadro de lista desplegable Method la opción Cloning y, en Subcategory, la opción Grainy Hard Cover Cloning.

2. En la fotografía del maniquí, haga una selección del ojo y luego capture el toque como explicamos antes.

3. Haga una clonación rápida y pinte la imagen.

GUARDAR VARIANTES DE PINCEL

Personalizar un pincel para un uso determinado puede llevarnos un cierto tiempo, por tanto es conveniente guardarlo para utilizarlo en el futuro. Painter nos permite guardar pinceles, así como crear nuestras propias categorías de pinceles.

El procedimiento es muy sencillo. Una vez que haya acabado de personalizar el pincel y esté listo para guardarlo, abra el menú del selector de pinceles y haga clic en Save Variant (Guardar variante). Se abrirá el cuadro de diálogo que se muestra en la figura 4.27.

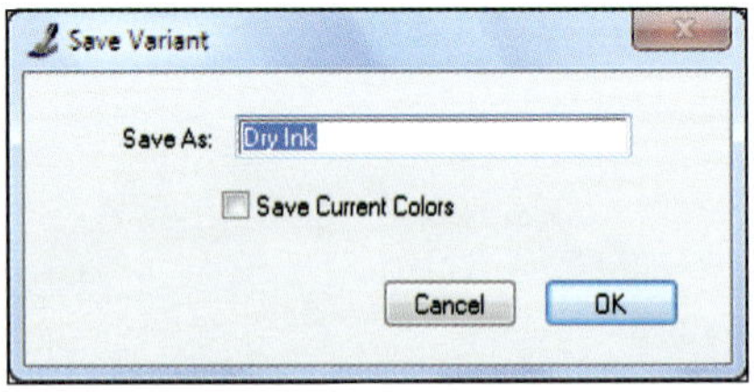

Figura 4.27. *El cuadro de diálogo Save Variant.*

Dele un nombre diferente del original y haga clic en **OK**. La nueva variante se guardará en la misma categoría de pinceles que el original. Para identificar más fácilmente los pinceles creados por nosotros, es recomendable añadirles un prefijo con nuestras iniciales. Por ejemplo, el pincel "Dry Brush" podría convertirse en "MA Dry Brush Diffused".

Si quiere borrar la variante, seleccione el pincel y escoja en el menú la opción Delete Variant (Eliminar variante). Painter le pedirá que confirme la operación. Haga clic en **OK** para borrar definitivamente el pincel.

Es recomendable devolver el pincel original a sus ajustes por defecto cuando hayamos acabado de crear nuestro pincel personalizado, ya que el pincel conservará los cambios realizados y podría llevarnos a confusión más adelante.

CREAR UNA NUEVA CATEGORÍA DE PINCELES

Es muy útil crear nuestra propia categoría de pinceles para guardar nuestros pinceles personalizados. Esto nos permitirá tenerlos organizados y almacenados en un mismo lugar.

Para crear una nueva categoría de pinceles y añadir pinceles a ella, siga estas instrucciones:

1. El primer paso es crear el icono que utilizaremos para la categoría de pinceles. Puede ser una imagen o texto, o cualquier otra cosa que pueda reconocer. En este ejemplo, utilizaremos una imagen con una letra M. Abra una imagen o cree un nuevo documento y, con la herramienta **Text** (Texto) escriba una única letra en mayúsculas, como se muestra en la figura 4.28. Pinte algunos colores alrededor de la letra y luego acople todas las capas (Layers>Drop All).

2. Haga una pequeña selección cuadrada del área con la herramienta **Rectangular Selection** (mantenga pulsada la tecla **Mayús** para que la selección sea cuadrada).

Figura 4.28. *Icono para la categoría de pinceles.*

3. Abra el menú desplegable del selector de pinceles y haga clic en Capture Brush Category (Capturar categoría de pinceles). Aparecerá un cuadro de diálogo en el que podrá introducir el nombre de la categoría. Haga clic en **OK** y la categoría aparecerá en la lista de categorías del selector de pinceles (véase la figura 4.29).

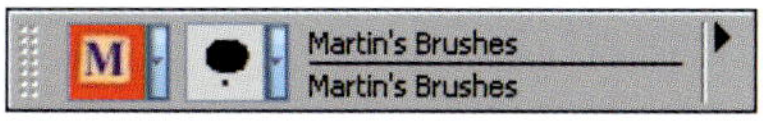

Figura 4.29. *La nueva categoría de pinceles en el selector de pinceles.*

4. Para añadir una variante de pincel a la nueva categoría, abra un pincel existente de cualquier categoría, haga los cambios necesarios y guarde el pincel con un nombre diferente.

5. Para pasarlo a su categoría de pinceles, abra de nuevo el menú del selector de pinceles y seleccione la opción Copy Variant (Copiar variante).

En el cuadro de diálogo que aparece, seleccione su categoría de pinceles en el cuadro de lista desplegable y haga clic en **OK**. Para finalizar, regrese a la categoría original y elimine el pincel de ella.

Otra de las ventajas de guardar nuestros pinceles personalizados en una nueva categoría es que podemos guardar una copia en caso de que tengamos que reinstalar el programa.

Capítulo 5

Texturas del papel

Cuando pintamos con las técnicas tradicionales, la elección del papel es vital para el éxito de la pintura. Cuando utilizamos Painter, la elección de la textura adecuada es igual de importante. Una de las razones por las que Painter es tan atractivo para los fotógrafos es por su gran variedad de texturas de papel.

En este capítulo, exploraremos la biblioteca de texturas de papel predeterminadas de Painter. Veremos cómo se puede cambiar el tamaño de la textura y también el brillo y contraste para modificar el aspecto final de la pintura.

Además de la biblioteca de papeles por defecto de Painter, hay muchos otros papeles disponibles que podemos cargar en el programa. Incluso podemos crear nuestro propio papel, como explicaremos también en este capítulo.

Podemos aplicar texturas de papel una vez que la imagen esté acabada, en base a la textura del papel y a la propia imagen. En muchos casos, ésta es la mejor forma de conseguir una textura general, como por ejemplo un efecto de lienzo.

¿QUÉ SON LAS TEXTURAS DEL PAPEL?

Cuando imprimimos sobre una superficie de lienzo en la manera tradicional, la textura de la superficie puede verse claramente. Painter consigue este efecto imprimiendo un motivo que imita esta textura sobre el papel.

Figura 5.1. *Panel oxidado pintado con el pincel Square Chalk (Tiza cuadrada) y utilizando uno de los papeles de la biblioteca de papeles Crack.*

El resultado, obviamente, no es el mismo, pero puede ser bastante efectivo cuando se observa a la distancia adecuada.

La elección del papel es un proceso largo. El primer sitio en que debemos mirar es la paleta **Papers** (Papeles), donde se almacena el conjunto de papeles por defecto de Painter (véase la figura 5.2).

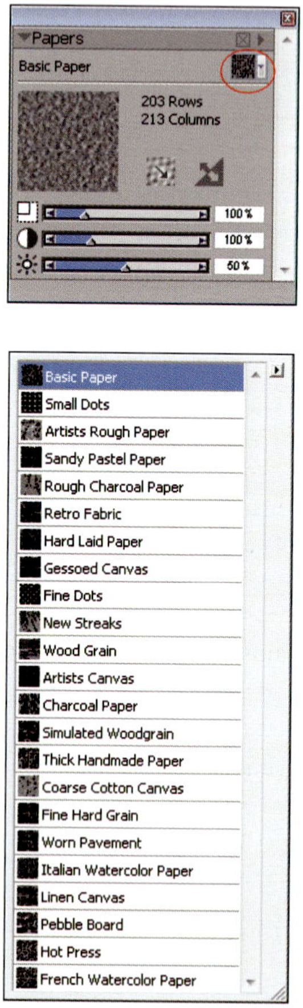

Figura 5.2. *La paleta Papers con un cuadro de lista desplegable que muestra los papeles por defecto de Painter 11. Para acceder a esta lista, haga clic en la miniatura del papel de la esquina superior derecha de la paleta.*

Los ejemplos de este capítulo están especialmente diseñados para la fotografía proporcionada en el DVD. Si utiliza sus propias imágenes, tendrá que ajustar el tamaño de pincel, opacidad y grano, ya que todos estos ajustes dependerán del tamaño y densidad de la fotografía que se va a clonar. El control más importante cuando utilizamos texturas de papel es el deslizador **Grain** (Grano). Generalmente, cuanto menor sea este valor, más visible será el grano. Este deslizador suele estar en la barra de propiedades, pero en caso de que no esté ahí, podrá encontrarlo en la paleta **General** o en el cuadro de diálogo **Brush Creator** (Creador de pinceles).

1. Abra el archivo `Sand patterns.jpg` que encontrará en la carpeta correspondiente al capítulo 5 (`Chapter 5`) del DVD.

2. Seleccione el pincel **Chalk>Square Chalk** (Tiza>Tiza cuadrada) con un tamaño (**Size**) de 35, una opacidad (**Opacity**) del 35 por 100 y un grano (**Grain**) del 9 por 100.

3. En la paleta **General**, seleccione en el cuadro de lista desplegable **Method** (Método) la opción **Cloning** (Clonación) y en el cuadro de lista desplegable **Subcategory**, la opción **Grainy Hard Cover Cloning** (Clonación superficie granulada dura). Esto creará un pincel que mostrará claramente la textura del papel.

> **Nota:** No todos los pinceles muestran la textura del papel claramente. Los mejores para esto son los de las técnicas duras: **Chalk** (Tiza), **Charcoal** (Carboncillo), **Conte** (Conté), etc.

4. Haga una clonación rápida (**File>Quick Clone**).

5. Pruebe diferentes texturas de papel en esta imagen; apreciará rápidamente las diferencias entre ellas (véase la figura 5.3).

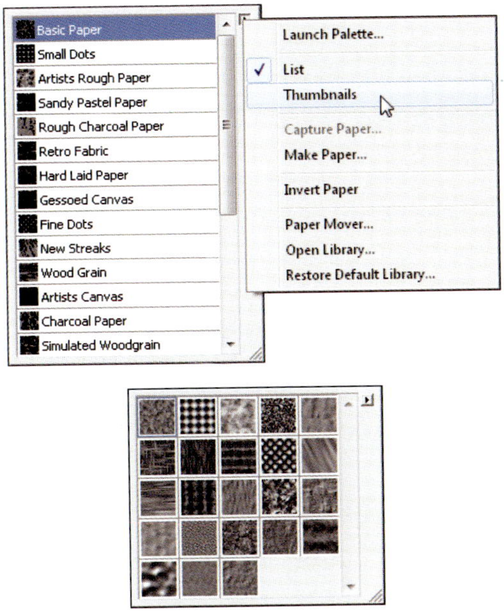

Figura 5.3. *Ésta es una forma alternativa de ver los papeles en la paleta. Haga clic en el icono del papel para abrir el menú desplegable, haga clic en la pequeña flecha situada en la esquina superior derecha de ese menú y seleccione la opción Thumbnails (Miniaturas).*

ESCALA DEL PAPEL

El deslizador Paper Scale (Escala del papel) es el primero de los tres deslizadores de la paleta Papers. Controla el tamaño de la textura del papel. Es especialmente útil cuando se emplean diferentes tamaños de archivo. Por lo general, cuanto mayor sea el tamaño del archivo, mayor tendrá que ser la escala del papel para que el efecto sea perceptible. El tamaño adecuado para la imagen es evidentemente una decisión artística. En la figura 5.4 puede ver varios ejemplos con el deslizador Paper Scale configurado en el 25, 50, 100, 200, 300 y 400 por 100.

CONTRASTE DEL PAPEL

El deslizador Paper Contrast (Contraste del papel), el deslizador central de la paleta Papers, nos permite aumentar o disminuir el contraste. Cuanto mayor sea el valor, más pronunciada será la textura. En la figura 5.5 puede ver varios ejemplos con el deslizador Paper Contrast ajustado en el 0, 25, 50, 100, 200 y 400 por 100.

BRILLO DEL PAPEL

El deslizador Paper Brightness (Brillo del papel) controla el brillo de la textura del papel. El brillo es en realidad la profundidad del grano del papel. Cuanto más plano sea el grano, menos visible será la textura del papel. Al igual que sucede con los otros dos controles, al aumentar el nivel de brillo, la textura se hace más pronunciada. Con niveles de brillo muy bajos, la textura apenas será visible, mientras que si la aumentamos al 100 por 100, sólo podremos intuir la imagen, ya que la textura será la que domine la pintura. En la figura 5.6 puede ver varios ejemplos con el deslizador Paper Brightness ajustado en el 0, 15, 25, 50, 75 y 100 por 100.

Figura 5.4. *El deslizador Paper Scale.*

Figura 5.5. El deslizador Paper Contrast.

Figura 5.6. El deslizador Paper Brightness.

UTILIZAR OTRAS BIBLIOTECAS DE PAPELES

Painter 11 contiene muchas otras bibliotecas de papeles que no se cargan automáticamente con el programa.

Para poder utilizarlas, tendrá que copiar la carpeta que contiene estos archivos y colocarla dentro del programa Painter en su ordenador. Podrá encontrarlas en la carpeta `Extras` del CD de instalación de Painter 11. Estos papeles no se incluyen en el DVD que acompaña a este libro. Una vez que haya hecho esto, siga estas instrucciones:

1. En la esquina superior derecha de la paleta Papers, haga clic en la en la pequeña flecha para abrir el menú desplegable de la paleta.

2. Seleccione la opción Open Library (Abrir biblioteca). Aparecerá un cuadro de diálogo para preguntarle si quiere agregar (**Append**) o cargar (**Load**) la nueva biblioteca. Haga clic en el botón **Load**. Se abrirá el cuadro de diálogo Choose Papers (Seleccionar papeles) de la figura 5.7, vaya a los archivos del programa Corel Painter y abra la carpeta `Paper Textures`.

3. Seleccione la biblioteca que quiere cargar y haga clic en **Open** (Abrir). La biblioteca seleccionada aparecerá en la paleta Papers, sustituyendo a la biblioteca por defecto.

4. Para volver a la biblioteca de papeles original, haga clic en Open Library y en el botón **Load** de nuevo. En el cuadro de diálogo Choose Papers, suba un nivel para salir de la carpeta `Paper Textures`. Verá un archivo solitario entre las

carpetas llamado `Painter.pap`. Selecciónelo y haga clic en **Open** para volver a cargar el conjunto de papeles por defecto.

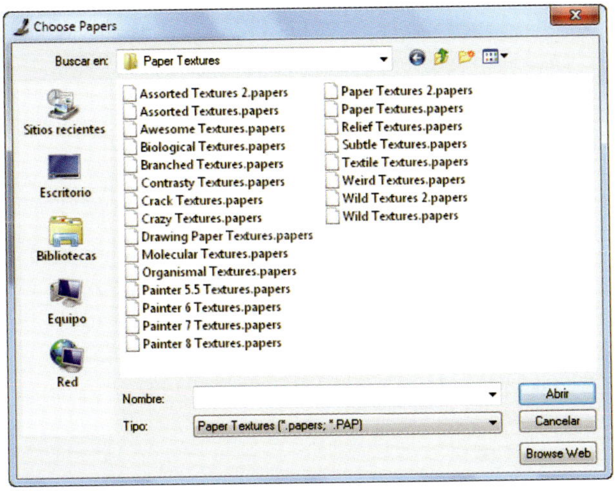

Figura 5.7. *Cargar bibliotecas de papeles adicionales.*

No hay una forma sencilla de ver todos estos papeles en Painter, ya que debemos cargar cada biblioteca en el programa antes de poder ver su contenido. En el DVD, encontrará ejemplos de todas estas bibliotecas de papeles para que pueda consultarlos o imprimirlos como referencia. Las miniaturas deberían resultarle útiles para ayudarle a decidir qué papel escoger y qué biblioteca tendrá que cargar.

CREAR NUESTRAS PROPIAS TEXTURAS DE PAPEL

Además de las muchas texturas de papel proporcionadas por Painter, también podemos crear nuestras propias texturas a partir de un diseño o una fotografía.

1. Abra el archivo `Cracked paint.jpg` de la carpeta del capítulo 5 del DVD.

2. Haga clic en Select>All (Seleccionar todo).

3. Seleccione la opción Capture Paper (Capturar papel) en el menú de la paleta Papers, introduzca un nombre para el papel en el cuadro de diálogo y haga clic en **OK**. Cierre el archivo (véase a continuación, la figura 5.8).

Figura 5.8. *Fotografía utilizada para una textura de papel y el cuadro de diálogo Capture Paper (Capturar papel).*

4. Su nueva textura de papel aparecerá en la parte inferior de la paleta Papers; haga clic en su nombre para empezar a utilizarla.

5. Abra el archivo `Sand patterns.jpg`, de la carpeta del capítulo 5 del DVD.

6. Seleccione File>Quick Clone (Archivo>Clonación rápida).

7. Escoja el pincel Square Chalk 35 (Tiza cuadrada 35) en el selector de pinceles. En la paleta General, seleccione en el cuadro de lista desplegable Method la opción Cloning y en Subcategory, la opción Grainy Hard Cover Cloning.

8. En la barra de propiedades configure el tamaño del pincel en 60, la opacidad en el 100 por 100 y el grano en 7 por 100.

9. Clone la imagen. Al hacerlo, verá el diseño del papel (véase la figura 5.9).

Figura 5.9. *La nueva textura de papel aplicada a la fotografía Sand patterns.*

10. Haga una nueva clonación rápida del archivo original y cambie el ajuste Scale (Escala) de la paleta Papers al 25 por 100.

11. Clone de nuevo la imagen. Observe que se produce un efecto de mosaico repitiendo el motivo. Cuando cree sus motivos, tenga en cuenta que si la textura se utiliza a tamaños pequeños, puede dar como resultado un efecto molesto. Estos efectos de mosaico pueden reducirse bastante cuando la fotografía original a partir de la que creamos el motivo tiene una textura muy homogénea.

En este ejemplo, se ha utilizado la imagen completa para crear el motivo, pero si lo desea puede usar sólo parte de una imagen. En ese caso, haga una selección rectangular o cuadrada antes de capturar el papel.

UTILIZAR TEXTURAS PARA CREAR IMÁGENES

Después de haber creado nuestra propia textura para utilizarla en una clonación, veamos otras formas de utilizar esta técnica. En el ejemplo siguiente, crearemos una textura de papel a partir de una forma claramente reconocible y luego la estamparemos en un documento utilizando tintas de color. El primer paso es crear una imagen en blanco y negro; esto lo conseguiremos con el efecto Woodcut (Grabado en madera), del que volveremos a hablar en el capítulo 13.

1. Abra el archivo `Gladioli.jpg` de la carpeta del capítulo 5 del DVD.

2. Seleccione Effects>Surface Control>Woodcut (Efectos>Control de superficie>Grabado en madera).

3. Marque la opción Output Black (Salida en negro) y desmarque la opción Output Color (Salida en color).

4. Ajuste los deslizadores de la forma siguiente: Black Edge (Borde negro) en 64,94, Erosion Time (Tiempo de erosión) en 0, Erosion Edge (Borde de erosión) en 1,0 y Heaviness (Peso) en el 50 por 100. En la figura 5.10 puede ver los ajustes utilizados.

5. Cuando se aplique el filtro, comprobará que la flor tiene muchas marcas negras alrededor de los bordes. En el original no se ve nada, pero éste es el resultado de una máscara mal aplicada sobre el original. El efecto Woodcut ha tenido en cuenta estas pequeñas variaciones de blanco y ha aplicado el filtro también sobre ellas.

6. Utilice la herramienta **Eraser** (Borrador) de la barra de herramientas, con una opacidad del 100 por 100, para eliminar todas las marcas negras que no pertenezcan a la flor (véase a continuación, la figura 5.11).

7. Haga clic en Select>All.

8. En el menú de la paleta Papers, escoja la opción Capture Paper, introduzca un nombre para el papel en el cuadro de diálogo y haga clic en **OK**. Cierre la imagen del grabado en madera.

9. Su nueva textura de papel aparecerá en la parte inferior de la paleta Papers; haga clic en su nombre para empezar a utilizarla.

Figura 5.10. *La fotografía original y el cuadro de diálogo Woodcut mostrando los ajustes utilizados en este ejemplo.*

10. Cree un nuevo documento (File>New) con una anchura (Width) de 2.783, una altura (Height) de 3.374 píxeles y una resolución de 300 píxeles por pulgada.

11. Seleccione el pincel Conte>Square Conte 22 (Conté>Conté cuadrado 22) con un tamaño de 149, una opacidad del 12 por 100 y un grano del 1 por 100.

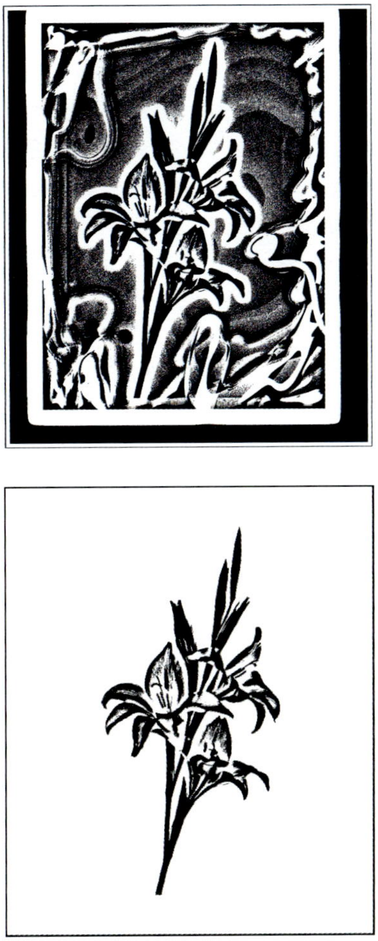

Figura 5.11. *El resultado del efecto Woodcut y la imagen después de borrar las marcas exteriores no deseadas.*

12. Asegúrese de que está activo el nuevo papel y, en la paleta Papers, haga clic en el botón **Invert Paper** (Invertir papel) (el icono con dos flechas). Seleccione un color en la paleta Colors. Utilice colores bastante oscuros (en este ejemplo, se empezó con el color R127, G9 y B141, pero no es obligatorio escoger el mismo). Pinte hasta que toda la flor sea visible.

13. Pinte otra vez sobre la flor con otros colores. Utilice preferiblemente toques de pincel, en vez de trazos en forma de línea, para que los colores se fusionen mejor (véase la figura 5.12).

Figura 5.12. Después de aplicar los colores.

14. Puede añadir una textura a la imagen para darle más profundidad.

15. Seleccione Effects>Apply Surface Texture (Efectos>Aplicar textura de superficie). Ajuste los deslizadores de la forma siguiente: Amount (Cantidad) al 200 por 100, Picture (Imagen) al 100 por 100 y Shine (Brillo) al 100 por 100. En el cuadro de lista desplegable Using (Usar), escoja la opción Image Luminance (Luminosidad de imagen).

16. Aplique la textura una segunda vez.

Puede dejar la imagen como está. En la versión de la figura 5.13, el lienzo se rellenó de negro antes de pintar y se pintó con colores más claros. También se aplicaron texturas a esta imagen.

UTILIZAR TEXTURAS DE PAPEL PARA ESTAMPAR

Otra forma de utilizar texturas de papel es aplicándolas como sellos de caucho. Ésta es una técnica utilizada a menudo por los fabricantes de tarjetas, pero el hacerlas en Painter nos evita tener que comprar un montón de sellos diferentes.

Figura 5.13. Utilizar el motivo sobre un fondo negro.

1. Abra el archivo `Thistle.jpg` de la carpeta del capítulo 5 del DVD.

2. Cree un grabado en madera utilizando el efecto Woodcut, igual que en el ejercicio anterior, ajustando los deslizadores de esta forma: Black Edge en 16, Erosion Time en 20, Erosion Edge en 1,0 y Heaviness en el 50 por 100. Borre todas las áreas negras innecesarias (véase la figura 5.14).

Figura 5.14. La imagen del cardo tras aplicarle el efecto Woodcut.

3. Seleccione la imagen completa y capture el motivo como textura de papel. Llámelo **Thistle 1**.

4. Seleccione únicamente la cabeza del cardo y capture el motivo. Llámelo **Thistle 2**.

5. Cree un nuevo documento de 3.795 x 2.740 píxeles y con una resolución de 300 ppp. Es un documento bastante grande, pero al acabar el ejercicio tendremos que recortarlo y, por tanto, la imagen final será más pequeña.

6. Seleccione el pincel Blunt Chalk (Tiza roma) con un tamaño de 127, una opacidad del 6 por 100 y un grano del 12 por 100.

7. Cree una nueva capa.

8. Seleccione la textura de papel Thistle 1.

9. Seleccione un color y pinte en el dibujo. Utilice colores oscuros y mantenga el tamaño del papel al 100 por 100. Utilice la herramienta **Eraser** de la barra de herramientas para eliminar cualquier trazo no deseado.

10. Cree una nueva capa.

11. Aumente el tamaño del papel al 200 por 100, seleccione un color diferente más claro y pinte de nuevo. Esta vez el motivo será más grande y atenuado que el de la capa anterior. Coloque esta capa por detrás de la primera y reduzca su opacidad (véase la figura 5.15).

12. Cree una nueva capa.

13. Cambie al otro motivo de papel, aumente el tamaño y pinte de nuevo. Continúe pintando más capas con diferentes opacidades y colores (véase la figura 5.16).

Figura 5.15. *Pintar con la textura de papel utilizando diferentes colores.*

Figura 5.16. *La imagen final creada con el papel capturado Thistle pintado con diferentes colores.*

El motivo por el que pintamos cada vez en una capa es porque de esta forma podremos copiarlas, moverlas, transformar su tamaño y cambiar sus opacidades para obtener el resultado deseado. Si el cardo no está en la posición correcta, utilice la herramienta **Layer Adjuster** (Ajustar capa) de la barra de herramientas para moverlo a otro sitio.

El utilizar un lienzo de tamaño grande nos proporciona el espacio suficiente para mover las capas de un lado a otro.

APLICAR TEXTURAS DE SUPERFICIE

Hemos explicado cómo aplicar texturas de papel a los trazos de pincel mientras pintamos. Ahora veremos cómo aplicar las mismas texturas pero, esta vez, sobre la superficie de la imagen y generalmente al final. Las texturas que podemos aplicar no están restringidas a los motivos de papel. Los ejemplos siguientes le mostrarán cómo aplicar texturas que se basen tanto en la imagen clonada como en el origen de la clonación.

Tomar la decisión de aplicar o no una textura a una pintura acabada puede ser difícil, por tanto, le recomendaría que guardase una copia del archivo y aplicase la textura a una versión duplicada. Otra opción es crear una copia del lienzo y aplicar la textura a esa capa; esto le permitirá reducir la opacidad para atenuar el efecto. La experiencia será la que le indique qué ajustes utilizar, aunque siempre es difícil evaluarlo en pantalla y suele ser necesario imprimir alguna copia de prueba.

Los controles para aplicar texturas están incluidos en el cuadro de diálogo Apply Surface Textures (Aplicar texturas de superficie), que se muestra en la figura 5.17.

En primer lugar, tenemos que seleccionar el origen de la textura utilizando el cuadro de lista desplegable Using (Usar). La opción por defecto es Paper (Papel), por tanto es la primera que explicaremos. Encontrará ejemplos del resto de opciones en las figuras 5.19 a 5.24, al final de este apartado.

Using: Paper (Usar: Papel)

1. Abra el archivo `Railing.jpg` de la carpeta del capítulo 5 del DVD.

2. Seleccione el papel Italian Watercolor Paper (Papel de acuarela italiano) en la paleta Papers.

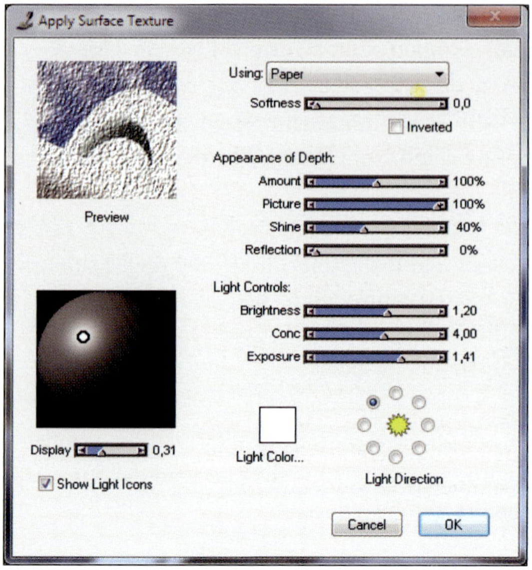

Figura 5.17. *El cuadro de diálogo Appy Surface Textures.*

3. Abra el cuadro de diálogo Effects>Surface Control>Apply Surface Texture.

4. Asegúrese de que esté seleccionada la opción Paper en el cuadro de lista desplegable Using.

5. Utilice los ajustes por defecto, como se muestra en la figura 5.17, y haga clic en **OK**. Esto aplicará la textura a la imagen.

6. Es importante tener en cuenta que la textura depende del tamaño del archivo. Éste es un archivo pequeño y la textura es muy marcada, de hecho es demasiado fuerte para la imagen. Si el archivo hubiese sido más grande, el efecto habría sido bastante sutil. Deshaga la aplicación de la textura antes de continuar con los pasos siguientes.

7. Abra el cuadro de diálogo y, mientras está abierto, vaya a la paleta Papers y cambie el tipo de papel. La posibilidad de cambiar de papel con el cuadro de diálogo abierto es muy útil. La vista previa se actualizará inmediatamente para que podamos comprobar si nos gusta el resultado.

Con diferencia, el deslizador más importante es el deslizador Amount (Cantidad), que controla la fuerza de la textura aplicada. El valor por defecto es del 100 por 100, pero por lo general suele ser demasiado fuerte (véase la figura 5.18). Para la mayoría de fotografías, es mejor empezar con un valor del 50 por 100. Suele ser difícil saber si hemos seleccionado la cantidad necesaria de textura, ya que la ventana de vista previa es pequeña, por tanto lo mejor es seleccionar un valor algo elevado en el deslizador Amount y luego utilizar la opción Edit>Fade (Edición>Atenuar) para rebajar el efecto. Esta opción para atenuar una acción es realmente útil, ya que podemos emplearla, no sólo con los efectos, sino con muchas acciones de Painter, incluidos los trazos individuales de pincel.

Otra forma de conseguir que las texturas sean más marcadas en la copia impresa es aplicando un efecto de enfoque a la imagen. En Painter, puede hacerlo seleccionando Effects>Focus>Sharpen (Efectos>Enfocar>Enfocar).

En el cuadro de diálogo Apply Surface Texture hay varios deslizadores más, pero en la mayor parte de los casos pueden dejarse con sus valores por defecto. La opción Inverted (Invertido) cambia la textura de positivo a negativo. El efecto es bastante sutil en la mayoría de los casos.

A continuación, véanse las figuras 5.19 a 5.24, le mostramos ejemplos del resto de opciones de la lista desplegable Using.

Figura 5.18. *Ejemplos con el deslizador Amount ajustado al 25, 100 y 100 por 100 (de izquierda a derecha).*

Figura 5.19. *Ésta es una copia clonada de la imagen original utilizando el pincel Soft Cloner (Pincel de clonar suave) de la categoría Cloners (Pinceles de clonar).*

Figura 5.20. Using: Paper (Usar: Papel). En esta imagen clonada, se ha aplicado una textura basada en el papel, en este caso Italian Watercolor Paper. La opción Paper aplica la textura a toda la imagen, independientemente de hasta qué punto se haya pintado. Ésta es la gran diferencia entre añadir la textura al final o aplicarla mientras pintamos.

Figura 5.21. Using: Image Luminance (Usar: Luminosidad de imagen). Esta opción basa la textura en la luminosidad o brillo de la propia imagen. Efectivamente, esto significa que estamos aplicando un efecto de relieve directamente a la imagen. El efecto se utiliza para añadir profundidad y textura a una pintura. Es una forma muy efectiva de resaltar las pinceladas.

Figura 5.22. Using: Original Luminance (Luminosidad original). Esta opción utiliza la imagen original como origen de la textura y la aplica a la copia clonada. Debe tener el original de la clonación activo en el escritorio y enlazado con la copia clonada antes de poder aplicar esta textura. El original y la copia clonada no tienen por qué ser la misma imagen, ya que la textura puede tomarse de cualquier imagen abierta.

Figura 5.23. *Using: 3D Brush Strokes (Usar: Pinceladas 3D). Ésta es la última de las cuatro opciones del cuadro de lista desplegable Using. Compara la imagen original con la copia clonada y basa la textura en la diferencia entre las dos. Es algo difícil de imaginar, pero le da un aspecto muy tridimensional a las pinceladas, especialmente si se ha utilizado un pincel basto y un papel con textura.*

Figura 5.24. *Los cuatro ejemplos de esta imagen, en sentido de las agujas del reloj a partir de la esquina superior izquierda son Paper, 3D Brush Strokes, Original Luminance e Image Luminance. Observe las diferencias en el rostro y cabello de la estatua.*

Aplicar texturas de papel a una capa

Esta técnica aplica las texturas creadas en el cuadro de diálogo Apply Surface Textures a una capa independiente, en vez aplicarlas directamente sobre la imagen. La ventaja de hacer esto es que la imagen no se modifica y que podemos ajustar la textura en cualquier momento, ya que no forma parte de la pintura.

Tenemos diferentes formas de hacerlo. Podemos crear un duplicado del lienzo y aplicarle la textura. De este modo, al reducir la opacidad de la capa, atenuaremos el efecto. Esta técnica nos permite aplicar y ajustar cualquier tipo de textura.

El método alternativo que veremos a continuación consiste en crear una nueva capa y aplicar la textura en ella:

1. Abra el archivo `Pot.jpg` de la carpeta del capítulo 5 del DVD.

2. Haga clic en el icono **New Layer** (Nueva capa) para crear una nueva capa.

3. En la paleta Colors, seleccione un gris del 50 por 100. Para ello, mueva los deslizadores RGB hasta que todos ellos tengan un valor de 128.

4. Seleccione Edit>Fill (Edición>Rellenar) y marque la opción Current Color (Color actual).

5. Cambie el método de composición de la capa a Hard Light (Luz fuerte) y la capa gris desaparecerá.

6. Cambie el origen de la clonación: File>Clone Source>Pot (Archivo>Origen de la clonación>Pot).

7. Seleccione Effects>Surface Control>Apply Surface Texture. En el cuadro de lista desplegable Using, escoja la opción Original Luminance (Luminosidad original) y sitúe el deslizador Amount en el 100 por 100. Haga clic en **OK**.

Ahora que la textura está en una capa independiente, podemos ajustarla. Reduzca la opacidad de la capa para atenuar el efecto. Cambie el método de composición de la capa a Overlay (Superponer) y Soft Light (Luz suave) para ver la diferencia. Si quiere un cambio más radical, escoja las opciones Multiply (Multiplicar) o Screen (Trama).

En la figura 5.25 puede ver la paleta Layers con el método Hard Light aplicado a la capa gris. En la figura 5.26 se muestra el resultado antes y después de aplicar la textura.

Esta técnica también puede utilizarse con las opciones Paper, Original Luminance y 3D Brush Strokes, pero no con la opción Image Luminance, ya que la estamos aplicando a una capa que no contiene imágenes.

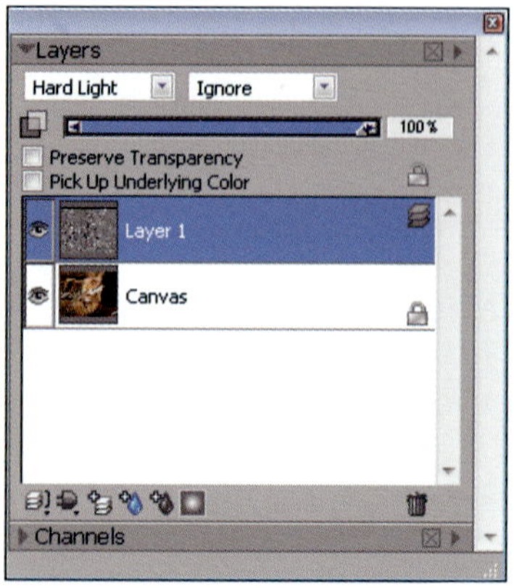

Figura 5.25. *La paleta Layers con la textura de superficie en una capa independiente.*

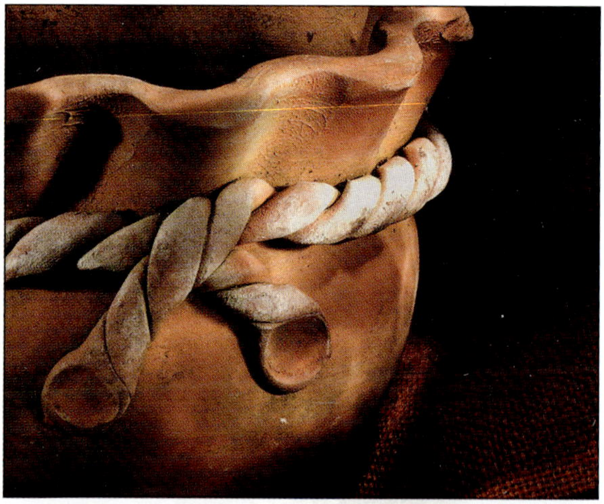

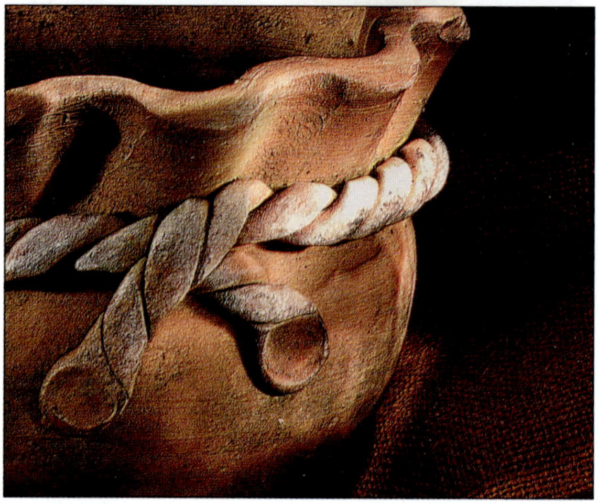

Figura 5.26. *La imagen con y sin la textura aplicada en una capa independiente.*

Capítulo 6

Montajes y capas

Las capas son un componente importante de Painter y nos dan gran flexibilidad a la hora de clonar y de reunir elementos de diferentes fotografías. Si está habituado a utilizar capas en Photoshop, comprobará que la paleta Layers (Capas) de Painter tiene un aspecto similar, sin embargo hay algunas diferencias que conviene saber.

Este capítulo está dividido en cuatro secciones:

- **Parte 1:** Es un apartado de referencia que explica las principales funciones que le permitirán realizar y comprender los ejemplos paso a paso del resto del capítulo.
- **Parte 2:** Es un ejercicio paso a paso para componer un montaje sobre la historia de una familia, para lo que tendremos que ensamblar imágenes de muchas capas diferentes y fusionarlas con diferentes métodos de composición.
- **Parte 3:** Explica cómo utilizar capas como parte del proceso de clonación. Esto le permitirá crear diferentes versiones y fusionarlas para componer la imagen final.
- **Parte 4:** Explica el tema de la creación de montajes utilizando técnicas de clonación a partir de varios originales fotográficos distintos.

Figura 6.1. *Póster de Flatword.*

LA PALETA LAYERS

Utilizaremos la paleta Layers a lo largo de todo el capítulo, por tanto, si no está abierta en su pantalla, haga clic en Window>Show Layers (Ventana>Mostrar capas).

Abra el archivo `Multi_layer_file.psd` del DVD, que puede ver en la figura 6.2. Este archivo ya contiene varias capas que podrá utilizar para seguir los ejemplos.

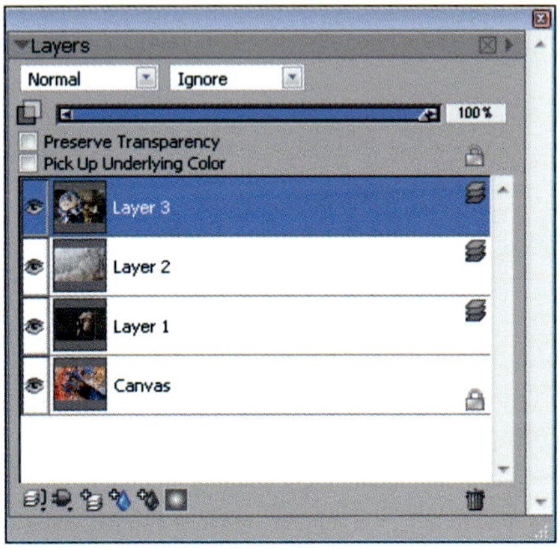

***Figura 6.2.** La paleta Layers.*

Las capas son como hojas transparentes de acetato colocadas sobre el lienzo (Canvas). La pila de capas se observa siempre desde la parte superior, por tanto, cuando la capa superior está llena de imágenes, ninguna de las capas inferiores será visible.

Capa activa

Haga clic en cualquier capa para convertirla en la capa activa. Esto hará que podamos modificarla, moverla o pintar sobre ella. Normalmente sólo puede haber una capa activa de cada vez. La capa activa está coloreada de azul oscuro en la paleta Layers.

Visibilidad de capas

Haga clic en el icono del ojo situado a la izquierda de la capa superior. Esto desactivará la visibilidad de esta capa y mostrará la capa situada bajo ella. Siga desactivando el icono del ojo de cada una de las capas hasta llegar a la capa Canvas (Lienzo) situada al fondo de la pila de capas. Cuando desactivamos la visibilidad de una capa, ésta dejará de formar parte de la imagen y si imprimimos la imagen, la capa se ignorará.

El lienzo

La capa Canvas (Lienzo) está siempre colocada en la parte inferior de la pila de capas y es similar, aunque no exactamente igual, que la capa Fondo de otros programas gráficos. Esta capa no puede moverse, no le podemos aplicar máscaras de capa y tiene algunas otras restricciones.

Crear nuevas capas

Podemos crear una nueva capa seleccionando Layers>New Layer (Capas>Nueva capa) y escogiendo el tipo de capa que queremos crear, o bien haciendo clic en el tercer icono contando desde la izquierda de la parte inferior de la paleta Layers.

Hay diferentes tipos de capas, cada una con sus propias características especiales. Para crear una nueva capa estándar, haga clic en el tercer icono contando desde la izquierda (**New Layer**). Las capas estándar pueden pintarse con la mayoría de pinceles y son las que se utilizan normalmente para la clonación.

El segundo icono (**Dynamic Plugins**) creará una capa de *plug-ins* dinámicos, que es una capa de efectos especiales que aplicará ajustes a la capa situada debajo. Son parecidas a las capas de ajuste de Photoshop, ya que nos permiten cambiar los ajustes más adelante. Trabajaremos con este tipo de capas en el capítulo 11.

El cuarto icono contando desde la izquierda (**New Watercolor Layer**) crea una nueva capa de acuarela. Estas capas sólo pueden utilizarse con pinceles de la categoría Watercolor (Acuarela) y las veremos en el capítulo 7.

El quinto icono (**New Liquid Ink Layer**) crea una nueva capa de tinta líquida, que sólo puede utilizarse con pinceles de la categoría Liquid Ink (Tinta líquida).

Cambiar el nombre de una capa

Cuando creamos varias capas en un documento, suele ser útil cambiarles el nombre para poder identificarlas mejor.

Para cambiar el nombre de una capa existente, abra el menú de la paleta Layers, haga clic en Layer Attributes (Atributos de capa) e introduzca el nuevo nombre. También puede hacer doble clic sobre la capa para abrir este cuadro de diálogo.

Eliminar capas

Podemos eliminar la capa activa haciendo clic en el icono de la papelera (**Delete**) de la esquina inferior derecha de la paleta Layers. Esto eliminará inmediatamente la capa, sin darnos un aviso previo, por tanto tenga cuidado.

Combinar y acoplar capas

Por lo general, es recomendable guardar la imagen con todas sus capas, en vez de fusionar la imagen. Sin embargo, si necesita hacerlo, haga clic en el icono de la esquina inferior izquierda de la paleta Layers y seleccione la opción Drop (Combinar). Esto fusionará la capa activa con el lienzo. Si necesita combinar todas las capas, seleccione Drop All (Combinar todo) en el menú desplegable de la paleta Layers o seleccione Layers>Drop All en la barra de menús del programa. Cuando necesite combinar las capas visibles, mantenga pulsada la tecla **Mayús** y haga clic en las capas que quiere combinar, luego haga clic en la opción Collapse (Acoplar) del menú de la paleta Layers.

Compatibilidad de capas

Cuando pasamos imágenes de Photoshop a Painter o viceversa, la mayoría de los elementos se conservan intactos, incluidas las capas, máscaras de capa y selecciones. Sin embargo, hay algunos elementos especiales que no funcionan así y con los que tendrá que tener cuidado. En el capítulo 1, encontrará una tabla sobre la compatibilidad entre Painter y Photoshop.

Agrupar capas

A veces resulta práctico almacenar capas en grupos (parecido a como si las guardásemos en carpetas). Mantenga pulsado el botón **Mayús** y haga clic en las capas que quiera agrupar, luego haga clic en el primer icono de la parte inferior de la paleta Layers y seleccione la opción Group (Agrupar). Estos comandos también están disponibles en el menú Layers y en el menú de la paleta Layers. Abra y cierre el grupo haciendo clic en la capa Group (Grupo) de la paleta Layers. Para desagrupar las capas, active el grupo de capas, haga clic en el mismo icono que antes y seleccione la opción Ungroup (Desagrupar).

El comando **Collapse** combinará todas las capas que estén resaltadas dentro del grupo. En la figura 6.3, Group 1 contiene tres capas, que aparecen desplazadas hacia dentro en la pila de capas para que veamos que están contenidas en un grupo.

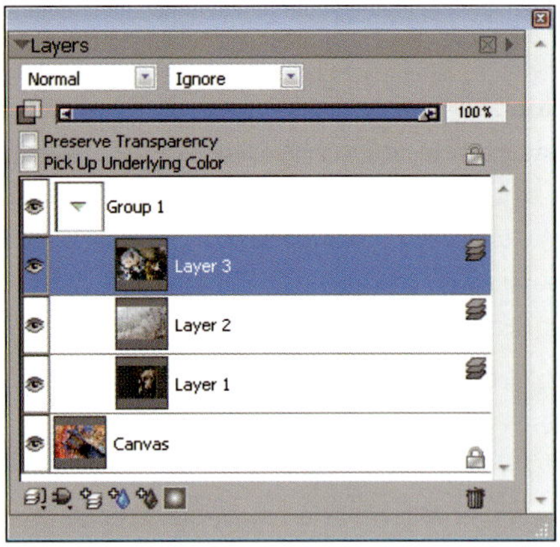

Figura 6.3. *La paleta Layers mostrando tres capas contenidas en un grupo.*

Máscaras de capa

Las máscaras de capa de Painter son muy similares a las de Photoshop. Si pintamos sobre la máscara con negro, esos contenidos de la capa quedarán ocultos. Si no ha utilizado máscaras antes, puede que le interese hacer este breve ejercicio:

1. Abra el archivo `Multy_layer_file.psd` del capítulo 6 del DVD.

2. Haga clic en la capa superior para convertirla en la capa activa.

3. Cree una nueva máscara de capa haciendo clic en el icono **Create Layer Mask** (Crear máscara de capa) de la parte inferior de la paleta Layers. Es el sexto icono contando desde la izquierda.

4. Haga clic sobre la propia máscara de capa para activarla (la miniatura de la máscara tendrá una línea negra alrededor). Si no hacemos esto, pintaríamos sobre la imagen, en vez de sobre la máscara.

5. Seleccione el pincel Pencils>Grainy Cover Pencil 3 (Lápices>Lápiz granulado cubrir 3) con un tamaño de 65 y una opacidad del 100 por 100. En la paleta Colors (Colores) seleccione el color negro.

6. Pinte con el pincel en el área de la imagen. Comprobará que la imagen va desapareciendo y mostrando la capa situada debajo. Puede ver la máscara de capa pintada y la imagen resultante en la figura 6.4.

Figura 6.4. *Utilización de una máscara de capa en la primera capa.*

7. Reduzca la opacidad del pincel a un 25 por 100 y pinte de nuevo. Observe que estos trazos sólo ocultan parcialmente la capa superior. El color negro oculta la imagen, pero los tonos de gris sólo muestran parcialmente las capas situadas debajo.

8. Cambie el color a blanco y pinte sobre el área enmascarada. Esto volverá a mostrar la imagen original.

Para eliminar una máscara, haga clic en la miniatura de la máscara para activarla y luego haga clic en el icono de la papelera. Esto eliminará la máscara y dejará la capa original intacta.

Duplicar capas

Para duplicar una capa, seleccione Layers>Duplicate Layer (Capas>Duplicar capa) o bien haga clic con el botón derecho sobre la capa y seleccione la opción Duplicate (Duplicar) en el menú contextual.

El procedimiento para hacer un duplicado de la capa del lienzo es algo diferente:

1. Haga clic en la capa Canvas (Lienzo) para convertirla en la capa activa.

2. Vaya a Select>All (Seleccionar todo) o pulse **Control-A**.

3. Seleccione Edit>Copy (Edición>Copiar) o pulse **Control-C**.

4. Haga clic en Edit>Paste in place (Edición>Pegar en el sitio) o pulse **Control-V**.

Esto creará una copia del lienzo en una nueva capa, en la parte superior de la pila de capas, dejando la capa Canvas intacta.

Nota: Si el procedimiento de copiar y pegar no funciona, pruebe con alguna de estas dos técnicas:
Copiar el lienzo:

1. Haga clic en Select>All.
2. Active la herramienta **Layer Adjuster** (Ajustar capa).
3. Mantenga pulsada la tecla **Alt** (**Opción**) y haga clic en la imagen.

Copiar entre dos documentos:

1. Haga clic en Select>All.
2. Active la herramienta **Layer Adjuster**.
3. Haga clic en el documento de origen y arrástrelo al documento de destino.

Bloquear una capa

Para bloquear una capa, haga clic en la capa y luego haga clic en el icono del candado situado sobre la pila de capas. Bloquear capas puede ser útil para prevenir accidentes, como borrar o pintar en la capa equivocada. Vuelva a hacer clic en el candado para desbloquearla.

Preservar la transparencia

Esta opción se utiliza para proteger áreas de una capa que no contienen imágenes y suele usarse para pintar sobre objetos de esa capa sin afectar al espacio vacío del alrededor.

Para ver cómo funciona, cree una nueva capa (Layers>New Layer) y seleccione el pincel Pencils>Grainy Cover Pencil 3 con un tamaño de 35 y una opacidad del 100 por 100. Pinte sobre la imagen con cualquier color, pero deje bastantes áreas en blanco. Marque la casilla de verificación Preserve Transparency (Preservar transparencia) y cambie el color de la pintura. Pinte por toda la capa. Comprobará que la pintura sólo se aplica en las áreas que ya están pintadas, mientras que las áreas transparentes se conservan así. Ahora desactive la opción Preserve Transparency y pinte de nuevo. Esta vez la pintura se aplica en cualquier lugar donde coloquemos el pincel.

Opacidad de la capa

El deslizador de la parte superior de la paleta Layers controla la opacidad de la capa: muévalo hacia la izquierda para mostrar gradualmente el contenido de la capa situada debajo. Cuando tenemos que trabajar con imágenes situadas en varias capas, es muy útil poder ajustar la opacidad de cada una con este deslizador.

En la figura 6.5 puede ver el deslizador a un 50 por 100 de opacidad.

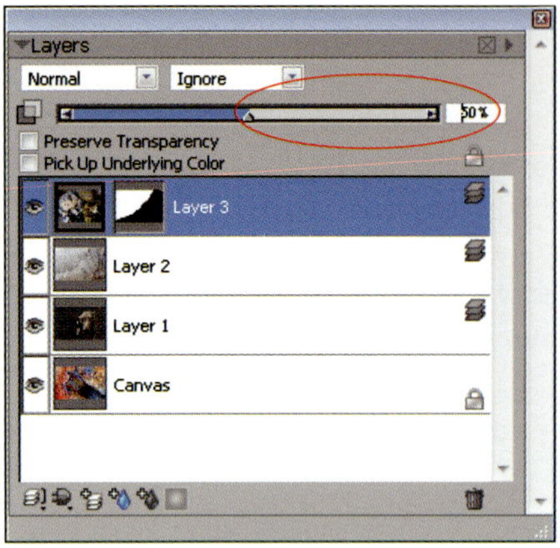

Figura 6.5. El deslizador de opacidad de la capa.

Profundidad de composición de la capa

El cuadro de diálogo situado a la derecha de los modos de fusión de las capas es el control Composite Depth (Profundidad de composición). La opción por defecto es Ignore (Ignorar). Este conjunto de opciones está activo cuando utilizamos pinceles de tipo Impasto, cuyas pinceladas muestran profundidad y una apariencia tridimensional. Para probar el efecto, seleccione el pincel Impasto>Thick Wet Round 20 (Impasto>Grueso húmedo redondo 20) con un tamaño de 40.

Escoja un color rojo brillante y pinte sobre la imagen. Comprobará que se han añadido sombras a la pincelada para darle aspecto tridimensional. La profundidad de composición de la capa habrá cambiado automáticamente a Add (Añadir). Vuelva a cambiarlo a Ignore y observe cómo se aplanan los trazos. En la figura 6.6 puede ver el efecto impasto de una pincelada (izquierda) y el efecto eliminado (derecha).

Figura 6.6. Resultado de cambiar la profundidad de composición de la capa.

Método de composición de la capa

El cuadro de diálogo Composite Method (Método de composición) controla cómo interactúa una capa con la capa situada debajo y nos ofrece muchas opciones creativas cuando utilizamos archivos con varias capas.

El cuadro de lista desplegable Composite Method está situado en la parte superior de la paleta Layers, a la izquierda del cuadro de lista desplegable Composite Depth (véase la figura 6.7, en la que el cuadro de diálogo Composite Method tiene seleccionada la opción Normal).

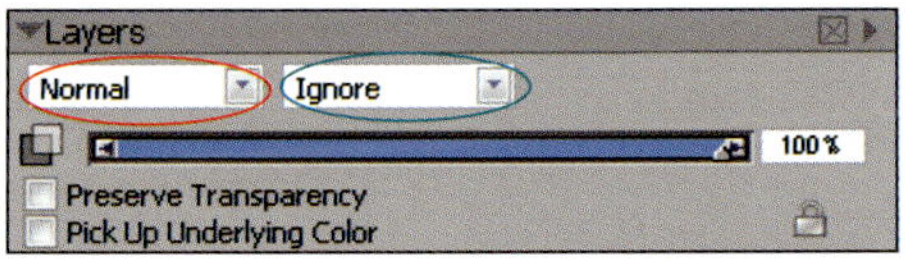

Figura 6.7. El cuadro de lista desplegable Composite Method, a la izquierda, y el cuadro de lista desplegable Composite Depth, a la derecha.

Las figuras 6.8, 6.9 y 6.10 contienen algunos ejemplos de cómo se combinan dos capas con diferentes imágenes en cada una.

Esta función es especialmente útil cuando hacemos montajes, ya que nos permite mezclar las capas de una forma que no es posible conseguir con otro método. A menudo, puede darnos pistas del camino que debe seguir la imagen.

Figura 6.8. *Métodos de composición de capa (1).*

Pseudocolor (Pseudocolor)

Normal (Normal)

Dissolve (Disolver), al 50% de opacidad

Multiply (Multiplicar)

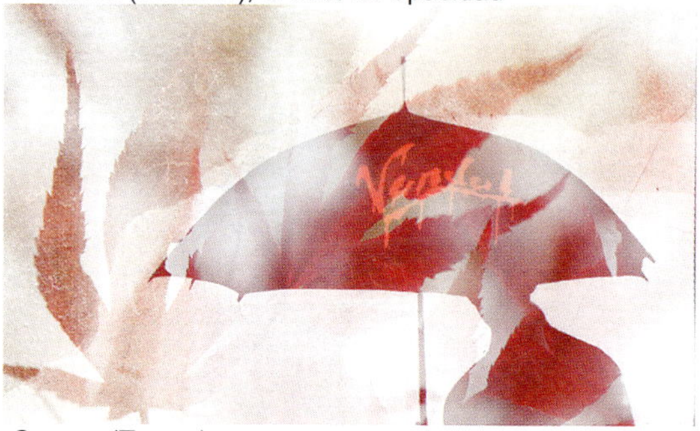

Screen (Trama)

Overlay (Superponer)

Soft Light (Luz suave)

Hard Light (Luz fuerte)

Figura 6.9. *Métodos de composición de capa (2).*

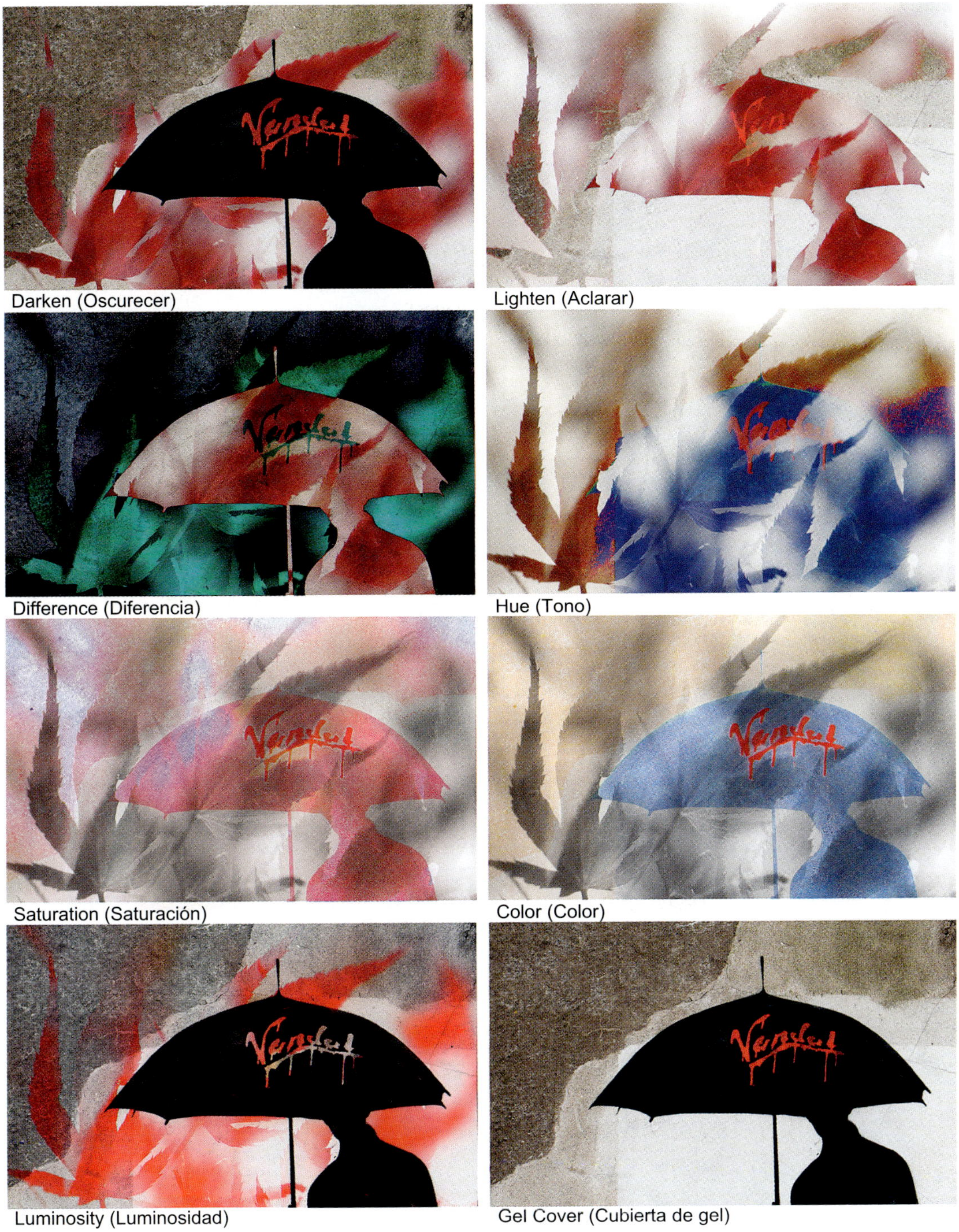

Figura 6.10. *Métodos de composición de capa (3).*

En los ejemplos siguientes podrá ver cómo funciona cada método de composición. El efecto del método seleccionado diferirá mucho dependiendo del contenido de las dos capas que queremos mezclar. El ajuste de opacidad también influirá en el resultado final.

Las dos imágenes están contenidas en la carpeta del capítulo 6 del DVD, por tanto puede experimentar con ellas o probar con sus propias imágenes.

MONTAJE DE UNA HISTORIA FAMILIAR

En los últimos años, ha cobrado auge el interés por la genealogía y el deseo de coleccionar y mostrar fotografías antiguas de forma imaginativa. Esto incluye tanto la creación de álbumes de recortes, como de montajes en el ordenador.

Painter es una herramienta ideal para estas cosas, ya que nos permite clonar imágenes y además añadir retoques decorativos, al tiempo que conservamos los originales intactos para generaciones futuras.

En este ejemplo, paso a paso, crearemos un montaje utilizando diferentes aspectos de las capas, incluidas máscaras de capa, modos de composición de capas y ajustes de color.

Encontrará todos los archivos necesarios en el DVD. Cuando cree sus propios montajes, el material será distinto, pero las técnicas que explicaremos aquí deberían proporcionarle muchas ideas sobre cómo combinar imágenes.

El primer paso es reunir todo el material necesario. Éste puede incluir fotografías, cartas, materiales y efectos personales que tendremos que fotografiar o escanear con un escáner plano de sobremesa. En este caso, hemos hecho la selección por usted (véase la figura 6.11).

Figura 6.11. *Reunir el material de origen.*

El siguiente paso es idear un plan de diseño inicial. Puede que le resulte tentador ir organizando todos los elementos sobre la marcha, pero realmente ayuda bastante tener un plan inicial. Este plan no tiene porqué ser demasiado detallado y es bastante probable que cambie a medida que desarrollamos la idea. Cuando haga su propia composición, decida cuáles son los elementos más importantes relacionados con esa persona o familia y trate de reunirlos. Más adelante, podrá añadir otros elementos menos importantes. Tenemos la tendencia de querer incluir demasiadas cosas, así que si tiene muchas fotos antiguas buenas es preferible hacer una serie de montajes, cada uno ilustrando un determinado aspecto. Para ver un ejemplo, visite mi página Web personal, `www.martinanddoreen.co.uk`, donde verá una serie de paneles creados por mi esposa para ilustrar la historia de su familia. Los hizo en Photoshop hace varios años, pero podrían hacerse igualmente en Painter.

> **Nota:** Este tutorial utiliza mucho los comandos de copiar y pegar. Sin embargo, si el procedimiento no funciona correctamente, consulte la nota del apartado sobre duplicación de capas, un poco antes en este mismo capítulo, donde encontrará métodos alternativos para copiar imágenes de un documento a otro.

Abra todas las imágenes en un explorador. En mi caso, he utilizado Bridge, pero serviría cualquier explorador de imágenes. Otra opción es extender todos los originales en el suelo. Una vez que haya seleccionado los más importantes para la historia, esboce un rápido esquema en una hoja de papel (esto le ayudará con el diseño general). Para este proyecto, he abierto un documento en blanco en Photoshop, he arrastrado todas las imágenes al mismo y luego las he ido moviendo para colocarlas aproximadamente en su posición correcta (tuve que modificar el tamaño de algunas para que encajasen bien). Después de mover un poco las cosas, pude hacerme una idea razonable de cómo quedaría la imagen final. Imprimí una copia del archivo para que me sirviera de guía (puede verlo en la figura 6.12). Como comprobará, hice muchos ajustes al construir la imagen, pero los contenidos y el diseño general son bastante similares.

Figura 6.12. *Plan inicial.*

1. Abra la carpeta `Family History Montage` del DVD y copie todos los archivos a su ordenador para poder acceder a ellos más fácilmente.

2. Cree un nuevo documento de Painter con las siguientes medidas: Width (Ancho) 27,7 cm, Height (Altura) 21 cm y Resolution (Resolución) 150 ppp. Dele un nombre y guárdelo.

3. Abra el archivo `01 geneva.jpg`.

4. Haga clic en Select>All (Seleccionar>Todo), y luego haga clic en Edit>Copy (Edición>Copiar).

5. Haga clic en el nuevo documento vacío y seleccione Edit>Paste (Edición>Pegar) para pegar la imagen en él y luego muévala para colocarla en la posición correcta. A continuación, cierre el archivo `01 geneva.jpg`.

6. Puede que aparezca un cuadro de diálogo para preguntarle si quiere asignar la capa; si quiere hacerlo, haga clic en **Commit** (Asignar) para cerrarlo.

7. Reduzca la opacidad de la capa al 37 por 100.

8. Abra el archivo `02 children.jpg`.

9. Haga clic en Select>All, luego haga clic en Edit>Copy y luego pegue la imagen en el documento del montaje y muévala hasta su posición correcta, igual que antes.

10. Necesitamos eliminar el borde blanco, por tanto seleccione la herramienta **Magic Wand** (Varita mágica) en la barra de herramientas. En la barra de propiedades, cambie el valor Tolerance (Tolerancia) a 47 y haga clic en el área blanca. Esto seleccionará toda el área blanca. Haga clic en Edit>Cut (Edición>Cortar) para borrarla.

11. Esta imagen es demasiado grande, por tanto utilice la herramienta **Transform** (Transformar) de la barra de herramientas para reducirla al tamaño que puede ver en la imagen finalizada.

La herramienta **Transform** es una novedad de Painter 11 y está escondida tras la herramienta **Layer Adjuster**. Mantenga pulsada la tecla **Mayús**, haga clic sobre un manejador de esquina y arrastre para modificar el tamaño de la imagen. Al mantener pulsada la tecla **Mayús** evitamos que la imagen se distorsione. Haga clic en la marca de verificación de la barra de propiedades para aceptar la transformación. En la barra de propiedades encontrará también otras opciones para modificar la escala y distorsionar la imagen.

12. Active la herramienta **Layer Adjuster** y mueva la imagen hasta colocarla en la parte inferior.

13. Cambie el método de composición de la capa a Hard Light (Luz fuerte). Este método eliminará gran parte de la densidad de la capa. Sin embargo, deja a la vista una línea negra sobre la nieve en la capa Geneva. Para eliminarla, empiece por hacer clic en el icono del ojo de la capa Children y luego haciendo clic en la capa Geneva para activarla (véase la figura 6.13).

Figura 6.13. *Incorporar la capa Children.*

14. Seleccione la herramienta **Rubber Stamp** (Tampón) en la barra de herramientas, haga clic en la nieve, justo encima de la marca para establecer el punto inicial y clone la imagen hasta que la marca desaparezca.

15. Vuelva a la capa Children, cree una máscara de capa haciendo clic en el icono de la parte inferior de la paleta Layers (el sexto icono contando desde la izquierda).

16. Haga clic en la miniatura de la máscara de capa (si no lo hace, podría pintar sobre la capa por error, algo bastante habitual).

17. Ahora tiene que pintar la máscara de capa y para ello necesitará un pincel suave y claro. Por desgracia, no hay ninguna variante de estas características en Painter, así que tendremos que crear uno. Seleccione el pincel Cloners>Soft Cloner (Pinceles de clonar>Pincel de clonar suave) y devuélvalo a sus ajustes por defecto. En la paleta General, seleccione Cover (Cubrir) en el cuadro de lista desplegable Method (Método) y la opción Soft Cover (Cubrir suave) en el cuadro de lista desplegable Subcategory (Subcategoría). Ajuste la opacidad al 20 por 100 y el tamaño a 78. Éste es un pincel muy útil para crear máscaras de capa y, ya que utilizará el pincel Soft Cloner a menudo para otras tareas, le recomiendo guardar esta variante con el nombre "Pincel para máscaras de capa" por ejemplo. (Si no recuerda cómo guardar variantes de pincel, consulte el capítulo 4.)

18. Utilice el nuevo pincel que acaba de crear y seleccione el color blanco en la paleta Colors. Pinte sobre la imagen (con la máscara de capa activada estará ocultando en realidad áreas de la imagen). Pinte sobre la parte superior y los lados de la capa, dejando sólo visibles a los niños.

19. Es recomendable ir modificando los nombres de las capas a medida que trabajamos, ya que así nos resultará más fácil hacer los ajustes finales más adelante. Para hacerlo, haga doble clic sobre la capa en la paleta Layers y escriba el nuevo nombre. ¡No olvide ir guardando el documento cada poco tiempo!

20. Abra el archivo `03 Charles.jpg`.

21. Copie y pegue como antes, coloque la imagen en su posición correcta y modifique su tamaño en caso necesario.

22. Cree una nueva máscara de capa y pinte alrededor de los bordes para crear un óvalo aproximado. Más adelante ajustaremos todas las máscaras que hemos creado, por tanto, no hace falta ser demasiado precisos en este momento (véase la figura 6.14).

Figura 6.14. *La capa Charles después de crear la máscara de capa.*

23. Abra el archivo `10 watch.jpg`.

24. Copie y pegue como antes, coloque la imagen en su posición correcta y modifique su tamaño en caso necesario.

25. Elimine las áreas blancas con la herramienta **Magic Wand**, como hicimos antes.

26. Coloque la capa, de forma que la cabeza de Charles esté colocada dentro del círculo interior de la esfera del reloj.

27. Cambie el método de composición de la capa a Hard Light y reduzca la opacidad de la capa a un 47 por 100.

28. Cree una nueva máscara de capa y con el nuevo pincel que creamos en el paso 17, pinte sobre el centro del reloj para que se vea bien la cara (véase la figura 6.15).

29. Abra el archivo `05 Headed notepaper.jpg`.

30. Copie y pegue como antes, coloque la imagen en su posición correcta y modifique su tamaño en caso necesario.

Figura 6.15. *La capa Watch.*

31. Cambie el método de composición de la capa a Hard Light y reduzca la opacidad de la capa a un 47 por 100.

32. Cree una nueva máscara de capa y pinte sobre la parte inferior y el borde derecho para crear un borde suavizado.

33. Abra el archivo `04 rickshaw.jpg`.

34. Copie y pegue como antes, coloque la imagen en su posición correcta y modifique su tamaño en caso necesario.

35. Cambie la opacidad de la capa a un 85 por 100.

36. Cree una máscara y pinte para ocultar una buena parte de las áreas superior y derecha y también sobre la parte inferior para mostrar la palabra "Genève" en caso de que esté oculta.

37. Abra el archivo `06 Old car.jpg`.

38. Copie y pegue como antes, coloque la imagen en su posición correcta y modifique su tamaño en caso necesario.

39. Cambie el método de composición de la capa a Hard Light y reduzca la opacidad a un 79 por 100.

40. Mueva la capa hasta colocarla justo encima de los seis niños. Cree una máscara de capa y pinte para ocultar el área que rodea al coche por arriba y por los lados. Suavice el borde inferior para que no interfiera con la imagen de los niños (véase la figura 6.16).

41. Abra el archivo `08 Charles & mum.jpg`.

42. Copie y pegue como antes, coloque la imagen en su posición correcta y modifique su tamaño en caso necesario.

43. Cambie el método de composición de la capa a Luminosity y reduzca la opacidad de la capa a un 67 por 100.

44. Cree una máscara de capa y pinte para ocultar el espacio situado por encima y a la izquierda de la figura y así suavizar los bordes.

45. Abra el archivo `11 certificate.jpg`.

46. Copie y pegue como antes, coloque la imagen en su posición correcta y modifique su tamaño en caso necesario.

47. Cambie el método de composición de la capa a Darken y reduzca la opacidad a un 58 por 100.

48. Cree una máscara de capa y pinte para ocultar el emblema de la izquierda.

49. Abra el archivo `12 Agnes.jpg`.

50. Copie y pegue como antes, coloque la imagen en su posición correcta y modifique su tamaño en caso necesario.

51. Ajuste la opacidad de la capa al 66 por 100.

52. Abra el archivo `09 letter.jpg`.

53. Copie y pegue como antes, coloque la imagen en su posición correcta y modifique su tamaño en caso necesario.

54. Cambie el método de composición de la capa a Darken.

55. Modifique el tamaño de la imagen para que coincida con el de la imagen finalizada.

56. Cree una máscara de capa y pinte sobre los bordes para ocultarlos y también en el lugar en que la carta se superpone a la cara. Pinte suavemente sobre toda la capa para aclarar el aspecto del texto. Ha de ser visible, pero sin molestar (figura 6.17).

57. Reduzca la opacidad de la capa a un 75 por 100.

58. Abra el archivo `13 medalion.jpg`.

Figura 6.16. *La capa Old Car después de crear la máscara de capa.*

Figura 6.17. *Las capas Letter y Agnes añadidas.*

59. Copie y pegue como antes, coloque la imagen en su posición correcta y modifique su tamaño en caso necesario.

60. Cambie el método de composición de la capa a Lighten y reduzca la opacidad de la capa a un 66 por 100.

61. Cree una nueva máscara de capa y pinte sobre el centro de la capa para ocultarlo.

62. Como todas estas imágenes procedes de fuentes diferentes y tienen colores distintos, vamos a armonizar los colores añadiendo una capa de color (véase la figura 6.18).

63. Cree una nueva capa.

64. Seleccione un color en la paleta Colors. Debería ser lo más parecido posible al tono sepia de la imagen principal. En este caso, hemos utilizado un color R=205, G=161 y B=87 (puede seleccionar este color exacto moviendo los deslizadores de la paleta Colors).

65. Seleccione Edit>Fill with Current Color (Edición>Rellenar con color actual).

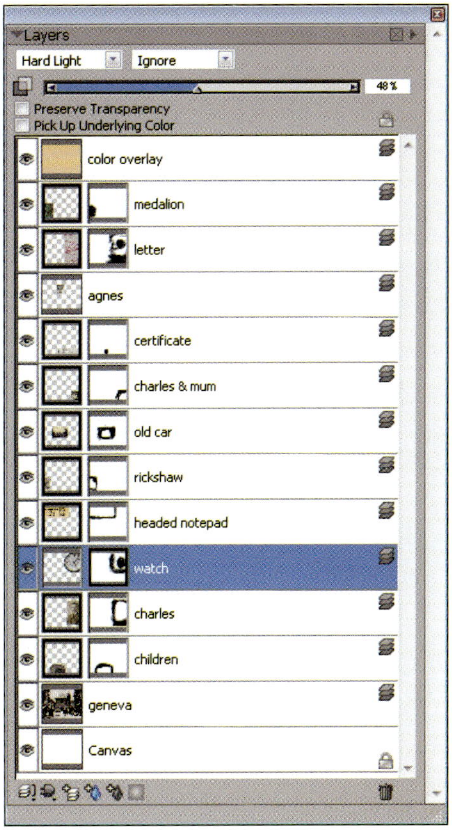

Figura 6.18. *La paleta Layers al final del proceso.*

66. Cambie el método de composición de la capa a Colorize y ajuste la opacidad de la capa a un 32 por 100. Esto convertirá el color en un ligero tinte sepia.

67. Para acabar, aléjese de la imagen y ajuste las opacidades, tamaños y posición de las capas, así como cualquier otro ajuste que considere necesario. Por ejemplo, en el caso de la capa Agnes, se transparenta un edificio de una capa inferior tras la imagen. Podemos corregirlo creando una nueva capa bajo la capa Agnes y pintando sobre esta capa con blanco hasta que el retrato se vea bien. Puede ver la imagen finalizada en la figura 6.19.

Con esto completamos este ejemplo del montaje de la historia de la familia. Puede que quiera probar a hacer uno propio (seguro que sus familiares estarían encantados de tener una copia).

CLONAR SOBRE CAPAS

En este ejercicio paso a paso el origen de la clonación es una única fotografía que clonaremos sobre varias capas utilizando diferentes pinceles. Luego fusionaremos o ajustaremos las capas para crear la imagen final.

Esta técnica suele ser más flexible que la de utilizar diferentes pinceles sobre un mismo lienzo, ya que resulta también más sencillo hacer cambios posteriores en las capas.

1. Abra el archivo `Wooden statue.jpg` de la carpeta del capítulo 6 del DVD (véase más adelante la figura 6.20).

2. A continuación, haga una clonación rápida (File>Quick Clone).

3. Luego, seleccione el pincel Markers>Flat Rendering Marker (Marcadores>Marcador plano procesar), con un tamaño de 43,9 y una opacidad del 20 por 100.

4. En la paleta General, seleccione en el cuadro de lista desplegable Method la opción Cover y en Subcategory, la opción Grainy Edge Flat Cover (Superficie plana borde granulado) (véase más adelante la figura 6.21).

Figura 6.19. *Montaje final.*

Si superponemos varias pinceladas creadas por el pincel por defecto llegaríamos al negro rápidamente, sin embargo, si seleccionamos el método Cover esto no sucederá. Recuerde que esta propiedad de ir acumulando color hasta llegar al negro podemos encontrarla en pinceles de diferentes categorías.

Figura 6.20. *Fotografía original.*

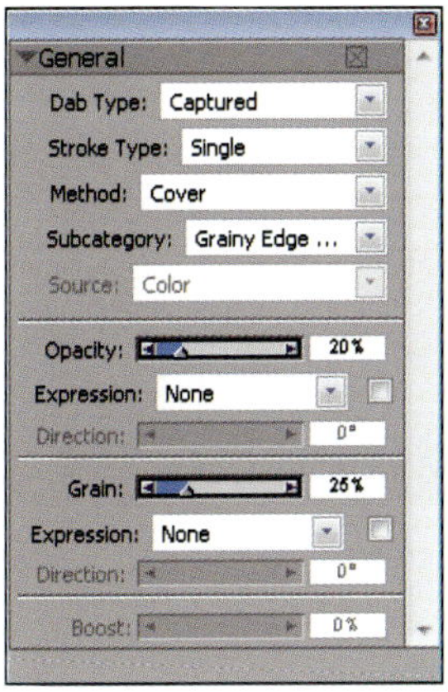

Figura 6.21. *La paleta General.*

5. Haga clic en el botón **Clone Color** (Clonar color) de la paleta Colors.

6. Clone hacia afuera desde la estatua, creando trazos largos y moviéndose hacia afuera y hacia arriba. Pinte la imagen completa rápidamente. La estatua quedará muy desdibujada y las áreas exteriores parecerán rayos que emanan del centro (véase la figura 6.22).

Figura 6.22. *Fondo.*

7. Cree una nueva capa.

8. Cambie al pincel Cloners>Colored Pencil Cloner (Pinceles de clonar>Lápiz de colorear para clonar), con un tamaño de 56,6 y una opacidad del 39 por 100.

9. Haga clic en el botón **Clone Color** de la paleta Colors.

10. Pinte sobre el área del fondo para suavizar algunas de las marcas creadas por el pincel anterior. No pinte sobre toda la imagen, sino sólo lo suficiente para eliminar los bordes más marcados (véase la figura 6.23).

Figura 6.23. *Suavizar el fondo.*

11. A continuación, pasaremos a crear una nueva carpeta.

12. Cambie al pincel Palette Knives>Loaded Palette Knife (Espátulas>Espátula cargada) con un tamaño de 55,9 y una opacidad del 100 por 100.

13. Haga clic en el icono **Clone Color** de la paleta Colors.

14. Arrastre el pincel hacia los bordes desde la estatua, esto creará un efecto gráfico muy llamativo que resaltará la estatua (véase la figura 6.24).

Figura 6.24. *Resaltar la estatua.*

15. Pinte sobre la estatua con un tamaño de pincel más pequeño para darle forma y definir mejor los reflejos claros.

16. El resultado es bastante llamativo pero es necesario remarcar aún más el efecto, así que crearemos dos copias más de esta capa y aumentaremos el tamaño de su contenido.

17. Compruebe que esté seleccionada la capa Palette Knife, haga clic con el botón derecho sobre la capa y seleccione la opción Duplicate Layer (Duplicar capa).

18. Haga clic sobre la capa y arrástrela para colocarla bajo la capa Palette Knife.

19. Seleccione la nueva herramienta de Painter 11 **Transform** (Transformar). Está situada en la esquina superior derecha de la barra de herramientas, oculta tras la herramienta **Layer Adjuster** (Ajustar capa), como se muestra en la figura 6.25.

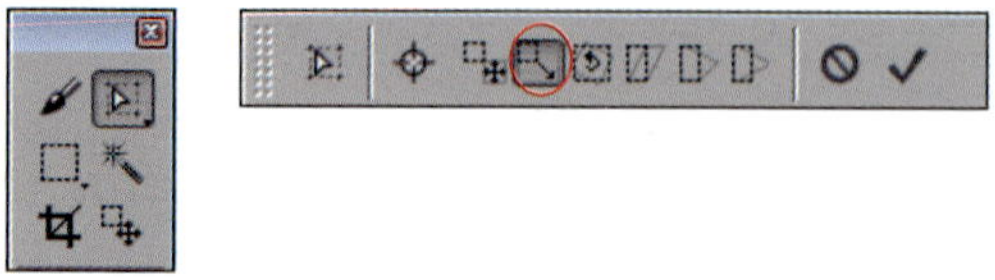

Figura 6.25. *La herramienta Transform y el panel de propiedades de la herramienta.*

20. Cuando tenga la herramienta activada, vaya a la barra de propiedades, en la parte superior de la pantalla, y haga clic en el icono **Scale** (Escala), como se muestra en la figura 6.25.

21. Arrastre los manejadores de la parte superior hasta el tamaño que se muestra en la figura 6.26.

Figura 6.26. *Hacer la primera transformación.*

22. Acepte la transformación haciendo clic en la marca de verificación de la barra de propiedades.

23. Cambie el método de composición de la capa a Overlay y la opacidad de la capa a un 58 por 100. Esto la hará menos visible, pero mejorará el diseño.

24. Duplique la capa que acaba de transformar y arrastre la nueva capa para colocarla debajo.

25. Vuelva a utilizar la herramienta **Transform** y arrastre los manejadores hacia fuera más que antes, como se muestra en la figura 6.27.

Figura 6.27. Hacer la segunda transformación.

26. Cambie el método de composición de la capa a Screen y la opacidad de la capa a un 36 por 100.

27. El fondo no está bien compensado. En el lado izquierdo de la imagen, los colores son más cálidos y las formas están mejor hechas. Vamos a corregirlo.

28. Haga clic en la capa Canvas y, utilizando la herramienta **Rectangular Selection** (Selección rectangular) de la barra de herramientas, seleccione la mitad izquierda de la imagen.

29. Seleccione Edit>Copy y luego Edit>Paste. Esto copiará la selección y la colocará en una nueva capa, en la parte superior de la pila de capas.

30. Mueva la nueva capa hacia abajo, para colocarla justo encima de la capa Canvas.

31. Seleccione Edit>Flip Horizontal (Edición>Voltear en horizontal).

32. Utilice la herramienta **Layer Adjuster** para mover la capa al lado derecho de la imagen.

33. Al estar situada bajo las otras capas, la fusión es bastante buena. La única marca de unión está en la parte superior, donde, si se fija cuidadosamente, verá una línea recta.

34. Para eliminar esta línea, cree una máscara de capa (Layers>Create Layer Mask), haga clic en la máscara para activarla y, luego, utilizando el mismo pincel Loaded Palette Knife, pinte sobre la unión.

35. Recorte los lados de la imagen y la parte inferior para completar el dibujo.

En las figuras 6.28 y 6.29, podrá ver la paleta Layers final y la imagen completada respectivamente.

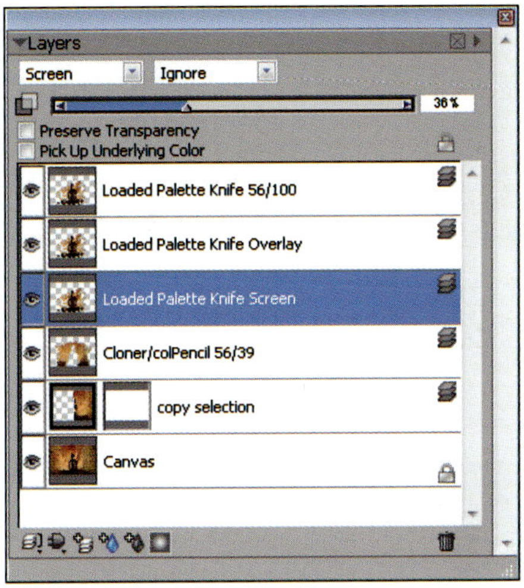

Figura 6.28. La paleta Layers final.

CLONAR A PARTIR DE TRES IMÁGENES

Procure siempre visualizar lo que quiere hacer antes de empezar a crear un montaje clonado. Estos tres elementos se han seleccionado cuidadosamente para funcionar juntos. El tema general son los árboles, pero utilizando tres escalas completamente diferentes conseguiremos darle un toque de misterio a la imagen final.

Los agujeros en la imagen de la hoja seca son especialmente interesantes, y la forma en la que los agujeros atravesarán los paisajes más realistas enfatizará aún más el sentimiento de irrealidad.

Figura 6.29. *Imagen acabada*

1. Seleccione File>Open y escoja el archivo `Leaf.jpg` de la carpeta del capítulo 6 del DVD (véase la figura 6.30).

Figura 6.30. *Fotografía Leaf.jpg original.*

2. Seleccione File>Open y escoja el archivo `Tree.jpg` de la carpeta del capítulo 6 del DVD (véase la figura 6.31).

3. Seleccione File>Open y escoja el archivo `Sky.jpg` de la carpeta del capítulo 6 del DVD (véase la figura 6.32).

Figura 6.31. *Fotografía Tree.jpg original.*

Figura 6.32. *Fotografía Sky.jpg original.*

4. Seleccione File>Clone (Archivo>Clonar) con el archivo `Leaf.jpg` como documento activo. Esto creará una copia clonada de la fotografía de la hoja sin borrar la imagen.

5. Cambie el origen de clonación al archivo `Tree.jpg` (File>Clone Source>Tree).

6. Seleccione el pincel Graffiti de la categoría Airbrushes (Aerógrafos). En la paleta Colors, haga clic en el botón **Clone Color**. Ajuste el tamaño del pincel a 190 y la opacidad al 61 por 100.

7. Pinte sobre la imagen de la hoja seca. El pincel Graffiti pulverizará puntos que le darán una textura muy atractiva a la imagen. Enfatice las líneas del tronco del árbol y las ramas, como se muestra en la figura 6.33.

8. Cambie el origen de clonación al archivo `Sky.jpg` (File>Clone Source>Sky).

9. Pase al pincel Airbrushes>Fine Tip Soft Air 50 (Aerógrafos>Aerógrafo suave punta fina 50), con un tamaño de 150 y una opacidad del 2 por 100. En la paleta General, seleccione en el cuadro de lista desplegable Method la opción Cloning (Clonación) y en Subcategory, la opción Grainy Soft Cover Cloning (Clonación superficie granulada suave). Pinte el cielo y el árbol intentándole dar una calidad etérea clonado en unas áreas sí y en otras no.

10. En el paso anterior, es difícil conseguir exactamente la cantidad exacta de azul; la textura puede además quedar demasiado clara. En este caso, regrese a la imagen `Leaf.jpg` como origen de clonación y seleccione el pincel Graffiti de nuevo. Pinte sobre la imagen para recuperar el equilibrio adecuado entre las tres imágenes.

11. Siga pasando de una imagen a otra utilizando la opción Clone Source (Origen de clonación) hasta quedar satisfecho con el resultado.

12. Para acabar, tenemos que recortar la imagen ya que los originales no son exactamente del mismo tamaño (puede comprobarlo en la línea del lado derecho de la imagen).

13. Seleccione la herramienta **Crop** (Recortar) en la barra de herramientas, haga clic en la esquina superior izquierda y arrastre hacia la parte inferior derecha, incluyendo en el recuadro toda el área de la imagen que quiera conservar.

Figura 6.33. *Utilizar el pincel Graffiti en el paso 7.*

Ajuste los bordes arrastrando los manejadores a la posición adecuada y haga clic en la imagen para recortarla.

La imagen final se ha recortado bastante por la parte superior y derecha, lo que ayuda a enfatizar el equilibrio general (véase la figura 6.34).

En este ejemplo, hemos utilizado tres imágenes diferentes desde las que clonar. También es posible clonar desde una imagen de varias capas (es decir, estas tres imágenes podrían haber estado en un mismo documento).

La forma de cambiar el origen de clonación en este caso es convertir el archivo original en el documento activo y activar y desactivar capas. Lo que esté visible en la pantalla es la imagen que clonaremos. Esto también funciona cuando una capa es sólo parcialmente visible.

DISEÑAR UN PÓSTER

Este ejemplo paso a paso le mostrará cómo podemos usar Painter como herramienta de diseño gráfico para crear un póster. Explicaremos cómo trabaja Painter con los textos y algunas de las muchas formas en que podemos manipularlo para conseguir el efecto que buscamos.

Antes de empezar a trabajar en un diseño, anote las ideas que quiere incluir y planifique el diseño. Esto le ahorrará mucho tiempo. En este caso, he hecho un boceto de los textos que quiero incluir y he seleccionado algunas imágenes que creo que podrían funcionar.

1. Seleccione File>New (Archivo>Nuevo). Introduzca los siguientes valores: Width 1240 píxeles, Lenght 1750 píxeles y Resolution 150 ppp.

Figura 6.34. *El montaje de la hoja y los árboles finalizado.*

2. Abra el archivo `World.jpg` de la carpeta del capítulo 6 del DVD. Todas las imágenes están incluidas en la carpeta `Poster`.

3. Copie la imagen (haga clic en Select>All, y luego haga clic en Edit>Copy) y luego pase al documento principal y péguela (haga clic en Edit>Paste).

4. La imagen es demasiado pequeña, así que haga clic en la herramienta **Transform** de la barra de herramientas, mantenga pulsada la tecla **Mayús** y arrastre uno de los manejadores de esquina hasta que tenga aproximadamente el tamaño que puede ver en la figura 6.36. Acepte la transformación haciendo clic en la marca de verificación de la barra de propiedades.

5. Seguidamente, haga clic en la herramienta **Text** (Texto) de la barra de herramientas. Seleccione una fuente adecuada que tenga instalada en su ordenador y escriba en mayúsculas "DISCOVER THE WORLD IN MUSIC" a lo largo de la parte superior del documento.

6. Haga clic en Window>Text (Ventana>Texto) para abrir la paleta Text en pantalla (véase a continuación, la figura 6.35).

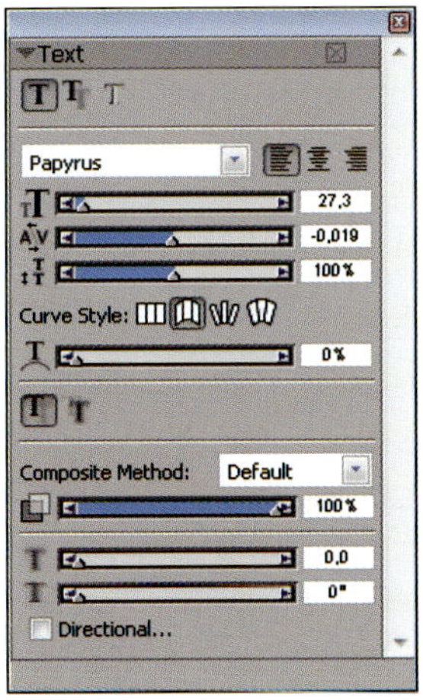

Figura 6.35. *La paleta Text.*

7. Haga clic en el segundo de los iconos **Curve Style** (Estilo de curva). Esto curvará el texto. Pruebe las otras opciones para ver cómo se modifica el texto.

8. Haga clic en la herramienta **Shape Selection** (Selección de forma) de la barra de herramientas. Verá una línea azul saliendo del texto. Haga clic en su extremo y arrástrela para ver cómo se mueve el texto y cambia de forma. Fíjese atentamente y verá una línea azul bajo el texto, con un punto en cada extremo. Haga clic en el otro extremo para activar este control; estos dos puntos de control pueden moverse para cambiar la forma del texto. Podemos arrastrar los extremos hacia fuera para cambiar aún más la forma. En la figura 6.36 se muestran los puntos de control rodeados por círculos rojos. Si nunca ha usado formas antes, puede que le lleve algún tiempo comprender cómo funcionan. El objetivo es conseguir que el texto forme un semicírculo, pero, si le cuesta mucho, sáltese este paso.

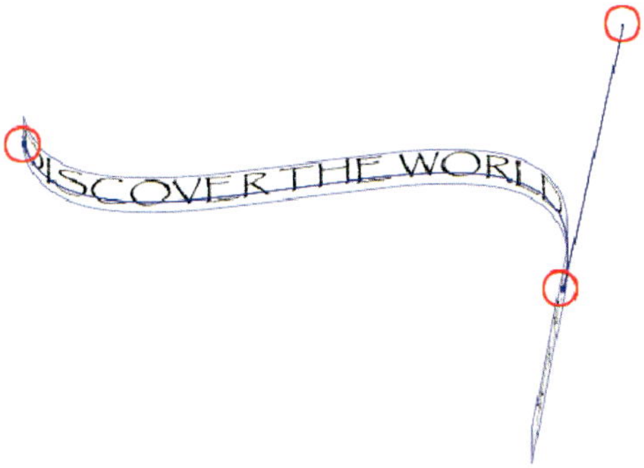

Figura 6.36. *Utilice la herramienta Shape Selection para distorsionar el texto.*

9. Vuelva a utilizar la herramienta **Text** y esta vez escriba "FLATWORLD" a lo largo del centro de la imagen del mundo. Ajuste el tamaño utilizando el deslizador de la paleta Text y haga clic en el icono **External Shadow** (Sombra exterior) de la parte superior de la paleta para hacerlo más grueso. Haga clic en la capa de texto anterior y haga lo mismo con ella. Reduzca la opacidad de la capa de la bola del mundo a un 50 por 100. En la figura 6.37 puede ver el resultado de todos los cambios.

Figura 6.37. El póster en el paso 9.

10. Seguidamente, abra el archivo `Band.jpg` de la carpeta 6 del DVD.

11. Cópielo y péguelo en el documento del póster.

12. Utilice la herramienta **Transform** y reduzca el tamaño de la imagen para que quede como en la figura del póster finalizado (véase la figura 6.1).

13. Añada otro fragmento de texto en la parte inferior del póster. Utilizando un tamaño de fuente de 23, escriba "Roots 'n' groove from Eastern Europe and beyond" (véase la figura 6.38).

14. Abra el archivo `World outline.jpg` de la carpeta 6 del DVD.

15. Copie y pegue la imagen en el documento principal y coloque la capa bajo la capa de texto FLATWORLD.

16. Estire la capa a lo ancho de la página, utilizando la herramienta **Transform** como antes. Estire los manejadores derecho e izquierdo para estirar la imagen, y los manejadores superior e inferior para aplastarla. Reduzca la opacidad de la capa al 65 por 100.

17. Ahora, añada las fotos individuales de los miembros del grupo. Vaya poniendo nombre a todas las capas a medida que las añada. (Haga doble clic en la capa para cambiarle el nombre.)

Figura 6.38. El póster en el paso 13.

18. Abra la imagen `Georgina.jpg`, cópiela y péguela en el documento principal.

19. Reduzca la opacidad a un 50 por 100 aproximadamente y arrástrela a la parte inferior derecha.

20. Abra la imagen `Tim.jpg` y colóquela a la izquierda.

21. Abra la imagen `Kimberly.jpg` y colóquela en la parte superior izquierda.

22. Abra la imagen `Vo.jpg` y colóquela en la parte superior derecha.

23. Abra la imagen `Neil.jpg` y colóquela en el centro. Reduzca el tamaño de la imagen para encajarla en el diseño del póster.

24. Abra la imagen `Eric.jpg` y colóquela en la parte inferior central.

25. Cuando reduzca la opacidad de todas estas capas al 50 por 100 empezará a ver que el diseño va tomando forma. Dejar las capas con una opacidad

baja ayuda bastante a decidir dónde debe ir cada elemento. En la figura 6.39 puede ver el aspecto del póster y de la paleta Layers en este paso.

26. En la fase siguiente, utilizaremos máscaras de capa para fusionar los diferentes elementos.

27. Seleccione el pincel Chalk>Square Chalk (Tiza>Tiza cuadrada), devuélvalo a sus valores por defecto y cambie el tamaño a 83,3 y la opacidad al 45 por 100. Seleccione el color negro en la paleta Colors.

28. Haga clic en la capa Neil para activarla, aumente la opacidad de la capa al 100 por 100 y luego haga clic en el icono de máscara de capa de la parte inferior de la paleta Layers.

29. Haga clic en la máscara de capa para activarla y pinte los bordes de la imagen para ocultarlos. El pincel Square Chalk deja un borde muy atractivo; pinte hacia dentro desde los bordes para fusionarlos. Si se pasa pintando, cambie al color blanco y vuelva a pintar; esto eliminará parte del área enmascarada. La ventaja de utilizar máscaras de capa es que podemos ajustarlas siempre que lo necesitemos hasta que el diseño esté acabado.

30. Ahora vamos a ajustar la capa Vo. Aumente la opacidad, cree una máscara de capa y pinte para ocultar las áreas no deseadas. Para comprobar dónde debe pintar, active y desactive la visibilidad de la capa.

Figura 6.39. *El póster con todas las fotografías colocadas en su sitio y la paleta Layers en esta fase.*

31. A continuación, siga trabajando con el resto de capas y, cuando haya acabado, reduzca la opacidad de las capas de los miembros del grupo a un 80 por 100 aproximadamente. Recuerde hacer clic en la máscara de capa cada vez. Es fácil olvidarse y pintar en la imagen sin querer.

32. La imagen de la bola del mundo ha quedado oculta. Mueva esta capa hacia arriba en la pila de capas hasta colocarla sobre la capa Neil. Cambie la opacidad de la capa a un 37 por 100.

33. Las capas tienen un color demasiado pálido. Abra la paleta Underpainting (Base) y aumente el contraste y brillo de cada capa.

34. El texto de la parte inferior de la imagen necesita destacarse más. Cree una nueva capa bajo ella y utilice el pincel Square Chalk para pintar con blanco por detrás del texto, dejando los bordes irregulares. Reduzca la opacidad de la capa a un 87 por 100 (véase la figura 6.40).

35. Haga clic con el botón derecho sobre la capa del texto "Discover the world..." y seleccione la opción Commit (Asignar). Esto hará que el texto deje de ser editable, pero a cambio nos permitirá modificar la opacidad de la capa. Redúzcala a un 50 por 100.

36. Siga ajustando las opacidades y posición de las capas hasta finalizar el póster.

Puede ver el póster finalizado en la figura 6.1, al inicio de este capítulo.

Figura 6.40. *Resaltar el texto de la parte inferior.*

Capítulo 7

Utilizar color

Los fotógrafos que utilizan Painter suelen usar el color de la fotografía original, sin embargo, hay ocasiones en las que es necesario añadir o ajustar los colores. En este capítulo, explicaremos cómo hacerlo.

Empezaremos describiendo las distintas paletas de Painter en las que podemos seleccionar colores: las magníficas paletas Mixer (Mezclador) y Color Sets (Conjuntos de colores), así como la paleta Colors (Colores), que se utiliza con mucha frecuencia y ha sido actualizada en Painter 11.

A veces también es necesario ajustar la tonalidad de la imagen. Éste es un paso importante en las últimas fases de creación de una pintura, pero también se hace muchas veces para preparar la fotografía antes de empezar a clonarla. Ya que estos controles pueden parecer algo complicados de primeras, explicaremos detalladamente la mejor forma de utilizarlos.

Otras veces querremos eliminar el color original de una imagen para aplicarle un determinado tono. Existen varias formas de hacerlo.

Desde los primeros días de la fotografía, antes de que apareciese la fotografía en color, era habitual colorear las fotos a mano. Veremos también algunas técnicas para conseguir este efecto.

SELECCIONAR COLORES

La paleta Colors (Colores)

En la figura 7.2 puede ver la paleta Colors. Si no está abierta en su pantalla, seleccione Window>Color Palettes>Color (Ventana>Paletas de color>Color) para abrirla. Abra cualquier fotografía en Painter para poder trabajar con los siguientes ejemplos.

Figura 7.1. *Imagen abstracta creada con los pinceles Sponge Dense (Esponja densa) y Acrylics Dry Bristle (Acrílico cerda seco).*

Éste es el selector de color que se utiliza habitualmente en Painter. Los colores se seleccionan haciendo clic en el anillo exterior para escoger el tono y luego haciendo clic en el triángulo interior para escoger la saturación y el valor. Dentro del triángulo de colores, los colores puros están en el lado derecho y a medida que nos movemos hacia la izquierda, los colores se van mezclando con negro (abajo) o blanco (arriba). En Painter 11, podemos cambiar el tamaño de la paleta **Mixer**, lo que facilita bastante la selección de colores precisos.

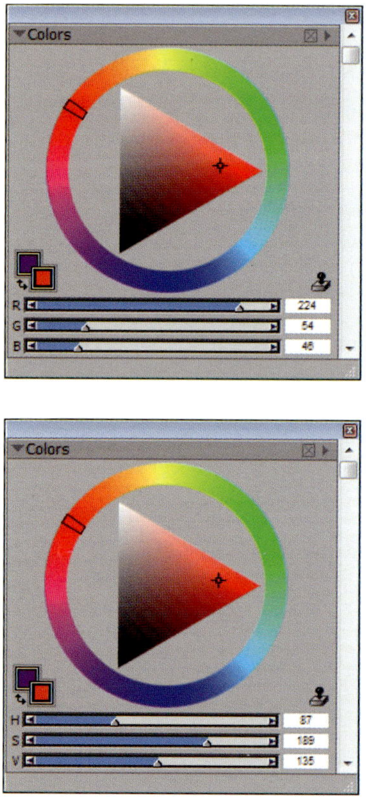

Figura 7.2. La paleta Colors con los deslizadores RGB (izquierda) y HSV (derecha).

Los tres deslizadores situados bajo la rueda de colores muestran los valores RGB del color seleccionado. Esta información es muy útil cuando necesitemos volver a utilizar ese color. Vaya a la barra de herramientas y active la herramienta **Dropper** (Cuentagotas), luego haga clic en una imagen y el color exacto se mostrará en la rueda de color y los deslizadores. Esta técnica suele utilizarse cuando necesitamos realzar un color de una imagen: haga clic para identificar el color, mueva el cursor de la rueda de color a un color más fuerte y pinte en la imagen.

Nota: La paleta **Colors** ha mejorado mucho en Painter 11. La adición de los deslizadores RGB y HSV es una gran ayuda, al igual que la posibilidad de aumentar el tamaño de la paleta para que sea más fácil seleccionar los colores. Además, ahora también podemos hacer pequeños ajustes haciendo clic en las teclas de cursor del teclado para mover el cursor de la paleta **Colors** en cantidades precisas.

Por defecto, la paleta **Colors** muestra los valores RGB, pero podemos cambiarlo. Haga clic en el menú de la paleta (el pequeño triángulo de la esquina superior derecha de la paleta) y seleccione la opción **Display as HSV** (Mostrar como HSV).

Los dos pequeños cuadrados de color de la izquierda muestran el color principal y el color adicional. El color principal es el que se utiliza para pintar y es el del recuadro situado en el frente. El cuadrado colocado detrás es el color adicional, que se emplea para algunos pinceles especiales que pintan con dos colores. No es lo mismo que el color de fondo que encontramos en otros programas gráficos.

El icono del tampón es, evidentemente, la opción **Clone Color** (Clonar color), que hemos utilizado muchas veces a lo largo de este libro. Esta opción hace que el pincel coja el color de la fuente de clonación, en vez de cogerlo de la paleta **Colors**. Cuando está seleccionada la opción **Clone Color**, los colores de la paleta están deshabilitados. Esta opción sólo funciona cuando tenemos una copia clonada activa.

La paleta Color Sets (Conjuntos de colores)

Al igual que las otras paletas de color, la paleta Color Sets, otra forma de seleccionar colores, se abre a través del menú Window>Color Palettes>Color Sets. En la figura 7.3 puede ver la paleta Color Sets.

Figura 7.3. *La paleta Color Sets.*

El menú de la paleta, que se muestra en la figura 7.4, contiene opciones para personalizar la visualización de la paleta. El primer bloque de opciones es para crear nuevos conjuntos de colores a partir de diferentes fuentes.

Figura 7.4. *El menú de la paleta Color Sets.*

La opción New Empty Color Set (Nuevo conjunto de colores vacío) sirve para seleccionar una serie de colores, uno a uno, y guardarlos para utilizarlos en el futuro. Esta opción podría ser útil si estamos haciendo un diseño o un esquema de colores y queremos tener todos los colores utilizados reunidos en un mismo lugar. Haga clic en la opción New Empty Color Set del menú para crear un conjunto vacío. Utilice el cuentagotas para añadir colores: haga clic sobre un color de la imagen activa y luego haga clic en el icono de la paleta Color Set que tiene un signo más (+). Para eliminar un color de la paleta, haga clic en el icono con un signo menos (-).

La opción New Color Set from Image (Nuevo conjunto de colores a partir de imagen) crea un conjunto de colores a partir de la imagen que tengamos activa en la ventana del programa. Podemos utilizarla para restringir el número de colores de una imagen a los colores de una imagen existente. Las opciones New Color Set from Layer (Nuevo conjunto de colores a partir de capa) o New Color Set from Selection (Nuevo conjunto de colores a partir de selección) funcionan del mismo modo, pero toman los colores de la capa activa o de la selección activa.

La opción New Color Set from Mixer Pad (Nuevo conjunto de colores a partir de la paleta Mixer) toma los colores de la paleta Mixer, que veremos más adelante.

El conjunto de colores por defecto es sólo uno de los muchos conjuntos disponibles en Painter. La opción Open Color Set (Abrir conjunto de colores) sustituirá el conjunto actual por un conjunto de colores diferente. Los conjuntos de colores extra se cargan con el programa Painter y cuando se abre el cuadro de diálogo Select Color Set (Seleccionar conjunto de colores) suele llevarnos directamente a la carpeta en la que podemos escoger el nuevo conjunto de colores. Si no se abriese esta carpeta, navegue hasta los archivos del programa Painter y localice la carpeta `Color Sets`, incluida dentro de la carpeta `Support`. El conjunto de colores por defecto se denomina `Painter Colors.colors`.

Encontrará una amplia selección de conjuntos de colores, unos cincuenta aproximadamente. En la figura 7.5 puede ver algunos de ellos.

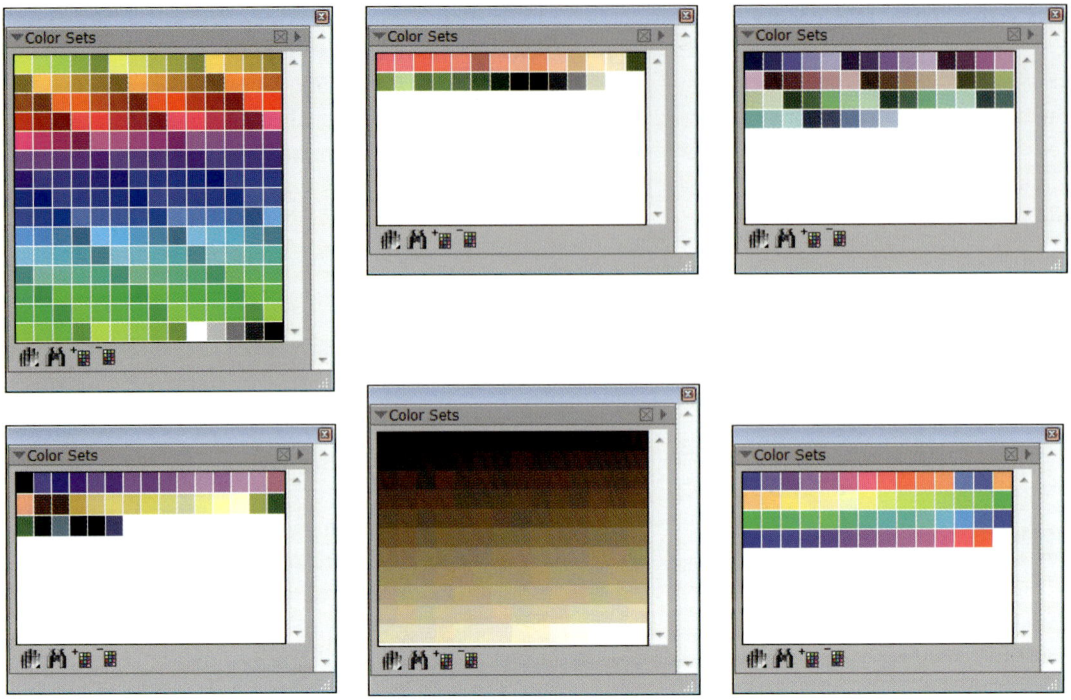

Figura 7.5. Algunos conjuntos de colores adicionales.

La opción Append Color (Añadir color) añadirá el nuevo conjunto de colores sin borrar el conjunto de colores existente.

La opción Save Color Set (Guardar conjunto de colores) nos permite guardar los conjuntos de colores que hayamos creado.

Las otras opciones se explican por sí mismas. Sólo mencionaremos la opción Swatch Size (Tamaño de muestra) que nos permitirá mostrar las muestras de color en diferentes tamaños. Particularmente, me resulta muy útil aumentarlas de tamaño, ya que los colores pueden verse mejor.

La paleta Mixer

Cuando se introdujo la paleta Mixer en Painter, supuso un gran avance en la recreación de las técnicas tradicionales. Funciona igual que una paleta de pintor, en la que podemos mezclar la pintura para crear colores nuevos. En la figura 7.6 puede ver la paleta Mixer por defecto (en Painter 11 podemos cambiarla de tamaño para que resulte más sencillo seleccionar colores).

Figura 7.6. La paleta Mixer.

Haga clic en el segundo icono de pincel y escoja un color en el selector de la parte superior de la paleta, o bien utilice el cuentagotas de la barra de herramientas y haga clic en la imagen que tenga abierta. Pinte algunos trazos en la paleta, luego seleccione otro color y pinte algunos trazos más. Si lo desea, puede modificar el tamaño del pincel que añade los colores con el deslizador de la parte inferior de la paleta. La pintura se irá mezclando a medida que la aplicamos sobre las pinceladas anteriores. Cuando haya añadido varios colores, haga clic en el icono de la espátula y mezcle unos con otros.

Para empezar a pintar, seleccione un pincel, haga clic en el icono del cuentagotas de la paleta Mixer, haga clic en la paleta para seleccionar el color que necesite y pinte en la imagen. El icono del cuentagotas con un círculo se utiliza para determinados pinceles, como los de la categoría Artist Oils (Óleos artísticos), que pueden recoger más de un color a la vez. El icono de la lupa agrandará la visualización de la paleta para que los colores mezclados se vean mejor. Haga doble clic en el icono para volver a la vista normal.

El icono de la mano mueve la visualización de la paleta cuando la aumentamos con el icono de la lupa.

El menú de la paleta contiene controles para guardar e importar paletas Mixer y también nos da la opción de crear un conjunto de colores a partir de la paleta Mixer (véase la figura 7.7).

Figura* *7.7. El menú de la paleta Mixer.

En la figura 7.8 puede ver el pincel Real Fan Short (Real abanico corto), de la categoría RealBristle (Pinceles de cerda reales), pintando con colores mezclados en la paleta Mixer.

Figura 7.8. *Pintar con múltiples colores al tiempo.*

Haga clic en el icono de la papelera para limpiar la paleta y empezar a crear una nueva.

AJUSTAR EL TONO Y EL COLOR

En Painter podemos ajustar el tono y el color de muchas formas distintas, y cada una de ellas tiene su utilidad, por tanto, conviene saber qué control es mejor para cada tarea. La mayoría de controles están disponibles en el menú Effects (Efectos), a excepción de los contenidos en la paleta Underpainting (Base). La fotografía que utilizaremos en este apartado (`Hydrangea orig.jpg`) está dentro de la carpeta del capítulo 7 del DVD (véase la figura 7.9).

Brillo/Contraste (Brightness/Contrast)

El control Effects>Tonal Control>Brightness/Contrast (Efectos>Control de tono>Brillo/Contraste) es muy sencillo: sólo tiene dos deslizadores. Suele utilizarse para aumentar el contraste de la imagen. En muchos casos, el proceso de clonación disminuye el contraste y la vivacidad de la imagen; para solucionarlo, podemos mover el deslizador superior, Contrast (Contraste), para resaltar el impacto de la imagen. Le recomiendo no utilizar el controlador Brightness (Brillo) más para hacer pequeñísimos ajustes, ya que afecta a los tonos y es fácil perder detalles en las áreas de luces o sombras. Si necesita aclarar su imagen, es mejor que utilice el controlador Correct Colors (Corregir colores). En la figura 7.10 puede ver un ejemplo de la utilización de la opción Brigthness/Contrast.

Figura 7.9. La fotografía original antes de hacer ningún ajuste.

Ecualizar (Equalize)

El control Effects>Tonal Control>Equalize (Efectos>Control de tono>Ecualizar) es también un cuadro de diálogo muy sencillo que nos permite ajustar los puntos negro y blanco para mejorar el contraste. Cuando abrimos este cuadro de diálogo, se ajustan automáticamente los puntos negro y blanco en el máximo contraste y los tonos restantes se reparten a lo largo del rango dinámico. Podemos cambiar los puntos sugeridos moviendo los indicadores de punto Black (Negro) y White (Blanco) hacia afuera o hacia dentro. Es un control muy práctico que podemos utilizar habitualmente; es el equivalente de los Niveles de Photoshop. Sin embargo, tenga en cuenta que no todas las imágenes necesitan que les aumentemos el contraste, especialmente si tienen colores sutiles. El gráfico negro que se ve en el cuadro de diálogo es el histograma, que muestra la distribución de tonos en la imagen. En la imagen de la figura 7.11, los tonos predominantes son los tonos medios, con ningún negro o blanco puros. El resultado muestra qué pasa cuando se estrechan estos tonos medios: ahora hay negros y blancos puros y la imagen tiene por tanto un aspecto mucho más atractivo.

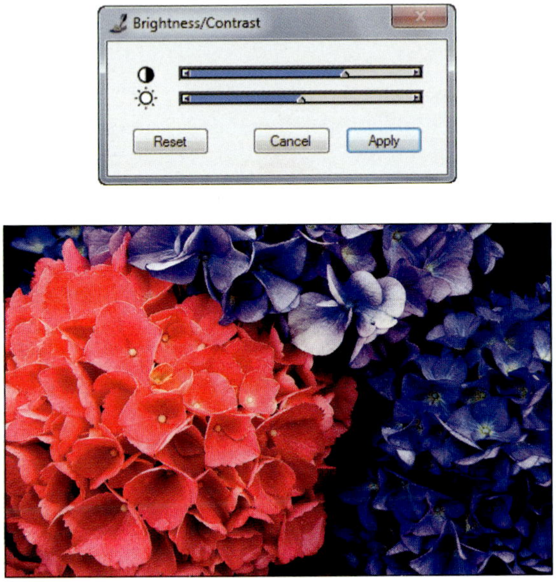

Figura 7.10. El cuadro de diálogo Brightness/Contrast con los ajustes aplicados a la imagen.

Corregir colores (Correct Colors)

El control Effects>Tonal Control>Correct Colors (Efectos>Control de tono>Corregir colores) es una herramienta muy útil para modificar el tono y el color. En Photoshop, recibe el nombre de **Curvas**, aunque en Painter funciona de forma ligeramente distinta. Si no ha utilizado nunca la herramienta **Curvas**, este control no le resultará demasiado intuitivo, pero merece la pena hacer un esfuerzo para entender cómo funciona.

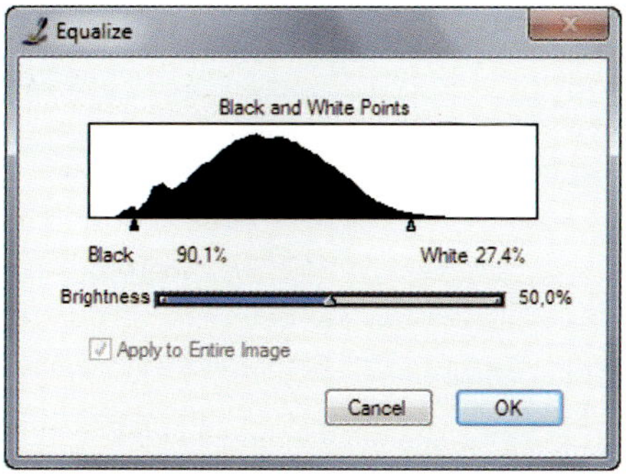

Figura 7.11. El cuadro de diálogo Equalize con los ajustes aplicados a la imagen.

El primer elemento confuso con el que nos encontramos es que, cuando abrimos el cuadro de diálogo, no vemos una curva, sino una línea diagonal. Esta línea representa los tonos de la imagen: la esquina superior derecha son los tonos más claros, la esquina inferior derecha son los más oscuros y los puntos centrales son el gris medio.

Si movemos el deslizador superior hacia la derecha, crearemos en el gráfico una ligera curva en S que aumentará el contraste. Cuando la curva se mueve hacia la izquierda, los tonos de esa área se hacen más claros; cuando se mueve hacia la derecha, los tonos se oscurecen.

Mueva el deslizador Brightness (Brillo) hacia la derecha y observe que la curva se mueve principalmente en el centro; éste es el punto de gris medio, también conocido como gamma.

Lo más importante que debe recordar es que una curva en S significa un aumento del contraste, mientras que una curva en S invertida significa una disminución del contraste. En las figuras 7.12 y 7.13 puede ver la diferencia.

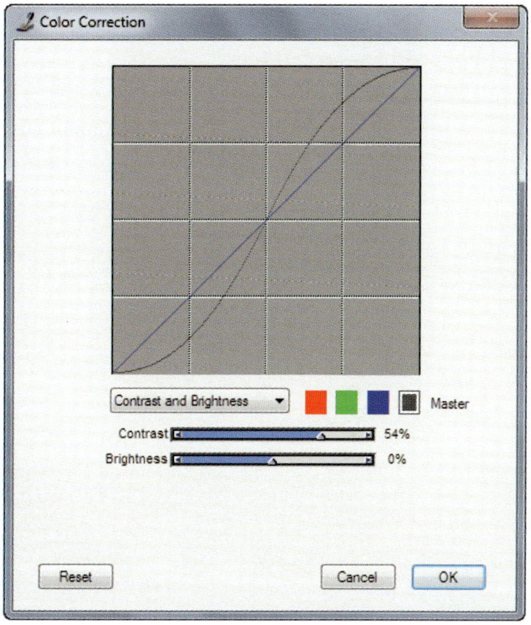

Figura 7.12. El cuadro de diálogo Color Correction (Corrección del color) mostrando una curva en S que aumenta el contraste y el resultado cuando aplicamos los cambios a la imagen.

Cuando se mueve el punto central, el brillo general de la imagen se modifica, pero los extremos blanco y negro se mantienen como están.

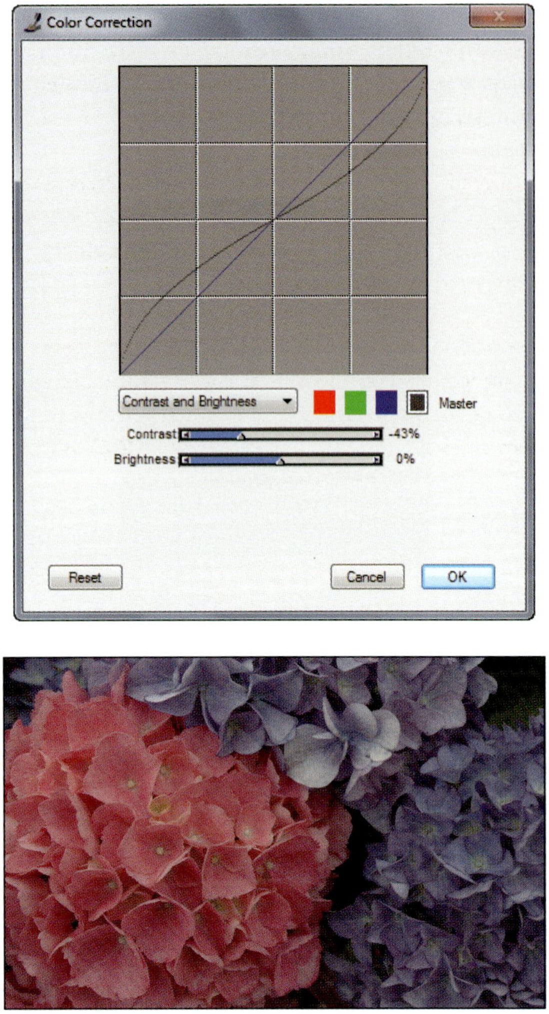

Figura 7.13. *El cuadro de diálogo Color Correction (Corrección del color) mostrando una curva en S invertida que disminuye el contraste y el resultado cuando aplicamos los cambios a la imagen.*

Bajo el gráfico hay cuatro cuadros de color que representan los tres canales de color junto con el icono **Master** (Maestro). Cuando está activado el icono **Master**, se modificarán todos los colores de la imagen, pero cuando sólo está activado un canal de color, únicamente se modificará ese color. Pruebe a hacer clic en el cuadrado rojo y mueva el deslizador Brightness hasta el extremo izquierdo. En la figura 7.14 puede ver el resultado: se ha eliminado todo el color rojo.

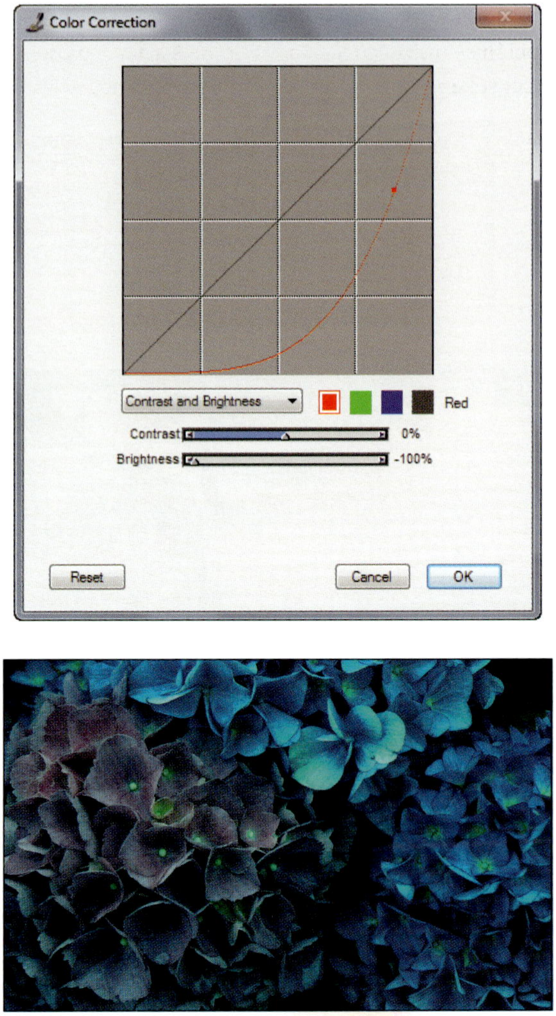

Figura 7.14. *Al disminuir el brillo del canal rojo, eliminamos todo el rojo de la imagen.*

La opción por defecto de este cuadro de diálogo es Contrast and Brightness (Contraste y brillo). Esta opción únicamente nos permite utilizar los deslizadores. Para poder manipular la curva directamente, tenemos que pasar a la siguiente opción del cuadro de diálogo: Curve (Curva). Aquí podremos mover partes de la curva sin necesidad de crear una curva en S.

En el ejemplo de la figura 7.15, se ha estirado la curva hacia la parte de abajo, lo que hace que sólo se vean afectados por el cambio los colores oscuros, sin apenas modificaciones en las áreas claras. Esta opción se utiliza cuando necesitamos aclarar u oscurecer solamente una parte del rango de tonos.

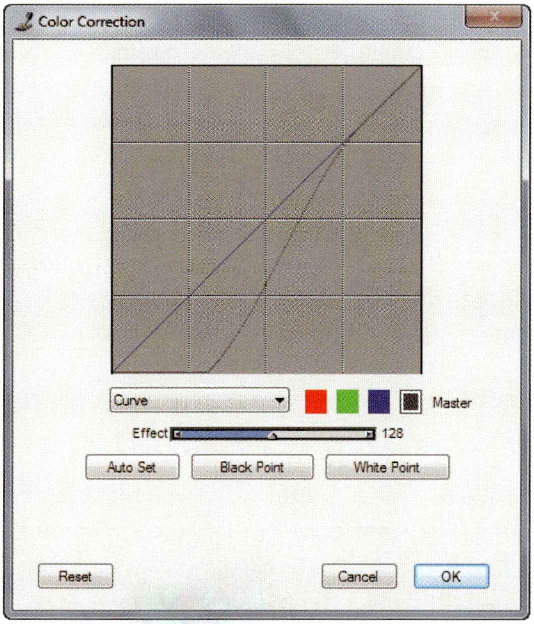

Figura 7.15. Al empujar la curva hacia abajo manualmente, oscurecemos sólo las áreas más oscuras.

Ésta es una herramienta muy útil ya que nos permite corregir con precisión determinados tonos sin cambiar el resto. Aquí también tenemos la opción de seleccionar canales de color específicos, por tanto podríamos seleccionar, por ejemplo, el canal rojo y crear una curva como la de la figura 7.15.

La flor rosa se oscurecería, pero las moradas cambiarían menos. La imagen completa se modificará hasta cierto punto, ya que la flor morada contiene algo de rojo.

Este cuadro de diálogo tiene dos opciones más. La opción Advanced (Avanzada) nos permite introducir valores en los diferentes cuadros para ajustar los tonos de forma muy precisa.

La opción Freehand (Mano alzada) nos permite volvernos locos con colores psicodélicos. En la figura 7.16 puede ver el resultado de dibujar líneas verticales en el cuadro de diálogo Color Correction.

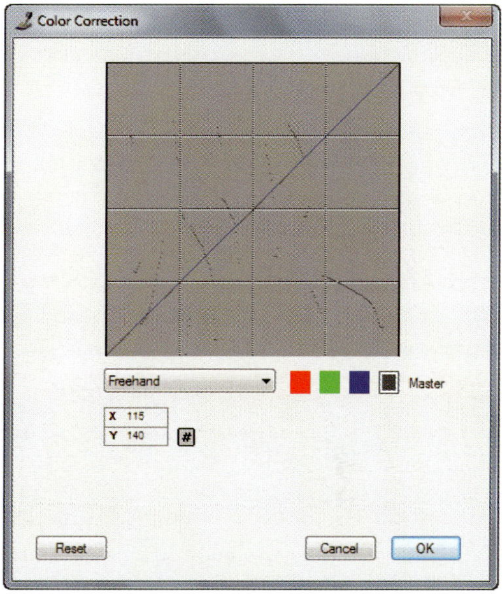

Figura 7.16. La opción Freehand produce colores psicodélicos.

Ajustar color (Adjust Color)

El control Effects>Tonal Control>Adjust Color (Efectos>Control de tono>Ajustar color) es equivalente a la opción Tono/saturación de Photoshop (véase la figura 7.17). El deslizador Hue (Tono) modificará todos los colores de la imagen en torno a la rueda de color. Es una herramienta bastante útil para darle un tono más cálido o frío a una imagen, siempre que sólo necesitemos un pequeño cambio. También es útil para conseguir efectos gráficos, pero si necesita hacer cambios de color exactos, es preferible utilizar las herramientas **Correct Colors** o **Adjust Selected Colors** (Ajustar colores seleccionados).

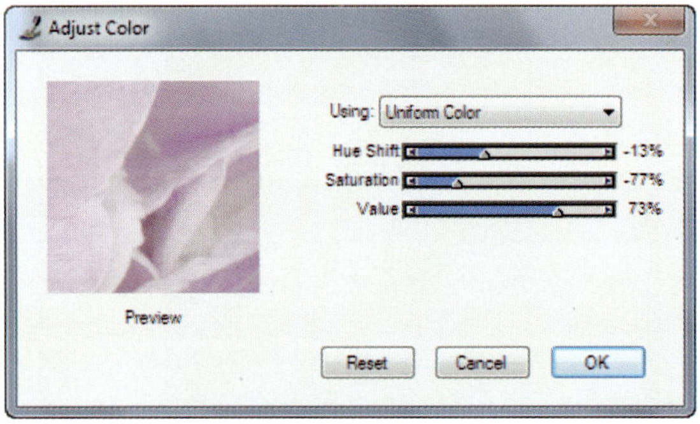

Figura 7.17. *El cuadro de diálogo Adjust Color es útil para crear colores delicados, así como para realzar el color.*

El deslizador Saturation (Saturación) es extremadamente útil y ha de utilizarse siempre que queramos realzar los colores, bien antes de clonar una imagen o cuando hayamos acabado una pintura. También puede utilizarse para reducir la saturación del color cuando necesitemos colores delicados, o para eliminar todo el color y crear una imagen monocroma.

El deslizador Value (Valor) afecta al brillo general y debería utilizarse con precaución para no perder los valores tonales.

En este cuadro de diálogo hay una opción más: podemos seleccionar la fuente desde la que se calculará el ajuste de color. Las cuatro opciones son Uniform Color (Color uniforme), Image Luminance (Luminosidad de la imagen), Original Luminance (Luminosidad original) y Paper (Papel). Son las mismas opciones que vimos al aplicar texturas de papel y ya las explicamos en el capítulo 5. Puede ver los resultados en la figura 7.18, donde se han aplicado las opciones siguientes: Uniform Color (arriba derecha), Paper (abajo izquierda) e Image Luminance (abajo derecha). La opción Original Luminance sólo está disponible cuando estamos clonando una imagen.

Ajustar colores seleccionados (Adjust Selected Colors)

La opción Effects>Tonal Control>Adjust Selected Colors (Efectos>Control de tono>Ajustar colores seleccionados) tiene los mismos controles (Hue, Saturation y Value) que la herramienta **Adjust Color** que acabamos de ver, pero se le han añadido algunos deslizadores extra que nos permiten restringir el ajuste a determinados colores.

Para utilizarla, abra el cuadro de diálogo y haga clic en la imagen principal para determinar el color que quiere cambiar. Haga los ajustes necesarios utilizando los deslizadores Hue, Saturation y Value y luego utilice los deslizadores adicionales para controlar aún más el resultado. Cada uno de los tres controles tiene dos deslizadores: Extents (Extensión) y Feather (Calado).

Figura 7.18. *El cuadro de diálogo Adjust Color con ejemplos mostrando las diferentes opciones de fuente de ajuste del color.*

El deslizador Extents determina el alejamiento respecto del color seleccionado en que se aplicará el ajuste; cuanto mayor sea este valor, más colores se verán afectados. El deslizador Feather suaviza los bordes del ajuste; cuanto mayor sea el valor, más suavizado estará el borde. Si está modificando un color con un borde claramente definido, este deslizador debería tener un valor bajo y viceversa.

La herramienta **Adjust Selected Colors** nos permite ajustar los colores de forma muy precisa, pero tiene la gran desventaja de que sólo podremos ver el ajuste propuesto en la pequeña ventana de vista previa. Esto es típico de la mayoría de previsualizaciones de ajustes de Painter. Por lo general, podremos hacernos una idea de los cambios, pero es muy difícil estar seguros del resultado; esto hace que su utilización no sea muy satisfactoria. Podemos hacer clic sobre la ventana de vista previa y arrastrar la visualización, lo que ayuda un poco. Únicamente la herramienta **Correct Colors** muestra la vista previa en la imagen real, pero no permite especificar el tono cambiado.

Igualar paleta

El control Effects>Tonal Control>Match Palette (Efectos>Control de tono>Igualar paleta) nos permite utilizar los colores de una imagen para aplicárselos a otra. Esto puede ser útil cuando queramos crear un conjunto de imágenes con los mismos rangos tonales.

El deslizador Color controla la cantidad de color transferido. El deslizador Brightness controla la forma en que se igualan los colores; cuanto mayor sea el valor, mayor será el contraste.

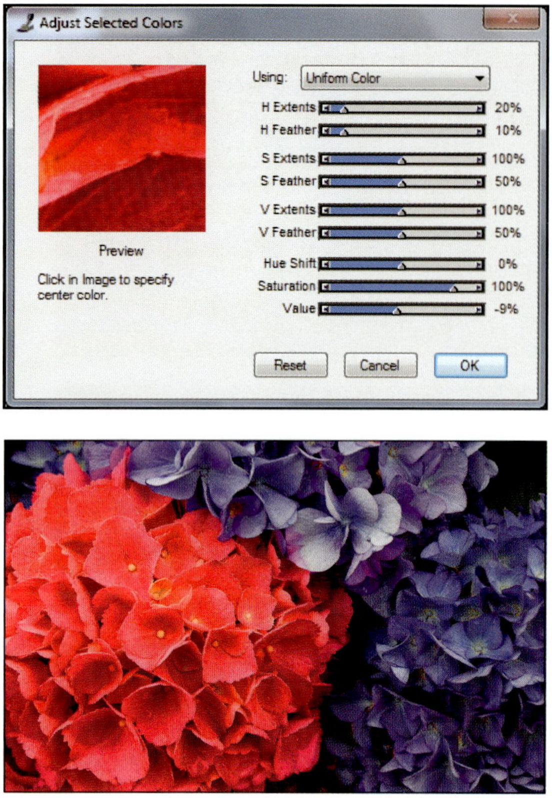

Figura 7.19. *El cuadro de diálogo Adjust Select Colors con los ajustes aplicados a la imagen.*

Los dos deslizadores Variance (Variación), uno para el control Color y otro para el control Variance, determinan el nivel de variación respecto a la imagen original. Cuanto mayor sea este valor, más amplio será el rango de colores o brillo comparado con la fuente original.

Cuando haya configurado los ajustes necesarios, puede ajustar el nivel general del efecto con el deslizador Amount (cantidad). Las dos imágenes utilizadas en la figura 7.20 se encuentran en el DVD.

En el ejemplo de la figura 7.21, se han utilizado los colores de la fotografía de las flores para aplicárselos al motivo de la arena.

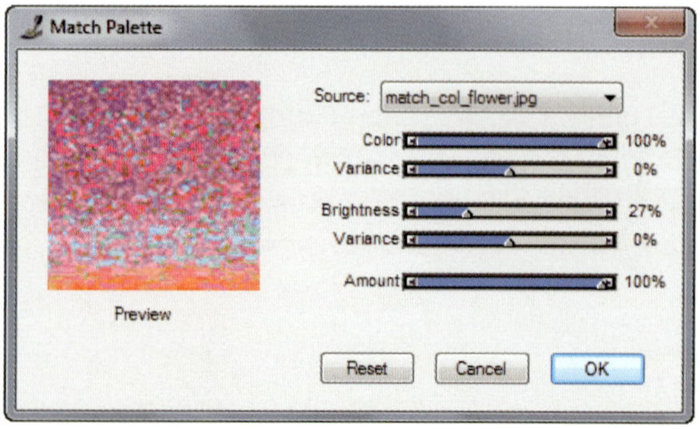

Figura 7.20. *El cuadro de diálogo Match Palette toma el color de una imagen y se lo aplica a otra.*

Figura 7.21. *Utilizando la herramienta Match Palette, hemos aplicado los colores de la fotografía de la flor a la imagen de la arena. Observe que sólo se han aplicado los colores de la fotografía de las flores, no las formas.*

Negativo

El control Effects>Tonal Control>Negative (Efectos>Control de tono>Negativo) pasa los colores de una imagen a negativo (véase la figura 7.22). Esto puede ser útil para crear efectos especiales.

Figura 7.22. El control Negative pasa los colores de una imagen a negativo.

Posterizar

El control Effects>Tonal Control>Posterize (Efectos>Control de tono>Posterizar) divide los colores de la imagen en un número de niveles determinado por el número introducido en el cuadro de diálogo.

Posterizar utilizando un conjunto de colores

El comando Effects>Tonal Control>Posterize using Color Set (Efectos>Control de tono>Posterizar utilizando conjunto de colores) también divide la imagen en tonos, pero en este caso aplica los colores del conjunto de colores actual. Esto lo convierte en una herramienta valiosa para crear nuevos esquemas de color.

Para probar este efecto, abra la imagen `Red Car Handle.jpg`, que encontrará en la carpeta del capítulo 7 del DVD, y seleccione Effects>Tonal Control>Posterize using Color Set (Efectos>Control de tono>Posterizar utilizando conjunto de colores). No se abre ningún cuadro de diálogo; el efecto se basa puramente en los colores del conjunto de colores activo en ese momento. El número de tonos posterizados dependerá del número de colores que contenga el conjunto de colores (véase la figura 7.24).

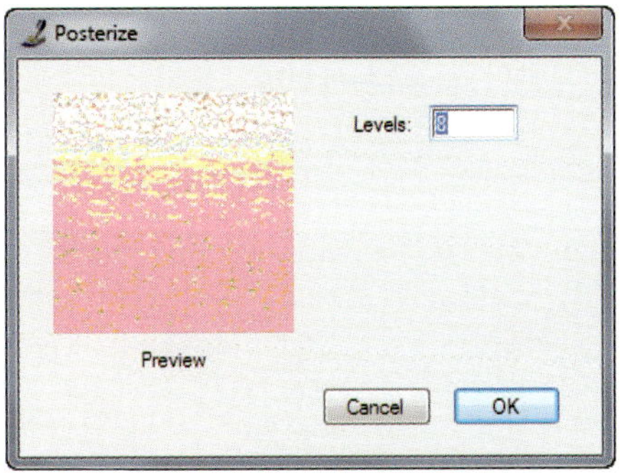

Figura 7.23. El comando Posterize divide los tonos de una imagen en un determinado número de niveles.

Si no ha cargado antes un determinado conjunto de colores, su primer resultado se basará en el conjunto de colores por defecto. Cargue diferentes conjuntos de colores y observe las diferencias. Encontrará las instrucciones para cargar conjuntos de colores en un apartado anterior de este mismo capítulo.

Técnicas para ajustar el tono

Hay varias formas de ajustar el tono de las fotografías en Painter. Un método muy simple pero efectivo es utilizar los comandos **Adjust Color** y **Color Overlay** (Transparencia de color) juntos.

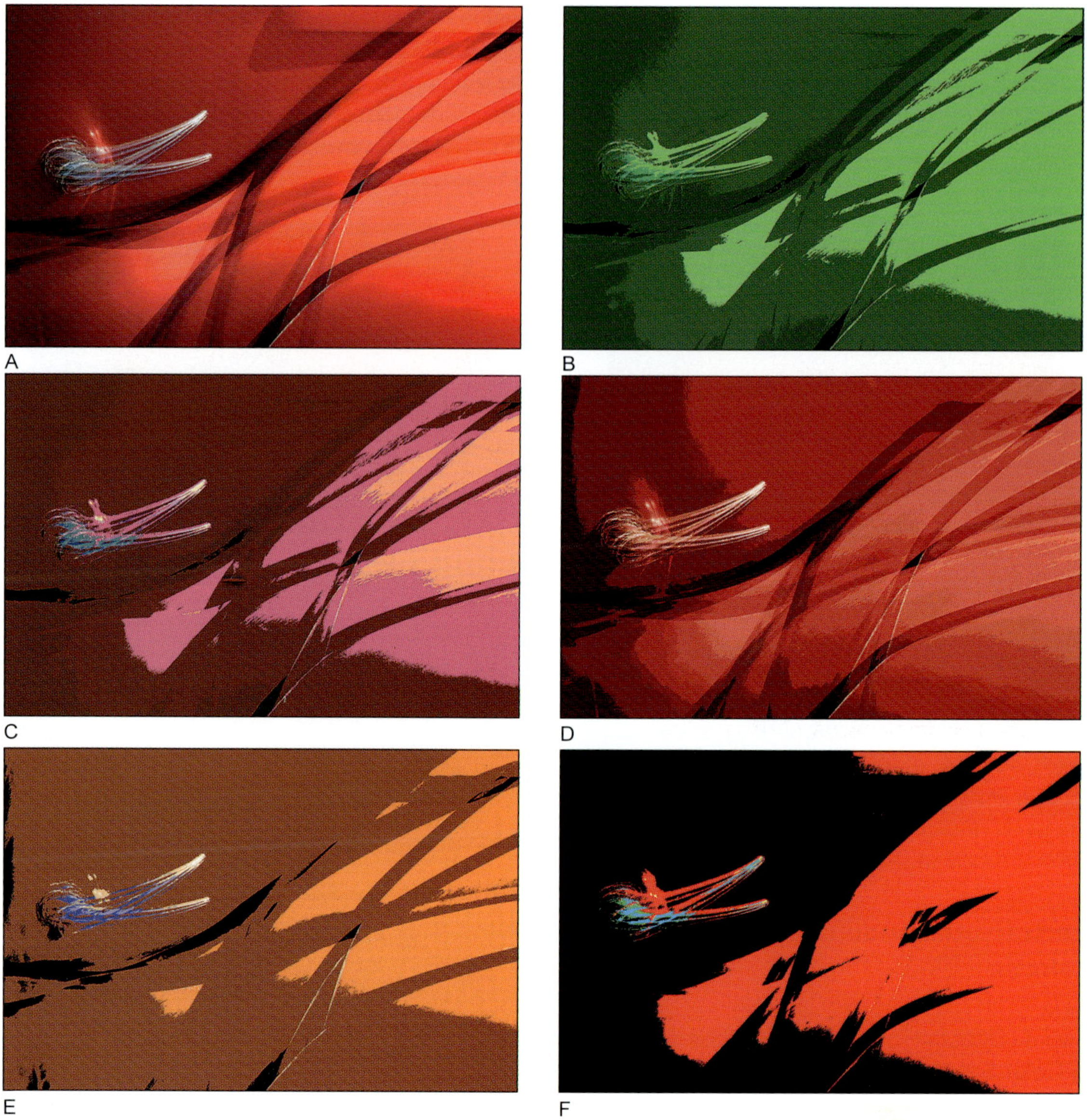

Figura 7.24. *Utilización del comando Posterize using Color Set con diferentes conjuntos de colores: A-Imagen original, B-Saturated Greens (Verdes saturados), C-Jacarand, D-Flesh Tones (Tonos de piel), E-Utilizando colores seleccionados, F-Utilizando otra imagen.*

1. Abra el archivo `Tables.jpg` de la carpeta 7 del DVD.

2. Seleccione Effects>Tonal Control>Adjust Color.

3. Mueva el deslizador Saturation hacia la izquierda para eliminar todo el color (figura 7.25).

4. Haga una copia del lienzo: vaya a Select>All (Seleccionar>Todo), haga clic en Edit>Copy (Edición>Copiar), y después en Edit>Paste in Place (Edición>Pegar en el sitio).

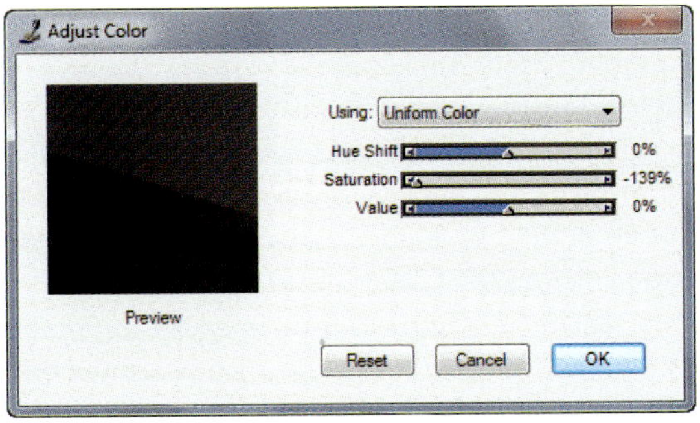

Figura 7.25. Utilice el cuadro de diálogo Adjust Color para eliminar el color.

5. Abra el cuadro de diálogo Color Overlay: Effects>Surface Control>Color Overlay (Efectos>Control de superficie>Transparencia de color).

6. En el cuadro de lista desplegable Using (Utilizar), seleccione la opción Uniform Color (Color uniforme). Ajuste el deslizador Opacity (Opacidad) al 100 por 100 y marque Dye Concentration (Concentración de tinte), (figura 7.26).

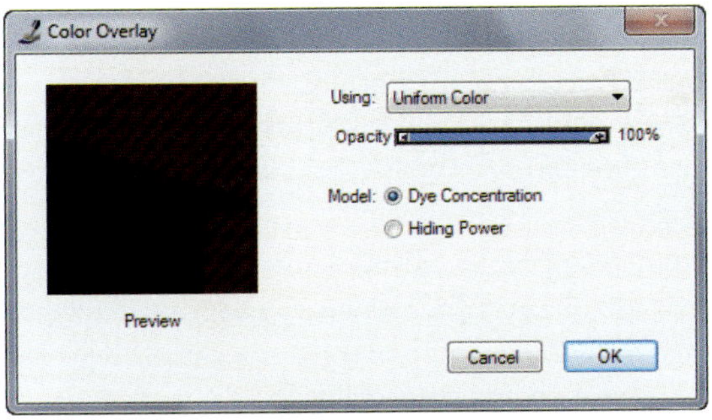

Figura 7.26. El cuadro de diálogo Color Overlay y la imagen original.

7. Seleccione un color adecuado en el anillo externo de la paleta Colors y mueva el cursor a la esquina derecha del triángulo de color para escoger un color puro.

A continuación, la ventana de vista previa le permitirá hacerse una idea del resultado.

Figura 7.27. La versión desaturada.

8. Cambie el método de composición de la capa a Colorize (Colorear).

9. Reduzca la opacidad de la capa a un 10 por 100 aproximadamente, o a otro valor que considere adecuado (véase la figura 7.28).

Figura 7.28. La imagen final tras modificar el tono con la opción Color Overlay.

10. Si el color no le gusta, vuelva a aplicar el comando **Color Overlay**.

La paleta Underpainting

La paleta Underpainting (Window>Underpainting) contiene muchos controles de color y es muy útil para hacer ajustes de forma rápida y sencilla. Puede que no sea tan sofisticada como los controles que hemos visto en las páginas anteriores de este capítulo, pero tiene la ventaja de reunir todos los ajustes en un mismo lugar y además nos permite ver el efecto en la imagen de forma inmediata.

La figura 7.29 muestra la paleta Underpainting con sus cuadros de lista desplegables.

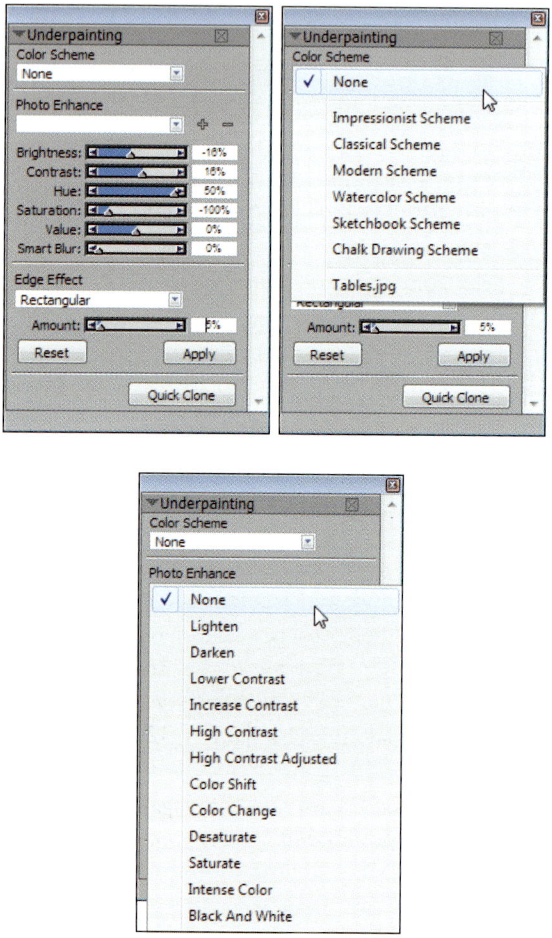

Figura 7.29. *La paleta Underpainting con los cuadros de lista desplegables.*

Las opciones del cuadro de lista desplegable Color Scheme (Esquema de color) son útiles para aplicárselas a una fotografía cuando queramos realzarla o cambiar el color antes de clonarla. Cuando aplique por primera vez esquemas de color, es posible que el aspecto de la imagen no le parezca demasiado bueno, pero la mejora en el color será evidente cuando acabe de clonar la imagen. Estas opciones son útiles sobre todo para crear imágenes artísticas, en vez de realistas.

El cuadro de lista desplegable Photo Enhance (Realzar fotografía) contiene opciones para hacer modificaciones en el color y el tono; tiene una buena lista de cambios disponibles. Es una alternativa a hacer los cambios a mano con los deslizadores. Podemos aplicar más de una opción de esta lista; para ello, seleccione una de las opciones y haga clic en **Apply** (Aplicar) y luego siga añadiendo opciones de este mismo modo.

Los seis deslizadores no necesitan mucha explicación y puede probarlos por usted mismo: Brightness (Brillo), Contrast (Contraste), Hue (Tono), Saturation (Saturación), Value (Valor) y Smart Blur (Desenfoque inteligente). Puede realizar pequeños cambios haciendo clic en las flechas situadas en ambos extremos de los deslizadores.

Si quiere aplicar los mismos ajustes a una serie de imágenes, haga todos los ajustes a la primera imagen, haga clic sobre el signo más (+) situado a la derecha del cuadro de lista desplegable Photo Enhance, y dele un nombre al conjunto de ajustes. Éstos se guardarán como preajuste para poder utilizarlos en el futuro.

También podemos aplicar efectos de borde desde este cuadro de diálogo en la sección Edge Effects (Efectos de borde). Puede ver algunos ejemplos en el capítulo 14 sobre impresión y presentación de imágenes.

En la figura 7.30 puede ver el resultado de hacer varios ajustes, además de aplicar un efecto de borde.

Figura 7.30. Utilización de la paleta Underpainting.

COLOREAR FOTOGRAFÍAS A MANO

La técnica de colorear fotos a mano es tan antigua como la propia fotografía y ha experimentado un nuevo auge en los últimos años a través de artistas y fotógrafos que quieren crear imágenes que tengan esa magia especial que proporciona el coloreado a mano. En este ejemplo paso a paso, veremos el importante trabajo previo de preparación de la fotografía antes de empezar a aplicarle colores. La imagen original es una fotografía a pleno color, con colores sólidos. Si eliminásemos el color desaturando simplemente la imagen, ésta quedaría demasiado densa y no serviría para conseguir el efecto delicado que buscamos, por tanto, tenemos que hacerla mucho más clara.

1. Abra la imagen `Crocus.jpg` de la carpeta 7 del DVD (véase la figura 7.31).

2. Haga clic en Select>All.

3. Active la herramienta **Layer Adjuster** (Ajustar capa) y haga clic en la imagen para subir el lienzo a una nueva capa.

4. Haga clic con el botón derecho sobre la nueva capa y seleccione la opción Duplicate (Duplicar).

Figura 7.31. La fotografía original.

5. Seleccione Effects>Tonal Control>Adjust Colors y mueva el deslizador Saturation a cero,

6. Cambie el método de composición de la capa a Colorize.

7. Active la capa inferior y seleccione Effects>Tonal Control>Correct Colors.

8. Seleccione la opción Advanced.

9. Introduzca los siguientes valores:

- **Green:** 15, 15, 25, 15, 25.
- **Blue:** 50, 15, 25, 0, 0.

10. Esto aclarará los pétalos; verá la diferencia a medida que introduzca los valores. La razón de que hayamos creado primero la capa monocroma y la hayamos colocado encima es porque así podemos cambiar los tonos en la capa inferior y ver claramente el resultado (véase la figura 7.32).

11. Haga clic en la capa superior, haga clic con el botón derecho sobre ella y seleccione la opción Duplicate.

12. Cambie el método de composición de la capa a Default (Por defecto).

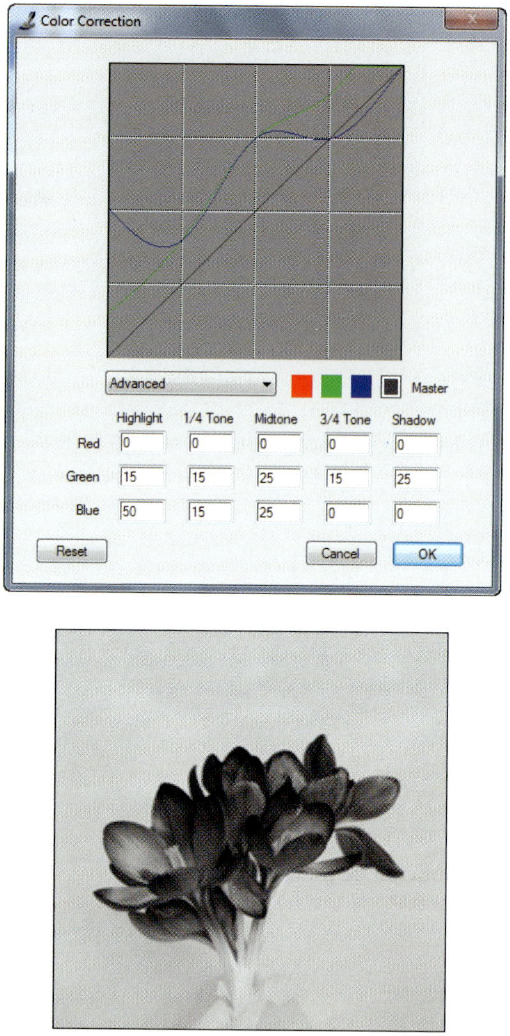

Figura 7.32. *El cuadro de diálogo Color Correction y la copia monocroma aclarada.*

13. Seleccione el pincel Blenders>Grainy Blender (Mezcladores>Mezclador granulado), con un tamaño de 127 y una opacidad del 38 por 100.

14. Difumine los bordes de los pétalos; pinte hacia fuera desde los pétalos hacia las esquinas. No difumine la parte central (véase la figura 7.33).

15. Duplique la capa de nuevo.

16. Cambie el método de composición de la capa a Screen (Trama).

Figura 7.33. *En la primera figura, se han difuminado los bordes con el pincel Grainy Blender. En la segunda, se ha duplicado la capa.*

17. El siguiente paso es desenfocar la imagen, para suavizarla y aclararla. Seleccione Effects> Focus>Super Soften (Efectos>Enfocar>Súper Suavizado) e introduzca **50** en el cuadro de diálogo. Repita este paso cuatro o cinco veces para crear el desenfoque.

18. Duplique la capa superior de nuevo y seleccione el método de composición de capa Screen, lo que duplicará la potencia del efecto.

19. Duplique la capa superior una vez más y seleccione el método de composición Screen.

20. Seleccione Effects>Focus>Soften (Efectos>Enfocar>Suavizar). En Aperture (Apertura), seleccione la opción Gaussian (Gausiano) y ajuste el deslizador Amount (Cantidad) a 68. Esto aclarará la imagen completa (véase la figura 7.34).

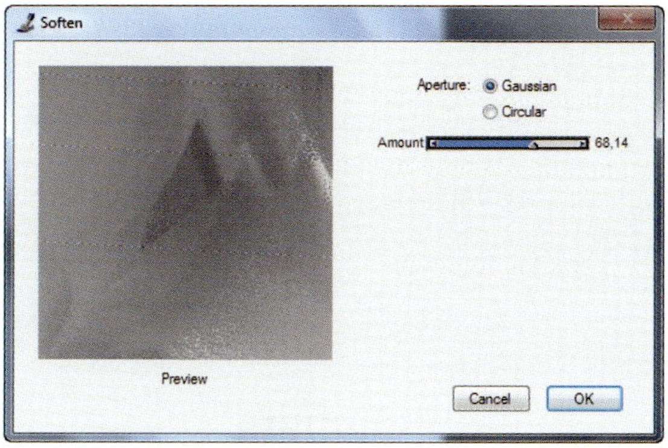

Figura 7.34. *Cuadro de diálogo Soften y aclarado en el paso 20.*

Nota: Si en alguna ocasión no consigue pintar sobre una capa con ningún pincel, observe si está marcada la opción Preserve Transparency (Preservar transparencia). Esta opción hace que sólo podamos pintar sobre aquellas áreas de la imagen que ya tienen color. A veces puede estar marcada por error.

21. Duplique la capa superior de nuevo; esto doblará el efecto otra vez. Ahora debería tener una versión monocroma muy delicada de la flor.

22. La flor tiene un aspecto muy delicado pero, en mi versión, he perdido el tallo. Queremos que sólo quede sugerido. Cree una máscara de capa en la capa superior y, tras activar la máscara, pinte con negro sobre ella en el lugar en que debería estar el tallo.

23. Realmente, no hay ningún pincel bueno en Painter para trabajar con máscaras de capa, así que he creado mi propio pincel. Seleccione el pincel Cloners>Soft Clone (Pinceles de clonar>Pincel de clonar suave) y abra la paleta General. En el cuadro de lista desplegable Method (Método), escoja la opción Cover (Cubrir) y en Subcategory (Subcategoría), seleccione Soft Cover (Cubierta blanda). Ajuste el tamaño a 117 y la opacidad al 50 por 100. En el menú del selector de pinceles, seleccione Save Variant (Guardar variante) y dele un nombre (por ejemplo "Soft Mask Brush" o "Pincel máscara suave"). Para obtener más información sobre cómo guardar variantes de pincel y moverlas a una nueva categoría, consulte el capítulo 4 sobre la personalización de pinceles.

24. Siga creando máscaras, desde la capa superior hacia abajo, hasta que el tallo sea ligeramente visible.

25. Con esto completamos la preparación de la imagen antes de colorearla. Es un buen momento para guardar la versión de capas de la imagen; luego combine todas las capas y guarde de nuevo para seguir trabajando con la nueva versión acoplada y poder pintar con mayor rapidez.

26. Eleve el lienzo a una nueva capa, como hicimos anteriormente.

27. Duplique la capa.

28. Seleccione el papel French Watercolor Paper (Papel de acuarela francés) en la paleta Papers (Papeles) y ajuste los deslizadores de esta forma: Size (Tamaño) 313 por 100, Contrast (Contraste) 122 por 100 y Brightness (Brillo) 76 por 100.

29. Seleccione Effects>Surface Control>Apply Surface Texture (Efectos>Control de superficie>Aplicar textura de superficie). Seleccione la opción Paper como origen y ajuste el deslizador Amount al 20 por 100. Aplique la textura y luego reduzca la opacidad de la capa al 35 por 100 (véase la figura 7.35).

30. Cree una nueva capa; cambie el método de composición de la capa a Color y la opacidad de la capa al 50 por 100.

31. Seleccione un nuevo pincel: Airbrushes>Fine Tip Soft Air (Aerógrafos>Aerógrafo suave punta fina) con un tamaño de 127 y una opacidad del 2 por 100.

32. Abra la paleta Mixer (Window>Color Palettes>Mixer), arrástrela para separarla del resto de paletas y aumente su tamaño arrastrando de su esquina inferior derecha.

33. Haga clic en el icono **Apply Color** (Aplicar color), en forma de pincel, de la parte inferior de la paleta.

34. En la paleta Colors, seleccione un color morado en el anillo exterior y un morado claro en el triángulo interior. En este caso, he seleccionado el color R183, G94 y B246. Pinte sobre la paleta Mixer; luego seleccione otros colores y tonos en el mismo rango de color. Añada también algunos verdes y marrones. En la figura 7.36 puede ver la paleta Mixer en esta fase.

35. Haga clic en el icono de la espátula y mezcle los colores en la paleta. Cuando acabe, haga clic en el icono **Sample Color** (Muestra de color) para empezar a pintar.

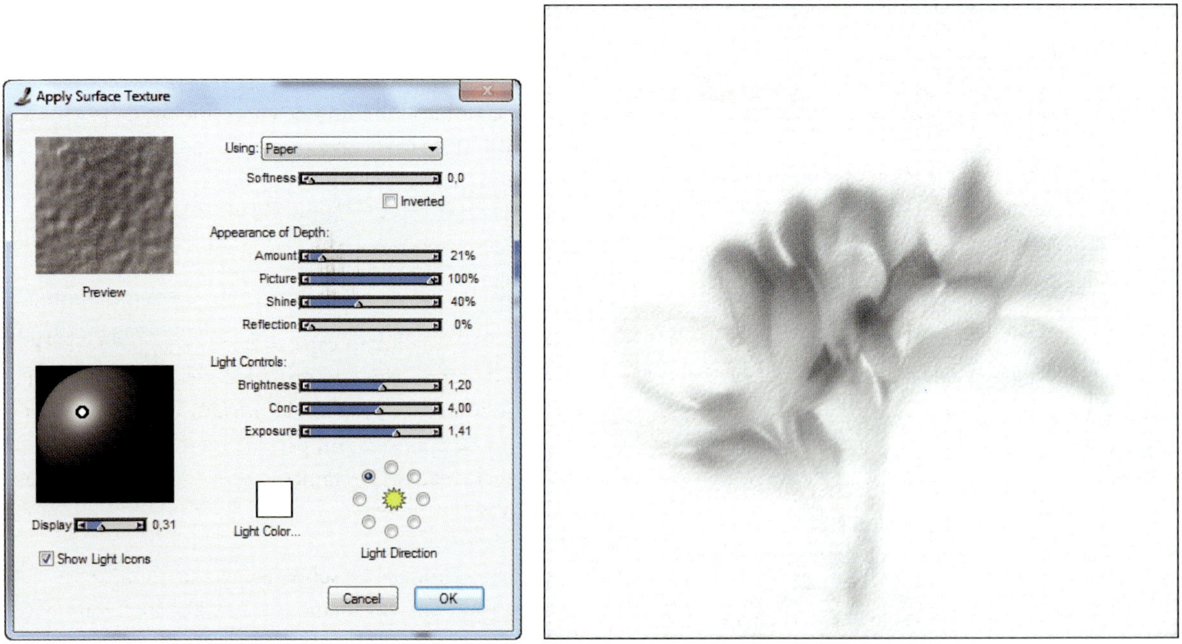

Figura 7.35. *Cuadro de diálogo Apply Surface Texture y aplicación de la textura.*

A=Paleta Mixer tras añadir los colores

B=Paleta Mixer después de mezclarla con la espátula

Figura 7.36. *Paleta Mixer en distintas fases del proceso.*

36. Pinte toda la flor, procurando que los tonos queden muy claros. Pinte hacia fuera desde el centro de la flor, de forma que las pinceladas queden más claras en los bordes. Cambie el color constantemente, seleccionando distintos tonos de rosa y morado.

37. Reduzca la opacidad de la capa al 24 por 100 aproximadamente; la cantidad dependerá de lo fuerte que haya pintado. La gran ventaja de pintar en muchas capas es que podemos ajustarlas después (es difícil conseguir un tono delicado uniforme).

38. Cree una nueva capa, con un 50 por 100 de opacidad y el método de composición Color.

39. Pinte el centro de la flor abierta de la izquierda con amarillo, Puede añadir amarillo a la paleta Mixer o simplemente seleccionar el color de la paleta Colors. Procure que quede delicado y reduzca la opacidad de la capa para que se difumine bien. Es conveniente ir poniendo nombre a las capas a medida que las creamos.

40. Observando el resultado actual, creo que la capa monocroma de mi pintura es demasiado oscura. Si la suya también lo es, siga estos pasos para aclararla.

41. Cree una nueva capa sobre la capa con la textura del papel. Rellénela de blanco (escoja el blanco en la paleta Colors y luego seleccione Edit>Fill>Current Color (Edición>Rellenar>Color actual)).

42. Cambie el método de composición de la capa a Soft Light (Luz suave); esto aclarará las áreas más oscuras sin afectar a los colores. Si ahora es demasiado clara, reduzca la opacidad de la capa. Si sigue siendo demasiado oscura, duplique la capa para doblar el efecto.

43. Cree una nueva capa en la parte superior de la pila de capas, con una opacidad del 50 por 100 y el método de composición Colorize. Colorize es otra forma de aplicar color, parecida al método Color, pero el efecto es ligeramente distinto. Pruebe ambos para ver la diferencia.

44. Pinte más color sobre los pétalos. Utilice un pincel de menor tamaño, 61 aproximadamente, y cuando acabe reduzca la opacidad de la capa (véase la figura 7.37).

45. Cree una nueva capa en la parte superior de la pila de capas, con una opacidad del 50 por 100, y cambie el método de composición a Colorize.

46. Cree una nueva capa; éste es un paso opcional para añadir un ligero color al fondo. Cambie el método de composición a Color. Escoja un rosa muy pálido en la paleta Colors (R251, G198 y B255) y luego seleccione Edit>Fill>Current Color. Ajuste la opacidad de la capa hasta que sea sólo ligeramente visible (un 10 por 100 aproximadamente) y mueva la capa hacia abajo para colocarla sobre la capa blanca.

47. Finalmente, reduzca la opacidad de todas las capas para conseguir un efecto coloreado a mano extremadamente delicado.

Puede ver la paleta Layers final en la figura 7.38 y la imagen finalizada en la figura 7.39.

Figura 7.37. *Detalle de los colores en el paso 44.*

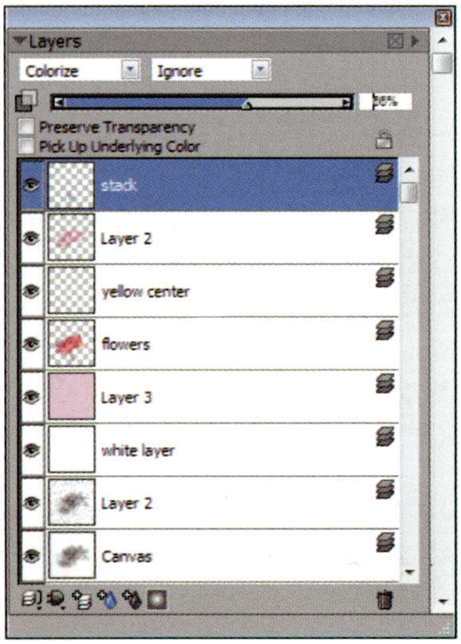

Figura 7.38. *La paleta Layers final.*

Figura 7.39. Crocus.

COLOREAR A MANO UNA IMAGEN GRÁFICA

El ejemplo anterior mostraba cómo crear una imagen delicada, pero podemos aplicar el coloreado a mano a cualquier estilo. Éste es un ejemplo llamativo para colorar una imagen gráfica.

1. Abra la imagen `Twins.jpg` de la carpeta del capítulo 7 del DVD (véase la figura 7.40).

2. Cree una nueva capa; cambie el método de composición de la capa a Colorize.

3. Seleccione el pincel Tinting>Grainy Glazing Round (Tinte>Granulado redondo veladuras) con un tamaño de 30,8 y una opacidad del 50 por 100.

Figura 7.40. La imagen original.

4. Seleccione un tono naranja en la paleta Colors (R254, G184 y B124) y pinte el lado izquierdo de la imagen (todo excepto las gafas color cian).

5. Cree una nueva capa; cambie el método de composición de la capa a Colorize.

6. En la paleta Colors, mueva el cursor al extremo opuesto del anillo de colores y pinte el lado derecho de la imagen (todo excepto las gafas) (figura 7.41).

7. Cree una nueva capa; cambie el método de composición de la capa a Colorize.

8. Cambie la opacidad del pincel al 100 por 100 y pinte los dos pares de gafas con los colores opuestos a los utilizados.

9. Cree una nueva capa; cambie el método de composición de la capa a Color (no a Colorize).

10. Utilice una opacidad de pincel del 10 por 100. Seleccione un tono amarillo y pinte las áreas blancas de la cara de la izquierda. En el método Color, el pincel pintará sobre todo, por tanto, procure que quede claro.

11. Cree una nueva capa; cambie el método de composición de la capa a Color.

12. Seleccione un color malva claro y pinte sobre las áreas blancas de la cara de la derecha. Procure que quede claro. Reduzca la opacidad de la capa al 30 por 100.

13. Cree una nueva capa; cambie el método de composición de la capa a Colorize.

14. Pinte sobre las áreas centrales con los cuatro colores para suavizar la transición entre ellos (véase la figura 7.42).

15. Guarde la imagen y luego acople todas las capas y guárdela con otro nombre. Verá que las dos versiones son diferentes. Cuando Painter guarda en formato de Photoshop, el método de composición Colorize no se traduce correctamente a menos que las capas se acoplen primero en Painter.

Figura 7.41. *La imagen en el paso 6.*

Figura 7.42. *La imagen Twins finalizada.*

Capítulo 8

Paisajes

El paisaje ha sido uno de los temas más habituales de los artistas a lo largo de los años. En este capítulo sobre paisajes trataremos diferentes temas, desde amplios espacios abiertos hasta detalles intimistas

Por supuesto, podemos utilizar cualquier tipo de pincel para pintar paisajes, por lo que los ejemplos escogidos en este capítulo sólo son una pequeña muestra de todas las posibilidades; la interpretación puede ser tradicional o moderna, o cualquier cosa entre las dos.

Los ejemplos paso a paso de este capítulo están pensados para introducirle en las diferentes técnicas y estilos que podemos utilizar para crear nuestras propias pinturas de paisaje.

PAISAJE IMPRESIONISTA

Este ejemplo de paisaje paso a paso utiliza el pincel Impressionist (Impresionista) de la categoría Artist (Artistas), que proporciona un acabado muy pictórico y es ideal para este tema. También es un pincel rápido y fácil de utilizar para la clonación.

1. Abra el archivo `Feet in the water.jpg` de la carpeta correspondiente al capítulo 8 del DVD (véase la figura 8.2).

2. Haga una clonación rápida (File>Quick Clone).

3. Seleccione el pincel Artists>Impressionist, con un tamaño (Size) de 78,2, una opacidad (Opacity) del 100 por 100 y una resaturación (Resat) del 18 por 100.

Figura 8.1. *Dos árboles pintados con el pincel Loaded Palette Knife (Espátula cargada).*

Figura 8.2. *La fotografía original.*

4. Haga clic en la opción Clone Color (Clonar color) de la paleta Color. Éste es un paso necesario para convertir este pincel en un pincel de clonar y debemos hacerlo con todos los pinceles, excepto los de la categoría Cloners (Pinceles de clonar).

5. Pinte el fondo de la imagen con trazos de pincel descendentes; el agua debe pintarse con pinceladas horizontales (véase la figura 8.3).

Figura 8.3. *Pintar el fondo.*

6. Cambie el tamaño del pincel a 25 y pinte el tronco y las ramas del árbol (véase la figura 8.4).

7. Pinte las hojas con el mismo pincel, en la misma dirección en la que cuelgan (véase la figura 8.5).

8. Pinte a lo largo de la orilla con un tamaño de pincel de 27,5, con trazos verticales para darle algo de variación y textura a esa área.

Figura 8.4. *Pintar el árbol.*

Figura 8.5. *Pintar las hojas.*

9. Cambie la configuración del pincel de este modo: Size 37,8, Opacity al 100 por 100, Bleed (Sangrado) del 100 por 100 y Jitter (Variación) de 1,78. El cambio en los ajustes de sangrado hará que la pintura se fusione más con la imagen existente. El ajuste Jitter hace que el pincel pinte con más variación en los trazos. Mueva el pincel en dirección circular para darle un aspecto de movimiento a las hojas.

10. Pinte sobre aquellas áreas que necesiten un color intenso para finalizar la pintura.

11. Haga una copia del lienzo: vaya a Select>All (Seleccionar>Todo), haga clic en Edit>Copy (Edición>Copiar), y después en Edit>Paste in Place (Edición>Pegar en el sitio).

12. Seleccione Effects>Tonal Control>Equalize (Efectos>Control de tono>Ecualizar). Esto extenderá los tonos y le dará a la imagen más contraste. Ajuste el deslizador Brightness (Brillo) para aclarar u oscurecer la imagen. El control Equalize se explicó con más detalle en el capítulo 7.

13. Como estamos trabajando en una capa independiente, podemos reducir la opacidad en caso de que tenga demasiado contraste,

Esto completa la clonación con el pincel Impressionist (véase la figura 8.6).

PAISAJES AL ÓLEO

En este paisaje utilizaremos uno de los pinceles de la categoría Oils (Óleos) para crear un paisaje bastante realista.

1. Abra el archivo `Black Crag landscape.jpg` de la carpeta correspondiente al capítulo 8 del DVD (véase la figura 8.7).

2. Seleccione File>Quick Clone (Archivo>Clonación rápida).

3. Seleccione el pincel Oils>Flat Oils 30 (Óleos>Óleo plano 30).

4. Configure el pincel de este modo: Size 52,2, Opacity del 80 por 100, Resat del 10 por 100, Bleed del 70 por 100 y Feature (Característica) del 3,8 por 100.

5. Haga clic en la opción Clone Colors de la paleta Color.

6. Pinte las montañas y el cielo. Los trazos de pincel deben seguir las líneas de los contornos, de forma que la montaña de la derecha debe pintarse en diagonal desde la parte superior derecha. Mueva el pincel rápidamente; esto asegurará que la imagen quede difuminada, que es el objetivo a conseguir, especialmente en las áreas de fondo. Siga pintando hacia abajo, hacia los árboles (véase la figura 8.8).

Figura 8.6. *La pintura Feet in the water finalizada.*

Figura 8.7. *Fotografía original.*

Figura 8.8. *Pintar las montañas del fondo.*

7. Reduzca el tamaño del pincel a 30 y pinte los árboles. Utilice trazos de pincel cortos, una vez más, mueva rápido el pincel para evitar que se muestre demasiado detalle (véase la figura 8.9).

Figura 8.9. *Detalle de los árboles.*

8. Pinte la parte central del suelo, entre los árboles. Estamos utilizando un pincel plano, así que aproveche esta característica para pintar el lateral de la colina en niveles, utilizando el lado plano en unas partes y el estrecho en otras para conseguir texturas variadas. Esta opción está disponible en la mayoría de pinceles planos siempre que estemos utilizando un lápiz sensible a la presión. En la figura 8.10 puede ver el cursor y el toque de pincel cuando inclinamos el pincel hacia nosotros o hacia un lado.

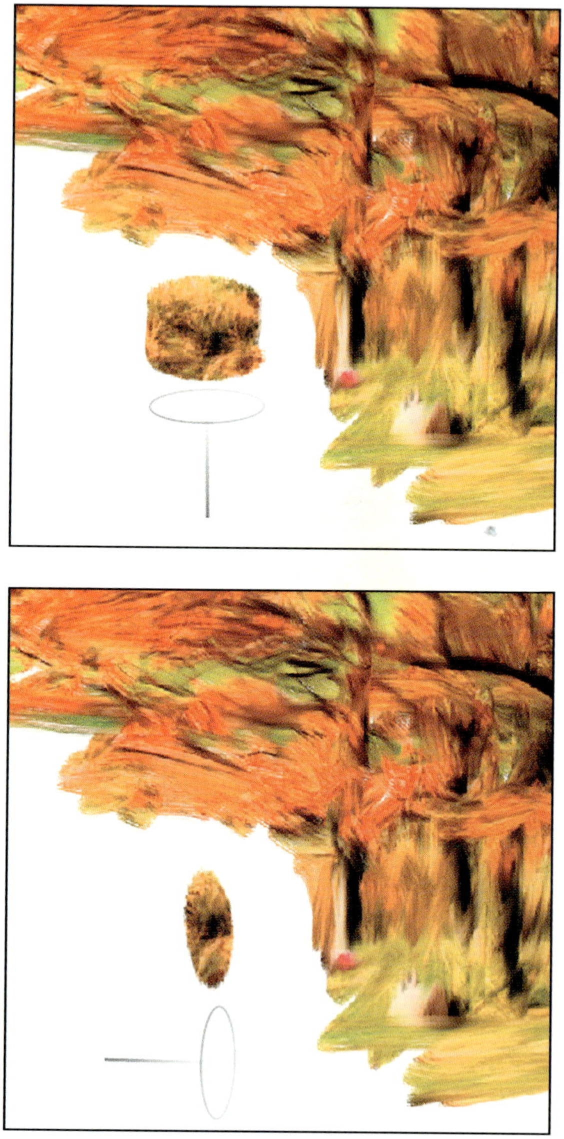

Figura 8.10. *Si pintamos con un lápiz sensible a la presión en diferentes ángulos con un pincel plano obtendremos pinceladas con diferentes ángulos. Necesitaremos un lápiz que permita usar esta característica.*

9. Pinte los árboles de la izquierda del mismo modo y luego la ladera de hierba. Esto deberíamos hacerlo con trazos de pincel largos horizontales intercalados con unos pocos trazos verticales para indicar las hierbas más altas (véase la figura 8.11).

10. La hierba de la parte inferior del campo es mucho más alta y agreste; píntela con trazos de pincel verticales y con el pincel inclinado para utilizar el borde estrecho. Siga moviendo el pincel rápidamente para crear una textura irregular.

11. Pinte la hierba suave de la parte inferior derecha con trazos de pincel horizontales largos.

12. Reduzca el tamaño del pincel a 20 y pinte las ovejas. No las pinte demasiado nítidas, sólo deben mostrare algunas manchas de óleo (figura 8.12).

Figura 8.11. *Detalle que muestra la parte central y los árboles.*

Figura 8.12. *Detalle de las ovejas y los árboles.*

13. Continúe trabajando con este pincel para añadir detalles extra por toda la imagen. Siga especialmente las líneas de las ramas de los árboles. Pinte con el borde estrecho del pincel para conseguir mejor resultado.

14. Haga una copia del lienzo: Select>All, Edit>Copy, Edit>Paste in Place.

15. Seleccione Effects>Surface Control>Apply Surface Texture (Efectos>Control de superficie>Aplicar textura de superficie). Escoja la opción Image Luminance (Luminosidad de imagen) y ajuste el deslizador Amount (Cantidad) al 45 por 100. Esto añadirá más definición a las pinceladas. El aplicar la textura en una capa diferente nos permitirá reducir la opacidad de la capa en caso necesario.

16. Sería conveniente añadir una textura de lienzo antes de imprimir. Haga una copia de la capa que acaba de crear: haga clic con el botón derecho sobre la capa y seleccione Duplicate (Duplicar).

17. Escoja el papel Artist Canvas (Lienzo para artistas) en la paleta Papers (Papeles). Luego seleccione Effects>Surface Control>Apply Surface Texture. Escoja la opción Paper y ajuste el deslizador Amount al 86 por 100. En la figura 8.13 no se ha aplicado la textura del lienzo, ya que no se reproduce bien al imprimirla a tamaño reducido.

ACUARELA CON PINCEL DE CERDA SECO

En este ejercicio paso a paso utilizaremos el pincel Dry Bristle (Cerda seco) de la categoría Watercolor (Acuarela). Éste es uno de los pinceles de acuarela más fáciles de utilizar en la clonación. Al superponer pinceladas, éstas no acumulan el color tan rápidamente como otros pinceles y, como el proceso de difusión de este pincel es bastante modesto, su utilización es mucho más rápida.

1. Abra el archivo `Old Tree.jpg` de la carpeta correspondiente al capítulo 8 del DVD (véase la figura 8.14).

Figura 8.13. *La pintura finalizada.*

Figura 8.14. La fotografía original.

2. Abra la paleta Underpainting (Base) con el menú Window>Underpainting.

3. En el cuadro de lista desplegable Color Scheme (Esquema de colores), seleccione la opción Sketchbook Scheme (Esquema de bloc de apuntes), esto creará colores apagados, que es lo que necesitamos en la imagen.

4. Seleccione File>Quick Clone.

5. Seleccione el pincel Watercolor>Dry Bristle, con un tamaño de 28 y una opacidad del 4 por 100.

6. Seguidamente, haga clic en la opción Clone Color de la paleta Colors.

7. Clone el viejo árbol. La opción Sketchbook Scheme ha aumentado el contraste considerablemente, de forma que la cobertura será poco uniforme (véase la figura 8.15).

8. Aumente la opacidad del pincel al 16 por 100 y dele un poco más de textura a las áreas blancas del tronco (véase la figura 8.16).

9. Cree una nueva capa de acuarela y colóquela debajo de la capa en la que ha estado pintando. Para crear una capa de acuarela nueva, haga clic en el icono de la gota de agua de la parte inferior de la paleta Layers (Capas).

10. Aumente el tamaño del pincel a 48 y disminuya la opacidad al 3 por 100.

11. Pinte el fondo utilizando trazos de pincel horizontales, procurando darle una textura clara. El objeto de utilizar una nueva capa es que, en caso necesario, podremos reducir su opacidad para aclarar el fondo (véase la figura 8.17).

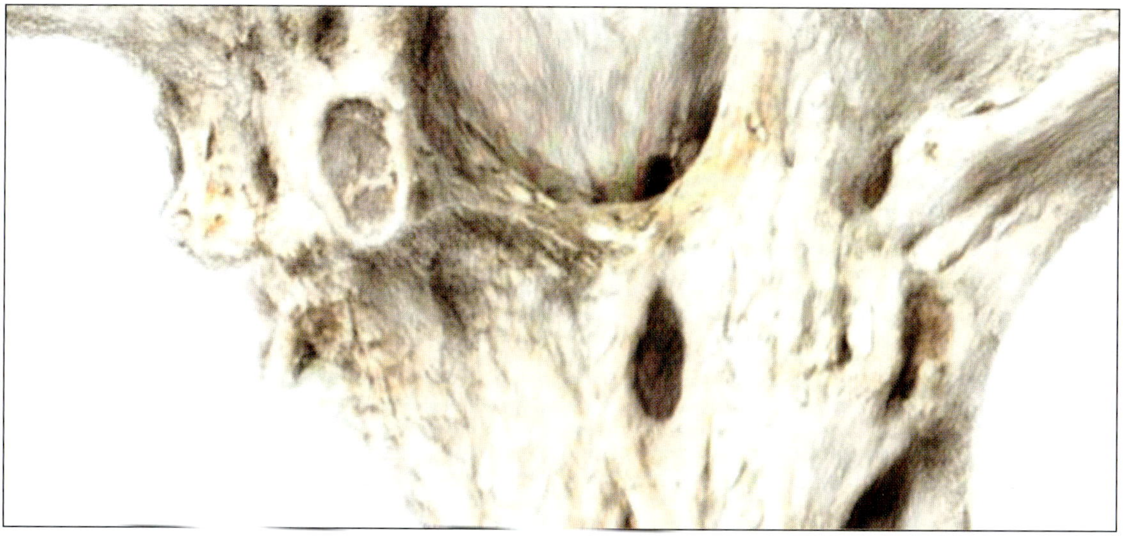

Figura 8.15. La primera fase de la creación del tronco.

Figura 8.16. *Aumentar la densidad..*

Figura 8.17. *Añadir el fondo.*

12. Cree una nueva capa de acuarela y colóquela entre las dos capas existentes. Seguidamente, pinte los narcisos con pinceladas cortas verticales, utilizando el mismo tamaño de pincel y opacidad. Procure que queden bastante claros; en caso necesario, reduzca la opacidad de la capa (véase a continuación, la figura 8.18).

13. Cree una nueva capa de acuarela y colóquela en la parte superior de la pila de capas.

14. Utilice un tamaño de pincel de 11 y una opacidad del 10 por 100 y pinte algunas zonas del tronco del árbol para definir los bordes.

15. Ajuste la opacidad de las capas para equilibrar la imagen.

16. Si quiere abrir esta imagen en Photoshop, tendrá que acoplar primero todas las capas, ya que Photoshop no reconoce el método de composición de capas Gel que utiliza Painter para las capas de acuarela y, por tanto, no lo traducirá correctamente.

Figura 8.18. *Los narcisos pintados en el fondo.*

17. En esta fase, la parte inferior del tronco del árbol ha quedado demasiado clara por culpa del contraste que produce el esquema de colores seleccionado al principio. La solución es volver a la fotografía original, oscurecerla considerablemente, aplicar el esquema de colores como explicamos antes y luego clonar a partir de ella. Esto me proporcionó la solidez que requería la composición (figuras 8.19 y 8.20).

Figura 8.19. *Detalle del tronco del árbol.*

PASTELES AL ÓLEO

En este ejercicio veremos técnicas para convertir una fotografía en una impresión artística utilizando pinceles de la categoría Oil Pastels (Pasteles al óleo) para clonar y pintar.

1. Abra el archivo `Worcester Cathedral.jpg` de la carpeta correspondiente al capítulo 8 del DVD (véase la figura 8.21).

2. Seleccione File>Quick Clone.

3. Seleccione el pincel Oil Pastels>Variable Oil Pastel (Pasteles al óleo>Pastel al óleo variable) con la siguiente configuración: Size 52, Opacity 11 por 100, Resat 2 por 100 y Bleed 92 por 100.

4. Seleccione el papel Sandy Pastel Paper (Papel arenoso para pastel) en la paleta Papers.

Figura 8.20. *La pintura finalizada.*

Figura 8.21. *La fotografía original.*

5. Oculte el papel de calco porque no lo utilizaremos hasta más adelante. No haga clic en la opción Clone Color, ya que en las primeras fases pintaremos un fondo sobre el que clonar.

6. Pinte toda la imagen utilizando trazos de pincel medios. Seleccione colores de la paleta Colors, principalmente amarillos claros y tonos cálidos para la mitad superior y marrones más oscuros y azules para la parte inferior. Procure mantener un tono claro. Una vez que haya aplicado una cantidad razonable de color sobre el papel, deje el pincel en la página y mezcle los nuevos colores con el color del lienzo. El objetivo es crear una mezcla de colores que varíe a lo largo de la imagen (véanse las figuras 8.22 y 8.23).

7. Cuando esté cubierta toda el área de la imagen, cambie al pincel Blenders>Soft Blender Stump (Mezcladores>Difumino mezcla suave), con un tamaño de 48 y una opacidad del 46 por 100.

Figura 8.22. *Pintar el fondo (1).*

Figura 8.23. *Pintar el fondo (2).*

Difumine la imagen completa. Debería obtener una imagen difuminada con muchas variaciones de color, clara en la parte inferior y oscura en la superior (véase la figura 8.24).

Figura 8.24. *Difuminar el fondo.*

8. Haga una copia del lienzo: seleccione Select>All, haga clic en Edit>Copy, y después en Edit>Paste in Place.

9. Regrese al pincel Variable Oil Pastel. Haga clic en el icono del pincel para devolverlo a sus ajustes por defecto. Luego, en la paleta General, seleccione en el cuadro de lista desplegable Method (Método) la opción Cloning (Clonación) y en Subcategory (Subcategoría) la opción Soft Cover Cloning (Clonación superficie suave). Escoja un tamaño de pincel de 30 y una opacidad del 100 por 100.

10. Mueva el pincel hacia arriba desde la parte inferior; esto creará unas vetas a partir de los colores. Siga pintando así sobre la imagen completa.

11. Seleccione el pincel Chunky Oil Pastel (Pastel al óleo grueso). En la paleta General, seleccione en el cuadro de lista desplegable Method la opción Cloning y en Subcategory, la opción Soft Cover Cloning (Clonación superficie suave). Escoja un tamaño de pincel de 52 y una opacidad del 13 por 100.

12. Active el papel de calco y clone suavemente la catedral y algunos de los árboles. No clone la parte inferior de la imagen. Desactive el papel de calco cuando haya terminado (véase seguidamente, la figura 8.25).

Figura 8.25. *Clonar la catedral.*

13. Cree una nueva capa con el método de composición Colorize (Colorear) y regrese al pincel Variable Oil Pastel. Haga clic en el icono del pincel para devolverlo a sus ajustes por defecto. Escoja un tamaño de 91 y una opacidad del 11 por 100.

14. Seleccione un naranja claro en la paleta Colors y pinte sobre la imagen completa; esto superpondrá una textura a la imagen y también la aclarará (véase la figura 8.26).

Figura 8.26. *Crear una transparencia naranja.*

15. Reduzca la opacidad de la capa a un 50 por 100 aproximadamente.

16. En mi caso, la parte superior ha quedado demasiado amarilla y es necesario aclararla. Si también necesita hacer esta corrección, realice los pasos siguientes.

17. Cree una nueva capa.

18. Devuelva el pincel Variable Oil Pastel a sus ajustes por defecto; luego cambie el tamaño del pincel a 105 y la opacidad al 5 por 100.

19. Seleccione el blanco en la paleta Colors y pinte suavemente en la parte superior hasta ocultar la mayoría del color. Ajuste la opacidad de la capa para conseguir el nivel adecuado (en mi caso, la he reducido un 50 por 100).

20. Cree una nueva capa.

21. Seleccione el pincel Cloners>Soft Cloner (Pinceles de clonar>Pincel de clonar suave) con un tamaño de 190 y una opacidad del 3 por 100.

22. Pinte suavemente la catedral hasta que pueda ver los detalles de la parte superior de la torre.

23. Seguidamente, ajuste la opacidad de la capa para que el efecto sea sutil (en mi caso, la he reducido a un 54 por 100).

24. Añada una capa de brillo y contraste haciendo clic en el icono **Dynamic Plugins** (Plugins dinámicos) de la paleta Layers y seleccionando la opción Brightness and Contrast (Brillo y contraste). Mueva el deslizador superior un poco hacia la derecha y el inferior un poco hacia la izquierda. Esto intensificará los colores y el contraste. Ajuste la opacidad de la capa en caso necesario. Puede ver la pintura acabada en las figuras 8.27 y 8.28.

Figura 8.27. *La catedral de Worcester.*

Figura 8.28. *La catedral de Worcester (detalle).*

PAISAJE A LÁPIZ

La introducción en Painter 11 del nuevo conjunto de pinceles Real para técnicas duras, y en particular los lápices Real, ha cambiado la forma de hacer dibujos a lápiz en Painter. El funcionamiento de estos pinceles es ahora mucho más parecido al de sus equivalentes reales, especialmente en lo que respecta a la flexibilidad del lápiz tradicional, que nos permite dibujar utilizando diferentes ángulos: con punta afilada cuando lo sujetamos en vertical y creando sombreados si lo inclinamos. Por primera vez, también podemos hacer esto en Painter. Además, tenemos una nueva paleta llamada Hard Media (Materiales duros) en la que podemos personalizar los lápices a nuestro gusto.

Para sacarle el máximo partido a estos pinceles necesitamos un lápiz sensible a la presión con control de inclinación (sin este dispositivo le resultará difícil seguir realizar este ejercicio).

La fotografía que utilizaremos en este ejemplo se tomó con una cámara configurada para utilizar sólo el espectro infrarrojo. Esto produce tonos claros y delicados en escala de grises, muy adecuados para clonar utilizando la técnica del lápiz.

1. Abra el archivo `Six cold crosses.jpg` de la carpeta correspondiente al capítulo 8 del DVD (véase la figura 8.29).

Figura 8.29. *La fotografía original.*

2. A continuación, pasaremos a seleccionar File>Quick Clone.

3. Seleccione el papel French Watercolor Paper (Papel de acuarela francés) de la paleta Papers.

4- Seleccione el pincel Pencils>Real 6B Soft Pencil (Pinceles>Lápiz suave 6B real), con un tamaño de 108, una opacidad del 5 por 100 y un grano (Grain) del 100 por 100.

5. Seguidamente, haga clic en la opción Clone Color de la paleta Colors.

6. Comenzando en la zona superior derecha, pinte de forma abocetada con un tono claro por todo el lado derecho de la imagen; mantenga el lápiz en un ángulo inclinado para cubrir el área con un sombreado delicado. Necesitará utilizar diferentes ángulos y direcciones para conseguir una buena superficie uniforme. Pinte hacia abajo y sobre las cruces grandes, pero de momento sólo esboce los bordes de forma ligera.

7. Pinte los árboles del fondo con el mismo pincel. Utilice el lápiz con el mismo ángulo que antes pero pintando con trazos cortos en dirección circular. Esto debería dar un ligero vestigio de los árboles.

8. Siga pintando hacia abajo por el dibujo hasta que toda el área quede cubierta con un tono claro (véase la figura 8.30).

9. Cambie al pincel Pencils>Real 4H Hard Pencil (Lápices>Lápiz duro 4H real), con un tamaño de 32,2, una opacidad del 10 por 100 y un grano del 100 por 100.

10. Haga clic en la opción Clone Color de la paleta Colors.

11. Pinte las cruces grandes. Aplique los trazos con diferentes ángulos en cada uno de los lados de la cruz. Esto ayudará a diferenciar unos lados de otros.

12. Aumente la densidad de las cruces por fases hasta que queden lo bastante nítidas. Procure no definir los bordes de las cruces pintando hacia abajo; es mejor que siga trabajando el lateral de las cruces hasta que aparezcan los bordes. Las cruces están cubiertas de liquen, por tanto quedarán moteadas. Recuerde que los dibujos a lápiz detallados requieren mucho tiempo, así que tendrá que ser paciente si quiere conseguir un buen resultado (véase a continuación, la figura 8.31).

Figura 8.30. *La imagen completa cubierta por un tono claro.*

Figura 8.31. *Aumentar el detalle de las cruces.*

13. Aumente la opacidad del pincel al 27 por 100 y pinte de nuevo sobre las cruces, concentrándose en los bordes, especialmente en la parte superior clara. Sostenga el lápiz en vertical para conseguir un borde fino.

14. Ahora pinte las cruces pequeñas del mismo modo. Comience con un 10 por 100 de opacidad y luego auméntelo a un 30 aproximadamente. El lápiz puede sostenerse con diferentes ángulos, pero conseguiremos un mejor detalle sujetándolo en vertical para crear líneas muy finas (véase seguidamente, la figura 8.32).

15. Las cruces están lo bastante nítidas, pero ahora tenemos que darle más detalle al fondo y a la hierba, para que todos los elementos queden integrados. Mantenga el tamaño en 32,2 y la opacidad al 10 por 100.

16. Empezando en la parte inferior izquierda, pinte la hierba, trabajando hacia la derecha. Utilice un ángulo ligero y aplique pinceladas más o menos verticales. Al llegar al camino, haga los trazos menos verticales ya que hay menos hierba en esta zona.

17. Reduzca la opacidad del pincel a un 5 por 100 y pinte el resto de la hierba. La imagen original tiene poca densidad, por tanto, la clonación quedará clara.

18. Pinte los árboles del fondo. Coloque el lápiz en vertical para dibujar los bordes de los troncos y las ramas, luego pinte sobre ellos de nuevo con el lápiz inclinado para suavizar las líneas.

19. Aumente la opacidad del pincel 70 por 100 y, sujetando el lápiz en vertical, para conseguir una punta fina, pinte los bordes de las cruces grandes para añadir algo de contraste y sacar la escarcha de la parte superior de los brazos y el remate.

Figura 8.32. *El dibujo en el paso 14.*

20. Para acabar, puede que quiera añadirle algo de contraste a la imagen. Para ello, seleccione Effects>Tonal Control>Brightness/Contrast (Efectos>Control de tono>Brillo/Contraste) y mueva el deslizador superior un poco hacia la derecha. Puede ver la imagen final en las figuras 8.33 y 8.34.

Figura 8.33. *Detalle de las cruces pequeñas.*

Figura 8.34. *Dibujo finalizado.*

Capítulo 9

Niños

En este capítulo, utilizaremos diferentes pinceles para crear imágenes pictóricas de niños y gente joven. Empezaremos el capítulo con una explicación de algunos de los pinceles de la categoría Blenders (Mezcladores), que son especialmente útiles para crear retratos y también para dar los últimos retoques a cualquier tipo de pintura.

Las mejores categorías de pincel para retratos son las categorías Pastels (Pasteles) y Chalk (Tiza). Veremos un ejemplo en el que utilizaremos los pinceles Pastels, perfectos para hacer retratos de luz delicada.

Otra forma típica de pintar es con los pinceles Oils (Óleos), cuya textura más rica proporciona un acabado mucho más sólido, con unas pinceladas de textura muy atractiva. En el ejemplo de Griff, explicaremos cómo utilizar algunos de los pinceles de la categoría Oils.

También veremos en este capítulo un ejemplo paso a paso de cómo utilizar marcos insertados para crear una imagen más especial.

UTILIZAR PINCELES BLENDER

Algunos de los mejores pinceles para crear imágenes clonadas de personas son los pertenecientes a la categoría Blenders. Estos pinceles están incluidos en diferentes categorías: Blenders, Tinting (Tinte) y Distortion (Distorsión) y pueden crearse también a partir de muchos otros pinceles modificando sus ajustes.

Antes de empezar este ejercicio paso a paso, es recomendable analizar los ejemplos de pinceles de las figuras 9.2, 9.3 y 9.4, ya que muestran algunos de los pinceles mezcladores más útiles.

Figura 9.1. *Harvey y Toby, pintados con el pincel Artist Pastel Chalk (Tiza pastel artística).*

La principal característica de los pinceles de la categoría Blending es que difuminan o distorsionan la imagen original y, al hacerlo, crean versiones suavizadas, desiguales o con textura de la imagen original (véase la figura 9.2). Los pinceles trabajan directamente en la imagen y, aunque en todos los casos utilizaremos una copia clonada para trabajar, los pinceles no dependen solamente de coger información del original.

Con el tamaño de las imágenes del libro, es posible que no se vean las diferentes texturas claramente, pero puede encontrar un archivo PDF con las figuras aumentadas de tamaño en el DVD del libro.

Ejemplo A

- Blenders>Grainy Blender (Mezcladores>Mezclador suave): Se utilizó para los bordes y el fondo; es un mezclador basto que se ve afectado por el papel seleccionado.

- Blenders>Coarse Smear (Mezcladores>Embadurnar grueso): Se utilizó para el pelo; es parecido al anterior, pero no se ve afectado por el papel seleccionado. Son muy útiles para pintar el cabello.

- Blender>Just Add Water (Mezcladores>Sólo añadir agua): Se utilizó para la cara; es un mezclador muy suave, útil para eliminar imperfecciones de la piel. Utilícelo con una opacidad baja para obtener los mejores resultados.

Ejemplo B

- Blenders>Coarse Oily Blender (Mezcladores>Mezclador óleo grueso): Se utilizó para el fondo. Se obtiene un acabado basto y grueso y embadurna la pintura de forma significativa.

- Blenders>Oily Blender (Mezcladores>Mezclador óleo): Se utilizó para el pelo; es más suave que los mezcladores granulados utilizados en la figura 9.2.A.

- Blenders>Soft Blender Stump (Mezcladores>Difumino mezcla suave): Es un magnífico pincel para la cara; utilizado con opacidades bajas alisa bellamente la piel. En este ejemplo, se ha utilizado con una opacidad de entre el 5 y el 10 por 100.

A=Grainy Blender y Just Add Water

B=Coarse Oily y Soft Blender Stump

Figura 9.2. *Ejemplos de pinceles A y B.*

Ejemplo C

Los efectos de los pinceles Distortion, ejemplos C y D, se muestran en la figura 9.3.

- Tinting>Diffuser 2 (Tinte>Difumino 2): Se utilizó para pintar sobre toda la imagen con un 49 por 100 de opacidad y un tamaño de pincel de 30. Proporciona un efecto de acuarela muy atractivo en los bordes. Arrastre primero la pintura de los bordes hacia afuera y luego vuelva a pasar el pincel por los bordes varias veces para difuminarlo de forma efectiva. El área central se recuperó luego con el pincel Soft Cloner (Pincel de clonar suave). Para el pelo y el vestido, se utilizó el pincel Distortion>Grainy Mover (Distorsión>Movimiento granulado).

- Blenders>Grainy Water (Mezcladores>Agua granulado): Se utilizó para pintar la cara; la textura es algo más marcada que en los ejemplos anteriores.

Ejemplo D

- Distortion>Marbling Rake (Distorsión>Peine mármol): Se utilizó para pintar sobre toda la imagen con un tamaño de 23 y una fuerza del 100 por 100. Proporciona un acabado bastante radical, pero adecuado a nuestro objetivo, que era descomponer a fondo la imagen. Las áreas centrales se recuperaron luego con el pincel Soft Cloner.

- Distortion>Diffuser (Distorsión>Difusor): Se utilizó sobre las áreas centrales con diferentes tamaños y opacidades, dejando los bordes irregulares. La cara se pintó con un 25 por 100 de opacidad.

Ejemplo E

- Smart Stroke>Acrylic Captured Bristle (Trazo inteligente>Acrílico cerda capturado): El fondo y los bordes se pintaron con un tamaño de pincel de 26 y una opacidad del 41 por 100. La cara se pintó con un tamaño de pincel de 11 y una opacidad del 51 por 100, seguidamente, se volvió a pintar con un tamaño de 56 y una opacidad del 5 por 100.

Es un pincel con las cerdas muy marcadas y da un acabado muy atractivo a los bordes (véase a continuación, la figura 9.4).

C=Tinting>Diffuser 2 y Blenders>Grainy Water

D=Distortion>Marbling Rake y Distortion>Diffuse

Figura 9.3. *Ejemplos de pinceles C y D.*

E=Acrylic Captured Bristle

Figura 9.4. *Ejemplo de pincel E.*

HACER UN RETRATO CON LOS PINCELES MEZCLADORES

En este primer ejemplo, utilizaremos algunos de los pinceles mezcladores descritos en las páginas anteriores. El proceso general para hacer retratos es comenzar con los pinceles más bastos e ir sacando gradualmente los detalles donde sea necesario. En todos los casos, es recomendable trabajar sobre una copia clonada para tener siempre la opción de utilizar el pincel Soft Cloner para devolver partes de la imagen a su estado original.

1. Abra el archivo `Annabel 1.jpg` de la carpeta correspondiente al capítulo 9 del DVD (figura 9.5).

2. Seleccione Canvas>Canvas Size (Lienzo>Tamaño del lienzo) y añada 150 píxeles a derecha e izquierda y 200 píxeles en la parte superior y en la inferior. Esto añadirá un borde blanco que nos permitirá difuminar los bordes.

3. Seleccione File>Clone (Archivo>Clonar).

4. Seleccione el pincel Blenders>Grainy Blender 30, con un tamaño de 136 y una opacidad del 100 por 100.

Figura 9.5. *La fotografía original.*

5. Seleccione el papel Sandy Pastel Paper (Papel arenoso para pastel) y pinte sobre los bordes dejando la cabeza y el cuerpo intactos. El objetivo es eliminar todo rastro del borde original de la imagen, pero no extenderlo hasta el borde del lienzo. Si pinta sobre parte de la figura por error, puede recuperarla con el pincel Soft Cloner. En la figura 9.6 puede ver la imagen en esta fase.

6. Seleccione un nuevo pincel de la categoría Blenders: el pincel Just Add Water, con un tamaño de 160 y una opacidad del 20 por 100. Pinte sobre todo el fondo con este pincel de gran tamaño hasta dejarlo completamente suavizado. Necesitará reducir gradualmente el tamaño del pincel para pintar las áreas alrededor de la cabeza y el cuerpo. Puede ver el resultado en la figura 9.6.

7. Si ha pintado sin querer sobre la cara o las ropas, restaure la imagen original. Para ello, seleccione el pincel Cloners>Soft Cloner y pinte sobre las áreas a recuperar. No es necesario ser extremadamente precisos en este paso, ya que suavizaremos los bordes en el paso siguiente. El rostro es lo más importante.

8. Cambie al pincel Distortion>Grainy Mover 20, con un tamaño de 20 y una fuerza (Strength) de 25. Pinte sobre el pelo, procurando seguir la dirección del cabello. Cubra todo el pelo con pinceladas. Reduzca el tamaño del pincel a 10 y suavice toda la textura. El cabello deberá tener un aspecto suave y sedoso (véase la figura 9.7).

A=Utilizar el pincel Grainy Blender para descomponer el fondo

B=Uso del pincel Just Add Water

Figura 9.6. *Muestra visual de dos pinceles diferentes.*

A=Pintar el cabello

B=Detalle del vestido

Figura 9.7. *Diferentes texturas.*

9. Seleccione el pincel Blenders>Grainy Blender 10, con un tamaño de 10 y una opacidad del 38 por 100. Pinte sobre la camiseta rosa siguiendo las líneas y sombras del tejido. A continuación, deje el cuello blanco hasta que haya acabado totalmente con el rosa.

Luego utilice el mismo pincel y pinte sobre el borde blanco del cuello con pequeños movimientos circulares; esto eliminará el aspecto fotográfico y lo diferenciará del rosa.

10. Utilice el pincel Blenders>Soft Blender Stump 10, con un tamaño de 10 y una opacidad del 20 por 100 para suavizar cualquier área irregular. Éstas suelen estar cerca de las secciones más oscuras. En la figura 9.7 puede ver un detalle del vestido.

11. Regrese al pincel Grainy Blender 10 y pinte sobre el libro y el resto de áreas que aún no estén difuminadas (excepto la cara y los brazos). Suavice las secciones más irregulares con el pincel Soft Blender Stump 10, igual que en el paso anterior.

12. Para pintar la cara y los brazos, utilice el pincel Soft Blender Stump 10 con la siguiente configuración: Size 4,9, Opacity 25 por 100, Grain 23 por 100 y Bleed 56 por 100.

Aumente el tamaño de la imagen en pantalla y pinte sobre toda la cara con cuidado; recuerde que los mezcladores arrastran los colores unos sobre otros, por tanto, no arrastre los tonos más oscuros, como la sombra de los ojos, sobre áreas más claras.

Para áreas de piel mayores, utilice un pincel mayor, de hasta 25; esto creará un difuminado general más suave.

13. Cuando difumine la sombra del pelo en el lado izquierdo de la cara, mueva el pincel en la dirección del pelo; esto aclarará el área ligeramente.

14. Siga trabajando con el mismo pincel y difumine los brazos y las manos.

15. Observe la imagen para ver si necesita algún retoque. En mi caso, la manta blanca situada bajo el libro ha quedado bastante oscura. Para arreglarlo, seleccione el pincel Airbrushes>Soft Airbrush 50 (Aerógrafos>Aerógrafo suave 50) con un tamaño de 206 y una opacidad del 2 por 100. Mantenga pulsada la tecla **Alt** (**Opción**) y haga clic en un área gris claro de la manta. Esto activará la herramienta del cuentagotas y seleccionará el color con el que pintar.

Pinte suavemente sobre las áreas grises más oscuras. En caso necesario, seleccione tonos más claros y pinte hasta que la manta quede clara, pero no en exceso.

16. Finalmente, compruebe la imagen y difumine cualquier área que siga teniendo un aspecto fotográfico o poco suavizado. Puede ver la versión final en la figura 9.8.

UN RETRATO CON LA TÉCNICA DEL PASTEL

En el siguiente ejemplo, utilizaremos pinceles de la categoría Pastels. Este pincel es concreto es uno de mis favoritos, ya que le da un acabado muy bonito a las pinceladas.

1. Abra el archivo `Annabel 2.jpg` de la carpeta correspondiente al capítulo 9 del DVD (véase la figura 9.9).

2. Seleccione Canvas>Canvas Size y añada 150 píxeles por cada lado. Esto añadirá un borde blanco que nos permitirá difuminar los bordes.

3. Seleccione File>Clone.

4. Seleccione el pincel Pastels>Artist Pastel Chalk (Pasteles>Tiza pastel artística) con un tamaño de 127 y una opacidad del 65 por 100.

Figura 9.8. *Annabel con un libro.*

Figura 9.9. *La fotografía original.*

5. Seleccione Clone Color en la paleta Colors.

6. Cambie al papel Sandy Pastel Paper.

7. Pinte alrededor de los bordes, empujando el color hacia afuera. Luego pase el pincel por el borde más externo para recuperar el borde blanco. Pinte todo el fondo. A diferencia del ejemplo anterior, este pincel clona a partir de la imagen original, en vez de mezclar los colores de la imagen. En la figura 9.10 puede ver la imagen en este paso.

Figura 9.10. *Los bordes completados.*

8. Reduzca el tamaño del pincel a 12,2 y aumente la opacidad al 100 por 100. Pinte sobre el pelo, siguiendo la dirección de los mechones; esto le dará un aspecto bastante tosco.

9. Para recuperar en parte el aspecto delicado del pelo, seleccione el pincel Cloners>Smeary Camel Cloner (Pinceles de clonar>Pincel de clonar pelo de camello emborronar). Utilice un tamaño de pincel de 23 y una opacidad del 50 por 100; mueva el deslizador Feature (Característica) a 4,9. El deslizador Feature determina cómo trabajarán las cerdas individuales del pincel; aumentándolo a 4,9 haremos que las cerdas se enfaticen (experimente con este deslizador para comprender cómo funciona este control). En la figura 9.11 puede ver la diferencia en el cabello.

A=Detalle del pelo en el paso 8

B=Detalle del pelo en el paso 9

Figura 9.11. *Evolución del pelo.*

10. Vuelva al pincel Artist Pastel Chalk, con un tamaño de 22 y una opacidad del 100 por 100, y pinte sobre el vestido rosa (véase la figura 9.11).

11. La cara puede pintarse con el mismo pincel. Reduzca la opacidad al 21 por 100 y aumente el tamaño a 40. Con este nivel de opacidad, el pincel suavizará todas las imperfecciones, dejando una textura delicada en la piel (véase la figura 9.12).

A=Detalle del vestido;

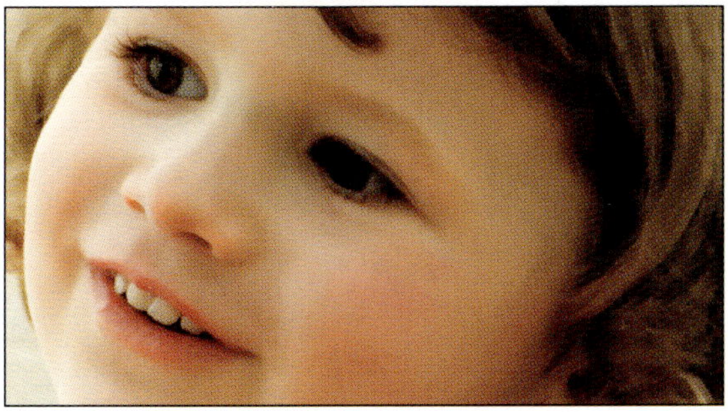

B=Pintar la cara con el pincel Artist Pastel Chalk

Figura 9.12. *Últimos detalles.*

12. Pinte sobre los labios y ojos con cuidado; utilice un pincel pequeño y varíe el tamaño y la opacidad hasta conseguir un buen resultado. Los ojos son especialmente difíciles de hacer, ya que si se pintan en exceso quedarán mal, mientras que si no pintamos lo suficiente quedarán demasiado fotográficos.

13. Compruebe la imagen para ver si necesita algún retoque final. Perfeccione el borde en caso necesario y ajuste la saturación y el contraste antes de imprimirla. Puede ver la pintura finalizada en la figura 9.13.

Compare esta imagen con la del ejercicio anterior; la elección de un pincel de la categoría Pastels nos proporciona un acabado similar al de la técnica del pastel, mientras que el ejemplo anterior recordaba más a la acuarela.

CREAR UN MARCO INSERTADO

Esta encantadora fotografía se hizo en una boda. Me encantaron las expresiones de las caras de las niñas, pero el fondo distraía bastante y era necesario simplificarlo. Este tutorial explica cómo cambiar los tonos para darles un acabado pastel y cómo insertar un marco.

1. Abra el archivo `Wedding Children.jpg` de la carpeta correspondiente al capítulo 9 del DVD (véase la figura 9.14).

2. El primer paso es eliminar todos los elementos del fondo, pero antes de hacerlo podemos recortar la imagen para reducir la cantidad de trabajo. Recorte la parte izquierda, hasta el extremo de la manga de la niña, y el lado derecho, hasta donde el brazo de la niña sube hacia la mano.

3. Seleccione la herramienta **Rubber Stamp** (Tampón), mantenga pulsada la tecla **Alt** (**Opción**), haga clic en la imagen para seleccionar el punto desde el que quiere clonar y luego empiece a pintar. Utilice una opacidad del 100 por 100 para la mayor parte del fondo y luego redúzcala al 20 por 100 para trabajar alrededor del pelo. No es necesario que quede perfecto, ocultaremos las pequeñas imperfecciones en pasos sucesivos.

4. Seleccione File>Clone.

5. En la paleta Layers (Capas), cree una nueva capa vacía.

6. Seleccione Edit>Fill (Edición>Rellenar) y escoja la opción Clone Source (Origen de clonación).

Figura 9.13. *Annabel.*

Figura 9.14. La fotografía original.

7. Seleccione Effects>Tonal Control>Adjust Colors (Efectos>Control de tonos>Ajustar colores) y reduzca la saturación a cero. Esto nos proporcionará una imagen monocroma. En la figura 9.15 puede ver la imagen en este paso.

Figura 9.15. Capa monocroma.

8. Cree una nueva capa vacía y seleccione de nuevo Edit>Fill con la opción Clone Source.

9. En la paleta Layers, cambie el método de composición de la capa a Screen (Trama) y reduzca la opacidad al 75 por 100. Esto creará una transparencia suave con el color original (véase a continuación, la figura 9.16).

Figura 9.16. El color reducido.

10. Seleccione Effects>Focus>Super Soften (Efectos>Enfocar>Super suavizado) e introduzca un valor de 13 en el cuadro de diálogo. Esto le dará un resplandor muy atractivo y delicado a la imagen (véase la figura 9.17). Ésta es una técnica muy útil para añadir una capa de suavizado a las imágenes.

Figura 9.17. Aplicar un efecto de suavizado en el paso 10.

11. Cree una nueva capa. Escoja el color blanco en la paleta Colors y seleccione Edit>Fill con la opción Current Color (Color actual). Cambie el método de composición de la capa a Soft Light (Luz suave); esto aclarará suavemente la imagen completa.

12. Cree una nueva capa y rellénela otra vez de blanco. Deje el método de composición de la capa en Normal. Esto ocultará la imagen completa.

13. Cree una máscara de capa haciendo clic en el icono **Create Layer Mask** (Crear máscara de capa) de la paleta Layers.

14. En el selector de pinceles, seleccione el pincel Airbrushes>Fine Tip Soft Air (Aerógrafos>Aerógrafo suave punta fina) con un tamaño de 108 y una opacidad del 10 por 100. Haga clic en la máscara para activarla y cambie el color para pintar en negro. Active brevemente el papel de calco para ver dónde tiene que pintar y empiece a pintar sobre las caras y la ropa, eliminando suavemente el blanco de estas áreas. Reduzca la opacidad de la capa a un 50 por 100. En la figura 9.18 puede ver la imagen en esta fase. Como sucede siempre con las máscaras de capa, para invertir el efecto basta con seleccionar el blanco en la paleta Colors y pintar sobre la máscara de nuevo.

Figura 9.18. *Las capas blancas en el paso 14.*

15. Añada una nueva capa y utilizando el mismo aerógrafo, con un tamaño de 160 y una opacidad del 100 por 100, pinte lentamente con blanco alrededor de los bordes para crear un efecto de viñeta. Le recomendamos que pinte por fuera de la imagen y luego vaya introduciendo las pinceladas en la imagen. Si no tiene la imagen a pantalla completa, pulse las teclas **Control-M** o **Comando-M** para poder trabajar en este modo. Esto creará los bordes suaves que se muestran en la figura 9.20 (en la figura 9.19 se muestra la paleta Layers en este paso). Podríamos haber usado una selección oval para crear la viñeta, pero personalmente prefiero este método por su mayor flexibilidad. En caso necesario, ajuste la opacidad de la capa. Con esto acabamos la primera fase de la imagen.

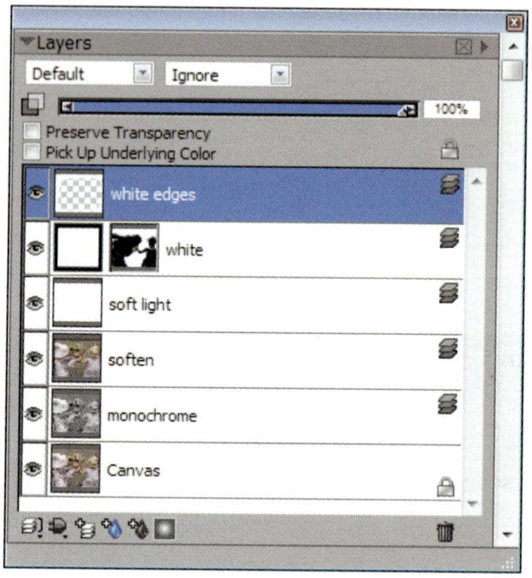

Figura 9.19. *La paleta Layers en el paso 15.*

16. El paso siguiente es crear un marco insertado. Debería haber estado guardando el archivo cada poco tiempo, pero en este momento tendrá que guardar una copia con su versión de capas. Luego vuelva a guardar la imagen con el comando **Save As** (Guardar como) y dele un nombre diferente para no sobrescribir el archivo de las capas por error.

17. Seleccione todas las capas de la paleta Layers, a excepción de la capa Canvas, manteniendo pulsada la tecla **Mayús** (**Opción**) y haciendo clic en cada una de ellas. Todas las capas, excepto la capa Canvas, deberían estar resaltadas en azul.

18. Haga clic en el menú desplegable de la paleta y escoja la opción Collapse (Acoplar). Esto combinará todas las capas seleccionadas, dejando la capa Canvas intacta. Cambie el nombre de esta capa por **Composite**.

Figura 9.20. El borde blanco en el paso 15.

19. Haga clic sobre la herramienta **Rectangular Selection** de la barra de herramientas y cree una selección que incluya las caras de las dos niñas. Puede ser de cualquier tamaño. Esta técnica también funciona con selecciones circulares o a mano alzada.

20. Haga clic en Select>Save Selection (Seleccionar>Guardar selección) y dele un nombre. Este paso es útil en caso de que perdamos la selección en algún momento. Asegúrese de que esté seleccionada la capa Composite antes de hacer el siguiente paso.

21. Seleccione Edit>Copy (Edición>Copiar) y luego Edit>Paste in Place (Edición>Pegar en el sitio). Esto copiará la selección y la colocará en una nueva capa.

22. Con la nueva capa activa, seleccione Effects>Objects>Create Drop Shadow (Efectos>Objetos>Crear sombra paralela). Utilice los ajustes mostrados en la figura 9.21 o experimente con sus propios ajustes. Marque la casilla de verificación Collapse to one layer (Acoplar a una capa). Si el efecto es muy marcado, podemos reducir la opacidad de la capa (en mi caso la he reducido al 68 por 100).

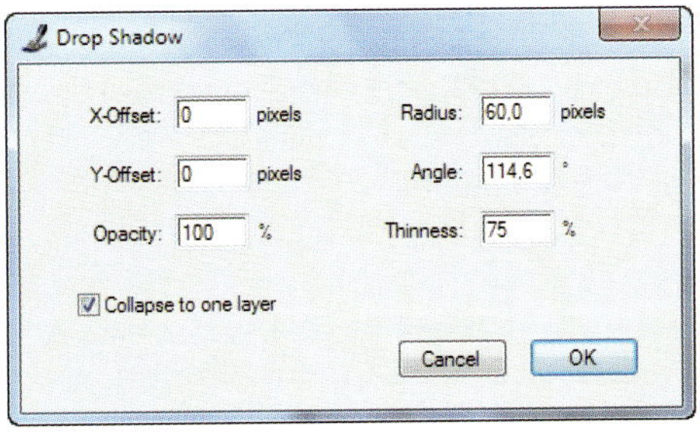

Figura 9.21. Cuadro de diálogo Drop Shadow (paso 22).

23. Haga clic en la capa situada sobre la capa Canvas y seleccione el pincel Blenders>Grainy Blender 30, con un tamaño de 41 y una opacidad del 50 por 100. Pinte sobre todo el fondo visible; esto añadirá una atractiva textura a la imagen (figura 9.22).

24. Ahora añadiremos parte del color original al marco central. Vaya a Select>Load Selection (Seleccionar>Cargar selección) y escoja la selección que guardó antes.

25. Haga clic en la capa Canvas y seleccione Edit>Copy y Edit>Paste in Place para crear una copia de la capa en la parte superior de la pila de capas. Reduzca la opacidad de la capa a un 30 por 100 aproximadamente.

Figura 9.22. *Fondo con textura.*

26. Regrese a la capa **Canvas**, vuelva a cargar la selección y copie y pegue la imagen de nuevo para crear otra capa en la parte superior.

27. Cambie el método de composición de la capa a **Screen** y reduzca la opacidad al 20 por 100.

28. Para darle un efecto desenfocado final, seleccione **Effects>Focus>Soften** (Efectos>Enfocar>Suavizar) y escoja la opción **Gaussian** (Gaussiano) con un nivel de 40.

29. La paleta **Layers** final se muestra en la figura 9.23. Active y desactive las capas para ver qué hace cada una (si cambia la opacidad de alguna de las capas, se modificará el resultado final). En este caso, he hecho un pequeño recorte para mejorar la composición (véase la figura 9.24).

RETRATO AL ÓLEO

El sol brillando desde la puerta abierta ilumina a este adolescente durante un momento de espera, mientras se entretiene con su videojuego. Los tonos cálidos funcionarán bien en Painter pero hay distracciones en el fondo. En este ejercicio veremos lo fácil que es eliminar elementos no deseados pintando simplemente sobre ellos.

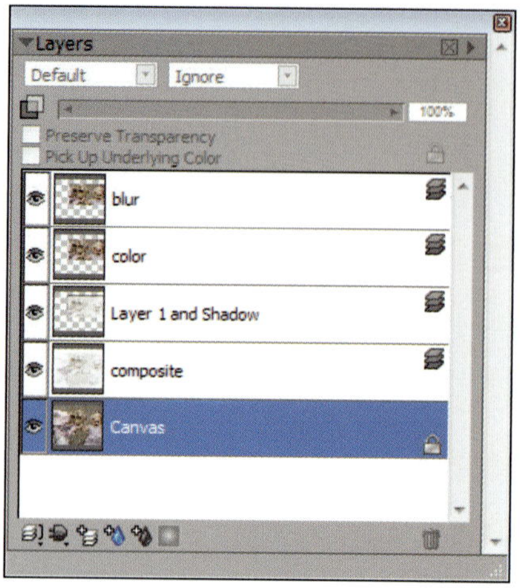

Figura 9.23. *La paleta Layers final.*

1. Abra el archivo `Griff.jpg` de la carpeta correspondiente al capítulo 9 del DVD (figura 9.25).

2. Seleccione **File>Clone.**

3. Seleccione el pincel **Oils>Round Camel Hair** (Óleos>Pelo de camello redondo) con la siguiente configuración: **Size** 41, **Opacity** 100 por 100, **Resat** (Resaturación) 17, **Blend** (Mezclar) 100 y **Feature** 7,8. El valor **Feature** se ha aumentado para conseguir un acabado con más textura.

4. Haga clic en la opción **Clone Color** de la paleta **Colors.**

5. Empiece pintando las cortinas. Pinte los pliegues hacia abajo, hasta que el estampado desaparezca y los colores queden bien fusionados. Las puertas de cristal pueden pintarse directamente hacia abajo y luego recuperar las barras horizontales pasando a lo largo de ellas un pincel un poco más pequeño.

6. Continúe pintando todo el fondo y el sofá. Vaya siguiendo la forma de las fundas del sofá (véase la figura 9.26). Este pincel es bastante grande y es fácil que pintemos sin querer parte de la cara o la camiseta del niño, pero lo corregiremos fácilmente más adelante.

Figura 9.24. *La imagen final.*

Figura 9.25. *La fotografía original.*

Figura 9.26. *Pintar el fondo (paso 6).*

7. Una vez que completemos el fondo y el sofá, es hora de eliminar las distracciones del fondo. Para simplificar de verdad la imagen, eliminaremos los dos cuadros, la chimenea de piedra de la izquierda y los objetos oscuros situados tras el hombro izquierdo del niño. También eliminaremos el diseño del papel pintado de la pared.

8. En la paleta Colors, desactive la opción Clone Color para que el pincel pinte con pintura, en vez de clonar. Manteniendo pulsada la tecla **Alt** (**Opción**) haga clic en la pared por debajo del cuadro. El color sobre el que hagamos clic será el que utilizará el pincel para pintar.

9. Pinte sobre el cuadro hasta que desaparezca. Luego continúe hacia abajo por la pared, ocultando la textura del papel pintado. Cambie de color con frecuencia para que la pared tenga pequeñas variaciones de color. Tenga cuidado con las sombras de la esquina, donde se unen las dos paredes, es necesario conservar estas sombras para mantener la perspectiva.

10. Pinte la otra pared, eliminando el cuadro y la chimenea de piedra, así como los elementos negros situados tras el hombro izquierdo del niño (véase la figura 9.27).

Figura 9.27. *Pintar sobre el fondo (paso 10).*

11. Cambie al pincel Soft Cloner y arregle el contorno del niño en aquellas zonas que haya pintado sin querer en los pasos anteriores.

12. Utilice el pincel Round Camel Hair para la camiseta. Asegúrese de trabajar de nuevo en modo Clone Color. Utilizaremos un pincel menor, con menos cerdas: Size 16,9, Opacity 60 por 100 y Feature 6,3. Siga los pliegues del tejido, pero pinte también en sentido opuesto para conseguir un efecto entrecruzado. Al utilizar una opacidad baja y pintar sobre la misma superficie una y otra vez conseguimos construir un acabado más sutil (véase la figura 9.28).

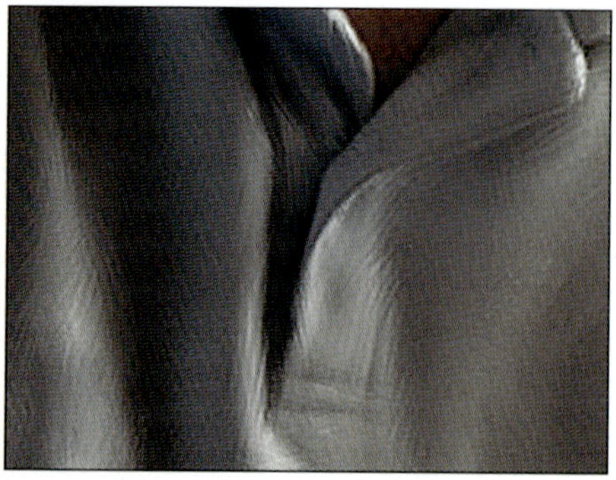

Figura 9.28. *Detalle de la camiseta (paso 12).*

13. Cuando llegue al dibujo y las letras de la camiseta, salga del modo de clonación y pinte sobre el área. Recuerde tomar muestras de color muchas veces y trate de conservar la forma general del tejido. Los logotipos y las letras sobre la ropa son difíciles de hacer; si los clonamos de forma muy exacta, quedarán falsos y si los difuminamos, el resultado será sucio. En este caso, pintaremos encima para eliminar todas las letras y luego recuperaremos algunas partes.

14. Active el papel de calco y reduzca el tamaño del pincel a 2,9. Aumente la vista de la imagen en pantalla y clone el dibujo del pájaro y los postes sobre la camiseta.

15. Ahora empezaremos con la cara, donde tenemos otro problema, ya que Griff tiene pecas. Está claro que no podemos pintar cada una de las pecas, pero si suavizamos todas, no estaremos pintando a Griff como realmente es. La solución en este caso es clonar sobre la cara utilizando una opacidad media y un toque ligero con el lápiz sensible a la presión, de forma que quede un indicio de las pecas, pero de forma difuminada (véase la figura 9.29). Si está utilizando el ratón, reduzca la opacidad a un 30 por 100 aproximadamente.

16. Reduzca el tamaño del pincel a 4,6, escoja una opacidad del 60 por 100 y ajuste el valor Feature a 2,9. Podríamos utilizar un pincel para difuminar en este paso, pero si sólo modificamos algunos aspectos del pincel conservando sus características principales, las pinceladas serán similares a las del resto

de la imagen. Pinte sobre la cara con cuidado; no se apresure en esta etapa, ya que la cara es la parte más importante de la imagen. Puede utilizar un pincel más grande debajo de la barbilla y en otras áreas de la cara. Esto le dará un acabado con una textura ligeramente más marcada.

Figura 9.29. *Detalle de la cara (paso 15).*

17. Pinte el brazo y las manos del mismo modo, pero utilizando un pincel mayor, de un tamaño de 6,9 aproximadamente, y utilice de nuevo la técnica de las pinceladas entrecruzadas, arrastrando las áreas claras de los brazos a la parte oscura. En la figura 9.30 puede ver la imagen en este paso.

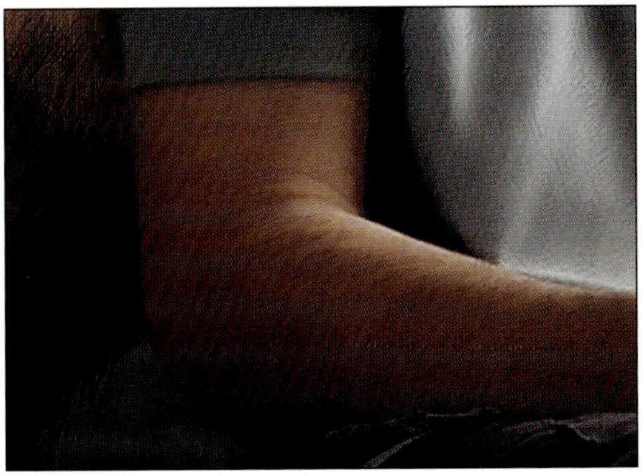

Figura 9.30. *Detalle del brazo (paso 17).*

18. Ahora pinte las piernas. Utilice un pincel más grande, con un tamaño de 15,6 y una opacidad del 28 por 100 y concéntrese en las zonas en que se unen las áreas de luz y de sombra. Los ajustes Resat y Bleed hacen que los trazos claros se arrastren hacia las zonas oscuras y viceversa. Pruebe a modificarlos para ver cómo cambian las características del pincel.

19. Pinte los pantalones con el mismo pincel. Recuerde que no queremos bordes nítidos en esta área; difumine ligeramente los bordes para que no sean tan marcados.

20. Si ha pintado sobre alguna parte del videojuego, puede recuperarlo con el pincel Soft Cloner. Luego utilice el pincel Soft Camel Hair con un tamaño de 5,4, una opacidad del 65 por 100 y el deslizador Feature en 2, para volver a darle algo de textura.

21. Ahora podemos pintar el pelo. Pase al pincel Medium Bristle Oils (Óleo cerda medio) con un tamaño de 9,6 y una opacidad del 28 por 100 y haga clic en la opción Clone Color de la paleta Colors. Las cerdas por defecto de este pincel son demasiado gruesas para esta imagen, por tanto vaya al menú Window (Ventana), haga clic en Brush Controls (Controles de pincel) y luego en Bristle (Cerda). Esto abrirá todas las paletas de controles de pincel en pantalla. En la paleta Bristle, mueva el deslizador Thickness (Grosor) al 29 por 100.

22. Pinte sobre el pelo siguiendo la dirección de los mechones. Permita que el pincel cree reflejos alrededor del contorno de la cabeza para que quede bien la transición entre la cabeza y el fondo.

23. La parte trasera de la cabeza es muy oscura. Desactive la opción Clone Color y reduzca la opacidad del pincel a un 15 por 100 aproximadamente. Manteniendo pulsada la tecla **Alt** (**Opción**), haga clic en una parte más clara del pelo para seleccionar un color adecuado y pinte ligeramente sobre las áreas oscuras para darles algo de detalle. No rellene todas las zonas oscuras, tan sólo pinte lo suficiente para darle algo de detalle y textura. En las figuras 9.31 y 9.32 puede ver detalles del trabajo del cabello.

Figura 9.31. *Detalle del cabello en la imagen original.*

Figura 9.32. *Detalle del pelo finalizado.*

24. Como siempre, es el momento de hacer una revisión final y rematar aquellos detalles que no hayan quedado bien. Recorte la imagen si lo necesita.

25. Para acabar, suele ser útil añadir una textura para resaltar las pinceladas. Es más flexible aplicarla en una capa independiente, para poder disminuir la opacidad si queda demasiado marcada.

26. Cree una nueva capa a partir de una copia del lienzo: vaya a Select>All (Seleccionar>Todo), seleccione Edit>Copy, y haga clic en Edit>Paste in Place.

27. Seleccione Effects>Surface Control>Apply Surface Texture (Efectos>Control de superficie>Aplicar textura de superficie). En el cuadro de lista desplegable Using (Utilizar), seleccione la opción Image Luminance (Luminosidad de imagen), ajuste el deslizador Amount en un 30 por 100 y haga clic en **OK**.

28. Compruebe el resultado con un zoom del 100 por 100. En mi caso, reduje la opacidad de la capa de la textura de superficie a un 41 por 100, pero las pinceladas de la cara seguían siendo demasiado marcadas, por tanto creé una máscara de capa y pinté con gris para reducir el efecto en la cara, pero sin tocar el resto. Puede ver la imagen final en la figura 9.33.

MEZCLADORES Y PASTELES

Este ejemplo paso a paso muestra cómo crear una imagen suave y delicada, de un estilo adecuado a un recién nacido. Utilizaremos la paleta Auto-Painting (Pintura automática) para la primera fase y luego uno de los nuevos pinceles Real de Painter 11, que utilizaremos para recuperar detalles. Este pincel tiene una textura pictórica muy atractiva que clonará y mezclará los colores bellamente. Además, cuando disminuimos su tamaño, nos permite obtener detalles muy exactos.

1. Abra el archivo `Jesse.jpg` de la carpeta correspondiente al capítulo 9 del DVD (véase a continuación, la figura 9.34).

2. Seleccione File>Clone (no Quick Clone, ya que queremos difuminar la fotografía existente).

3. Seleccione el papel Basic Paper (Papel básico) de la paleta Papers.

4. Seleccione el pincel Blenders>Oily Blender con un tamaño de 66,6 y una opacidad del 43 por 100.

5. Haga clic en la opción Clone Color (Clonar color) de la paleta Colors.

Figura 9.33. *Griff.*

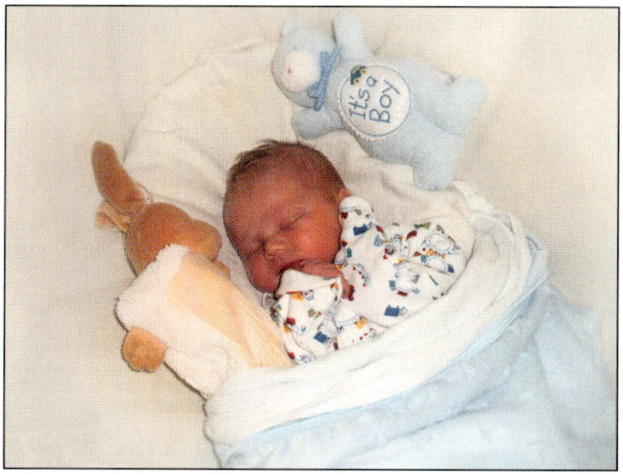

Figura 9.34. *La fotografía original.*

6. Abra la paleta Auto-Painting, asegúrese de que no esté seleccionada la opción Smart Stroke (Trazo inteligente) y seleccione la opción Scribble Large (Garabato grande). Desactive el papel de calco.

7. Haga clic en el botón **Play** (Reproducir) y deje pintar al programa hasta que toda la imagen quede mezclada (unos 3 o 4 minutos aproximadamente, dependiendo de la velocidad de su ordenador). En la figura 9.35 puede ver la imagen en esta fase.

8. Seleccione el pincel Pastels>Real Soft Pastel (Pasteles>Pastel suave real), con un tamaño de 104 y una opacidad del 22 por 100.

9. Pinte la cara y el área que la rodea, así como el conejo y el oso azul. Este pincel empezará a devolverle algo de definición a las formas. Active y desactive el papel de calco regularmente para comprobar dónde debe pintar (véase la figura 9.36).

10. Utilice el lápiz sensible a la presión inclinado para difuminar y suavizar áreas; pinte con el lápiz en vertical para conseguir más detalle.

11. Reduzca el tamaño del pincel a 48,2 y pinte sobre las áreas centrales de nuevo. Cuando necesite perfeccionar un borde, como el pelo, pinte a ambos lados de la línea. Esto diferenciará los tonos.

Figura 9.35. *Después de la pintura automática.*

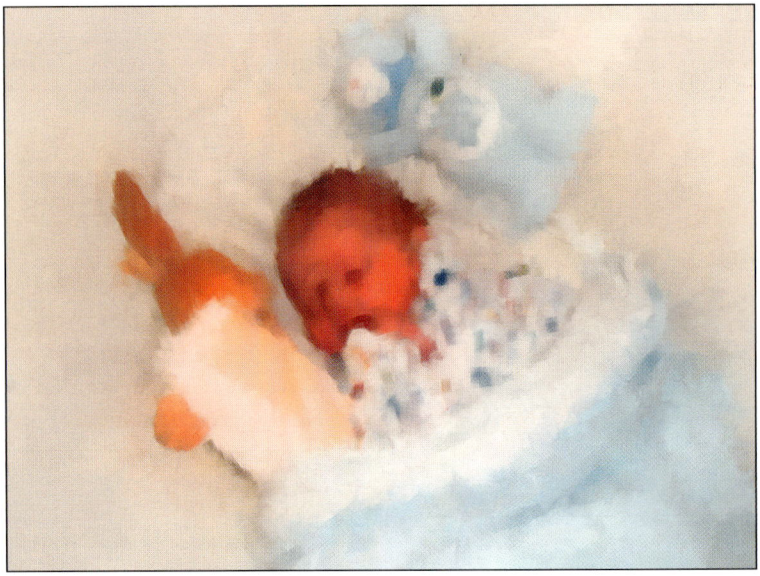

Figura 9.36. *Recuperar algo de detalle con el pincel Real Soft Pastel.*

12. Utilice movimientos circulares al pintar la cara para suavizar las facciones.

13. Disminuya el tamaño del pincel a 21,3, aumente el grano (Grain) al 43 por 100 y pinte sobre la cara y el muñeco que pone "*It's a boy*". Con este tamaño, el pincel sacará mucho detalle, así que pinte solamente las áreas clave, ya que las zonas menos importantes quedan mejor muy difuminadas (véase la figura 9.37),

14. Aumente el tamaño del pincel a 56,6, reduzca la opacidad al 12 por 100 y suavice cualquier área irregular.

15. Cree una copia del lienzo: Select>All, Edit>Copy, Edit>Paste in Place. En la paleta Underpainting (Base) aumente el deslizador Brightness al 12 por 100 para darle más reflejos a la imagen. Puede ver la imagen ya acabada en la figura 9.38.

Figura 9.37. *Pintar con los tamaños más pequeños nos permitirá conseguir más detalle.*

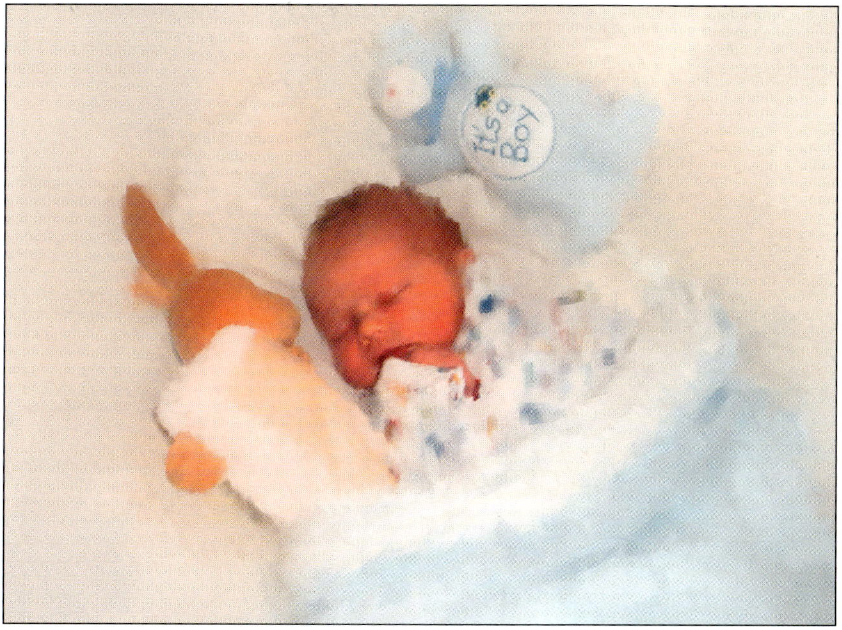

Figura 9.38. *Jesse.*

Figura 9.39. *Jack, pintado con el pincel Real Soft Colored Pencil.*

Capítulo 10

Retratos

En este capítulo, veremos varias formas de crear retratos de adultos utilizando diferentes pinceles y técnicas. Como siempre, cuando hacemos retratos en Painter, dependerá de nosotros que tengan un aspecto más o menos pictórico. Los ejemplos paso a paso incluidos en este capítulo se acercan bastante a las fotografías originales, sin embargo, todo es cuestión de gustos y puede escoger hacer una obra más impresionista aumentando la cantidad de pintura.

Estas técnicas están pensadas para darle unas nociones básicas y puede ir más allá, dependiendo del resultado que quiera conseguir.

En este capítulo, incluimos también algunas ideas para trabajar con imágenes de bodas y convertir las imágenes típicas en algo especial para el novio y la novia.

UN RETRATO UTILIZANDO LOS PINCELES ARTIST OILS

Los pinceles de la categoría Artist Oils (Óleos artísticos) tienen muchas características interesantes que imitan con mucha fidelidad el acabado de un pincel real. Una de estas características es que, cuando utilizamos los colores de un original para hacer una copia clonada, los pinceles recogerán varios colores a la vez. Otra característica es que los pinceles se quedan sin pintura rápidamente, igual que los pinceles reales. En este ejemplo, aprovecharemos ambas características, así como la función de pintura automática, que apareció por primera vez en Painter 10, para iniciar la pintura.

1. Abra el archivo `Bob.jpg` de la carpeta correspondiente al capítulo 10 del DVD (véase a continuación, la figura 10.2).

Figura 10.1. *Ksenia, pintada con el pincel Impressionist (Impresionista).*

Figura 10.2. La fotografía original.

2. Seleccione File>Quick Clone (Archivo>Clonación rápida).

3. Seleccione el pincel Blender Bristle (Cerda mezclar) de la categoría Artist Oils, con un tamaño de 60 y una opacidad del 100 por 100. Haga clic en la opción Clone Color (Clonar color) de la paleta Colors.

4. Seleccione Window>Auto-Painting (Ventana>Pintura automática). Marque la casilla de verificación Smart Stroke (Trazo inteligente) y deje la opción Smart Settings (Ajustes inteligentes) sin marcar, como se muestra en la figura 10.3.

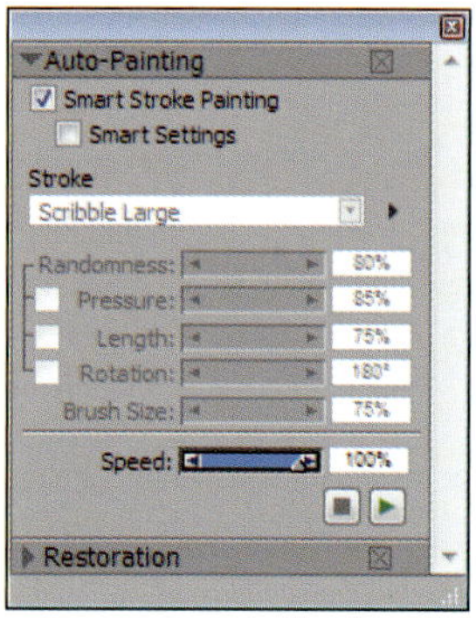

Figura 10.3. La paleta Auto-Painting.

5. Haga clic en el botón **Play** (Reproducir) de la paleta Auto-Painting para iniciar la clonación automática. Ésta seguirá funcionando hasta que hagamos clic en el botón **Stop** (Detener) o dentro de la imagen. Esto proporcionará una base pintada irregular para la imagen. Deje trabajar al programa hasta que esté pintada casi toda la imagen, luego detenga la pintura automática y, con el mismo pincel, pinte sobre las áreas que hayan quedado en blanco. En la figura 10.4 puede ver el proceso. Desactive el papel de calco para ver el resultado.

6. Reduzca el tamaño del pincel a 35 y desmarque la opción Clone Color para que el pincel pinte, en vez de clonar. Mantenga pulsada la tecla **Alt** (**Opción**) y haga clic en la imagen para escoger un color para pintar. Empiece con un marrón oscuro. El funcionamiento de este pincel es el siguiente: empezará a pintar con el color seleccionado, se quedará sin pintura rápidamente y luego se convertirá en un mezclador. Podemos utilizar esta característica para añadir un color en el lienzo y luego seguir pintando para mezclar este color suavemente con los colores existentes. El objeto de utilizar esta técnica en el fondo es para oscurecerlo, pero manteniendo vestigios de los colores originales para darle más interés y sutiliza. Cambie de color frecuentemente, tomando muestras en la imagen, para oscurecer las áreas más claras e introducir toques de color en las áreas más oscuras. Utilice el papel de calco para comprobar dónde está la figura y pinte sobre los bordes para conseguir un fondo uniforme. La figura se clonará de nuevo en un paso posterior. En la figura 10.5 puede ver la imagen en este paso.

7. Disminuya el tamaño del pincel a 21 y la opacidad al 40 por 100. Haga clic en el botón **Clone Color** de la paleta Colors y empiece a pintar la camisa. Utilice trazos de pincel cortos para conseguir un aspecto irregular; utilice trazos largos y ligeros para suavizar las áreas más grandes.

Figura 10.4. *El proceso de pintura automática.*

Figura 10.5. *La imagen en el paso 6.*

8. Ahora pasaremos a la cara. Para ello, cambiaremos al pincel Art Pen Brushes>Soft Flat Oils (Pinceles Art Pen>Óleo suave plano), que es mucho más suave y permite recuperar muchos detalles en el rostro. Utilice la opción Clone Color y ajuste el tamaño del pincel a 40 y la opacidad al 100 por 100. Active el papel de calco y empiece a pintar la cara. La velocidad con la que utilicemos este pincel es crítica: demasiado rápido y la cara quedará completamente emborronada, demasiado lento y el detalle será demasiado nítido. Pinte despacio, lo bastante para mostrar algo de detalle, y utilizando pinceladas cortas. Pinte sobre toda la cara y el pelo.

9. Si la cara tiene demasiado detalle, reduzca la opacidad al 30 por 100 y aplique pinceladas cortas y rápidas sobre el área para difuminar el rostro. Pruebe a dar pequeños toques con el pincel. Esto añadirá una textura que podrá suavizar de nuevo utilizando el mismo pincel.

10. Reduzca el tamaño del pincel a 10 y la opacidad al 24 por 100 y trabaje sobre aquellas áreas irregulares que haga falta suavizar.

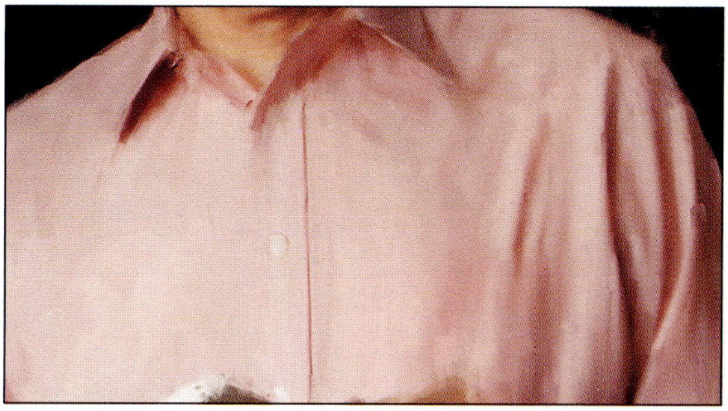

Figura 10.6. *Detalle de la camisa.*

11. Pinte el pelo con el mismo pincel: salga del modo Clone Color y pinte directamente con color para mejorar la textura. Manteniendo pulsada la tecla **Alt** (**Opción**), haga clic en la imagen para tomar muestras de los colores. Las partes más oscuras del pelo se beneficiarán de esta aplicación de un color y una textura más claros.

12. Compruebe la imagen y haga algunos retoques finales.

13. Cree una nueva capa y haga una copia del lienzo: vaya a **Select>All** (Seleccionar>Todo), haga clic en **Edit>Copy** (Edición>Copiar) y luego seleccione **Edit>Paste in Place** (Edición>Pegar en el sitio).

14. Seleccione **Effects>Tonal Controls>Apply Surface Texture** (Efectos>Controles de tono>Aplicar textura de superficie). Seleccione la opción **Image** en el cuadro de lista desplegable **Using** (Utilizar) y ajuste el deslizador **Amount** (Cantidad) al 25 por 100.

15. Ajuste la opacidad de la capa para mejorar la imagen (le recomiendo una opacidad de un 35 por 100 aproximadamente para añadir una textura ligera a las pinceladas pero sin interferir con ellas). En mi caso, he recortado la imagen ligeramente para mejorar la composición y también para eliminar parte de la mano bajo el libro que no había quedado demasiado bien. Puede ver el retrato acabado de Bob en la figura 10.7.

Figura 10.7. *Bob.*

UN RETRATO UTILIZANDO LA TÉCNICA DEL PASTEL

Los pinceles de la categoría Pastels (Pasteles) son perfectos para crear una pintura a partir de esta fotografía tan divertida y llena de color. Estas dos damas encantadoras estaban disfrutando de un festival de jazz, una afición de toda la vida, y conseguí inmortalizarlas con sus ropas de colores bajo un tradicional paraguas de jazz. En la versión pictórica conservaremos los fuertes colores y la vivacidad de la escena.

1. Abra el archivo `Jazz Ladies.jpg` de la carpeta correspondiente al capítulo 10 del DVD (véase la figura 10.8).

Figura 10.8. *La fotografía original.*

2. A continuación, seleccione el comando File>Clone de la aplicación.

3. Seleccione el pincel Pastels>Round Soft Pastel 40 (Pasteles>Pastel redondo suave 40) con un tamaño de 40 y una opacidad del 100 por 100.

4. Haga clic en la opción Clone Color de la paleta Colors.

5. Seleccione el papel Sandy Pastel Paper (Papel arenoso para pastel) en la paleta Papers (Papeles).

6. Pinte sobre la imagen, asegurándose de que queda cubierta toda la fotografía. Siga las direcciones básicas de los colores para que la imagen conserve sus formas generales. El objetivo es crear una base sobre la que clonaremos luego más detalles con un pincel más pequeño. Pinte también sobre las caras (véase la figura 10.9).

Figura 10.9. *La base pictórica en el paso 6.*

7. Antes de empezar a añadir detalles, es conveniente arreglar cualquier área problemática que podamos encontrar, como el área oscura de la esquina inferior derecha. Desactive la función de clonación haciendo clic en el botón **Clone Color** de la paleta Colors. Tome muestras de color manteniendo pulsada la tecla **Alt** (**Opción**) y haciendo clic en la imagen (en este caso, seleccione uno de los tonos grises situados junto a la esquina oscura que queremos eliminar). Pinte sobre la esquina, cambiando el color frecuentemente para que el resultado sea una mezcla de colores que iguale el color y la textura del resto de la imagen.

8. Reduzca el tamaño del pincel a 20 y la opacidad al 50 por 100 y pinte sobre cualquier otra área que parezca demasiado oscura.

9. Haga clic en la opción Clone Color de nuevo, disminuya el tamaño de pincel a 7,5 y aumente la opacidad al 100 por 100 y pinte el mango del paraguas hacia abajo. Vuelva a pintarlo con un tamaño de pincel de 20 para mezclarlo con el fondo.

10. Disminuya el tamaño del pincel a 13 y recupere más detalles en el sombrero y el pelo de las dos mujeres (este tamaño de pincel le dará un acabado más suave) (véase la figura 10.10).

11. Utilizando un tamaño de pincel de 10, con un 100 por 100 de opacidad, pinte sobre las boas de plumas roja y morada para sacarles más detalles y reflejos. Utilice el papel de calco para comprobar dónde están las áreas de mayor contraste y pinte sobre ellas.

12. Cambie el tamaño del pincel a 10 para pintar las caras y enfatizar los detalles suavemente. Los trazos repetidos en una misma dirección suavizarán las texturas.

Figura 10.10. *Detalle del cabello en el paso 10.*

13. Disminuya el tamaño del pincel a 3,4 para pintar los ojos y, utilizando el papel de calco, pinte con cuidado siguiendo las áreas claras y oscuras. Este tamaño de pincel puede perder la textura. Pinte sobre las mismas áreas con un tamaño de pincel de 8,9 para suavizar el aspecto.

14. Para darle más claridad a los ojos, pase al pincel Soft Cloner (Pincel de clonar suave) y recupere el detalle a partir del original. Luego pinte suavemente con el pincel Round Soft Pastel para fusionarlo con el resto de la imagen. Haga lo mismo con los dientes. En la figura 10.11 puede ver los rostros en esta fase.

15. Ahora que hemos completado gran parte de la imagen, es hora de añadir los últimos retoques importantes para mejorar los detalles y texturas de la imagen. El pelo necesita más definición, por tanto, pase al pincel Square X-Soft Pastel 30 (Pastel extra suave cuadrado 30), con un tamaño de 3,4 y una opacidad del 27 por 100. Active la opción Clone Color y clone sobre el pelo para añadirle más textura (véase la figura 10.12).

Figura 10.11. *Las caras en el paso 14.*

Figura 10.12. *Detalles en el cabello añadidos con el pincel Square X-Soft Pastel.*

16. Si el resultado es demasiado marcado, cambie los deslizadores Resat (Resaturación) y Bleed (Sangrado) al 100 por 100. Esto convertirá el pincel en un mezclador que suavizará los trazos de pincel donde sea necesario.

17. Cambie al pincel Artist Pastel Chalk (Tiza pastel artística), haga clic en la opción Clone Color y suavice las áreas irregulares del rostro. También funciona bien como mezclador y es excelente para pintar la piel. Utilice un tamaño de pincel de 10 con un 11 por 100 de opacidad.

18. Pinte sobre la esquina superior izquierda con colores adecuados para evitar un cambio de color en esta área.

19. Añada una textura de superficie en caso necesario, como en el ejemplo anterior, y haga los ajustes de tono necesarios.

20. Con esto completamos este ejercicio. Como hemos visto, los pinceles Pastels son muy versátiles y especialmente efectivos para imágenes de personas. Puede ver a continuación, la imagen acabada en la figura 10.13.

Figura 10.13. *Jazz Ladies.*

UN RETRATO CON EL PINCEL REAL WET BRISTLE DE LA CATEGORÍA ACRYLICS

En este tutorial, utilizaremos uno de los nuevos pinceles de Painter 11 para pintar a esta mujer con su bonito traje tradicional ruso.

1. Abra el archivo `Ksenia.jpg` de la carpeta correspondiente al capítulo 10 del DVD (véase la figura 10.14).

2. Seleccione File>Quick Clone.

3. Seleccione el pincel Acrylics>Real Wet Bristle (Acrílicos>Cerda húmedo real) con un tamaño de 92,2 y una opacidad del 75 por 100.

4. Haga clic en la opción Clone Color de la paleta Colors.

Figura 10.14. *La fotografía original.*

5. Pinte el fondo hasta el borde de la figura. No importa si el pincel sobrepasa el borde, ya que podemos repintarlo más adelante.

6. Reduzca el tamaño del pincel a 25 y pinte sobre la figura. Siga aproximadamente las líneas de la ropa, pero no es necesario ser demasiado preciso en esta fase. En la figura 10.15 puede ver la imagen en este paso.

7. Disminuya el tamaño del pincel a 13 y, empezando por la cabeza, siga las líneas del tejido cuidadosamente para sacar los detalles. Utilice trazos circulares en el borde superior, largos trazos diagonales en el color rojo y trazos cruzados en el bordado siguiente. En la figura 10.16 puede ver un detalle de la imagen.

8. Continúe con el vestido, utilizando un tamaño de pincel de 13. Siga las líneas y colores. En la figura 10.17 puede ver un detalle de la imagen.

9. Cambie el tamaño de pincel a 32,2 6 la opacidad al 35 por 100. Pinte sobre el rostro con movimientos circulares (esto suavizará las texturas).

10. Disminuya el tamaño del pincel a 10 y pinte suavemente sobre el rostro otra vez para sacar los detalles, especialmente en los ojos, nariz y boca.

11. Observe la imagen para comprobar si está satisfecho con el resultado. Luego, aplique una textura de superficie.

12. Copie la capa Canvas: seleccione Select>All, haga clic en Edit>Copy, y en Edit>Paste in Place.

13. Seleccione Effects>Surface Control>Apply Surface Texture. Escoja la opción Luminance y ajuste el deslizador Amount al 25 por 100. Esto añadirá una textura basada en la imagen, acentuando el trabajo del pincel.

Figura 10.15. *Utilizar el pincel Real Wet Bristle.*

Figura 10.16. *Detalle del sombrero.*

14. Seguidamente, copie esta capa de textura de superficie.

15. Cambie el papel a Artist Canvas (Lienzo para artistas).

16. En la paleta Papers, cambie el deslizador Paper Scale (Escala del papel) al 165 por 100 y el deslizador Contrast (Contraste) al 160 por 100.

17. Seleccione el comando Effects>Surface Control>Apply Surface Texture. Escoja la opción Paper y ajuste el deslizador Amount al 25 por 100. Esto aplicará una textura basada en el papel seleccionado. Puede ver la pintura finalizada en las figuras 10.18 y 10.19.

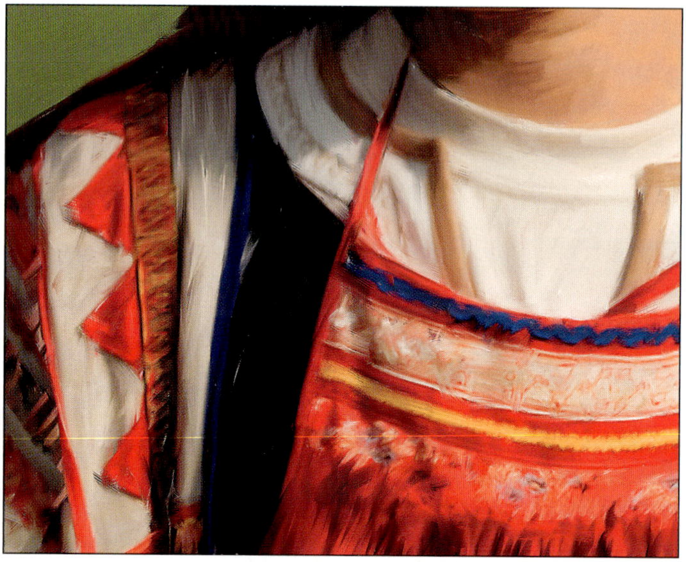

Figura 10.17. *Detalle del vestido.*

Figura 10.18. *Ksenia.*

Figura 10.19. *Ksenia (detalle).*

IDEAS PARA EL DISEÑO DE RETRATOS

Painter puede ser muy útil para crear conceptos de diseño, del mismo modo que para hacer imágenes clonadas. En este ejemplo, superpondremos la imagen original a un fondo pintado.

1. Abra el archivo `Donna.jpg` de la carpeta correspondiente al capítulo 10 del DVD (figura 10.20).

Figura 10.20. *La fotografía original.*

2. Abra la paleta Layers (Capas) y haga una copia de la capa Canvas: vaya a Select>All, haga clic en Edit>Copy, y luego seleccione Edit>Paste in Place.

3. Active **Rectangular Selection** (Selección rectangular) en la barra de herramientas y dibuje una selección que incluya la cabeza de la modelo.

4. Seleccione Select>Save Selection (Seleccionar>Guardar selección) y dele un nombre.

5. Con la nueva capa activa, haga una copia: seleccione Edit>Copy, haga clic en Edit>Paste in Place. Esto colocará una copia del área seleccionada en una nueva capa por encima.

6. Oculte la capa superior haciendo clic en el icono del ojo y active la capa inferior.

7. Necesitamos aclarar y disminuir la saturación de esta capa. Para ello, seleccione Effects>Tonal Controls>Adjust Colors (Efectos>Controles de tono>Ajustar colores) y ajuste el deslizador Saturation (Saturación) a -55 y el deslizador Value (Valor) a +40.

8. Seleccione el pincel Blenders>Grainy Blender 30 (Mezcladores>Mezclador granulado), con un tamaño de 85 y una opacidad del 100 por 100.

9. Cambie el papel a Sandy Pastel Paper.

10. Pinte sobre toda la capa hasta que la imagen quede muy difuminada. Active la capa superior para ver el efecto y haga los ajustes de difuminado necesarios (véase la figura 10.21).

Figura 10.21. *Hacer la selección y la imagen en el paso 10.*

11. Haga clic en Select>Load Selection (Seleccionar>Cargar selección) y escoja el nombre de la selección guardada anteriormente.

12. Seleccione Select>Modify>Border (Seleccionar>Modificar>Borde) e introduzca un valor de 4 píxeles. Cambie al color blanco en la paleta Colors. Seleccione Edit>Fill (Edición>Rellenar) y marque la opción Current Color (Color actual).

13. Para crear una sombra paralela, seleccione Effects>Objects>Drop Shadow (Efectos>Objetos>Sombra paralela). Introduzca en Opacity (Opacidad) un valor del 80 por 100 y en Radius (Radio) un valor de 30 píxeles. Deje los valores de X-Offset (Desplazamiento X) y de Y-Offset (Desplazamiento Y) en 10. Marque la casilla de verificación Collapse to one layer (Combinar en una capa).

14. Active la capa del medio otra vez y vuelva a utilizar el comando **Adjust Colors** para aclararla y disminuir aún más la saturación. En este caso, he utilizado estos valores: Saturation -24 y Value +46.

15. Para acabar, recorte la imagen. En la figura 10.22 puede ver la imagen finalizada.

Figura 10.22. *Donna.*

UN RETRATO TRISTE

En este ejercicio, empezaremos con un retrato de estudio y lo transformaremos en una imagen oscura y triste, con poca luz. El procedimiento es sencillo y fácil de seguir.

1. Abra el archivo `Donna.jpg` de la carpeta correspondiente al capítulo 10 del DVD (véase la figura 10.23).

Figura 10.23. *La fotografía original.*

2. Seleccione File>Clone. No queremos eliminar la imagen.

3. Con la herramienta **Dropper** (Cuentagotas), haga clic en un punto situado junto a la cabeza para tomar una muestra del color rojo oscuro. Seleccione Edit>Fill y marque la opción Current Color.

4. Seleccione el pincel Cloners>Soft Cloner (Pinceles de clonar>Pincel de clonar suave) con un tamaño de 72,1 y una opacidad del 2 por 100. Pinte suavemente sobre el rostro (con esta opacidad, sólo será visible la cara).

5. Reduzca la opacidad al 1 por 100 y pinte sobre el resto del cuerpo.

6. Aumente la opacidad al 5 por 100 aproximadamente y pinte otra vez sobre la cara para hacerla más clara. Para acabar la imagen, aplique una textura de superficie denominada Artists Canvas (este procedimiento se explica con detalle en el capítulo 5, sobre texturas de papel). Puede ver la imagen acabada en la figura 10.24.

Figura 10.24. *Retrato oscurecido.*

RETRATOS DE BODAS

Las bodas son uno de los encargos principales de muchos fotógrafos profesionales y una de las formas de vender un producto *premium* es ofreciendo versiones pictóricas de retratos de boda seleccionados. En este capítulo, veremos algunas de las técnicas que podemos llevar a cabo con Painter. En cualquier caso, nuestro objetivo será crear la imagen final lo más rápidamente posible y sin necesidad de tener ningún conocimiento previo sobre las técnicas de pintura tradicionales.

En este primer ejemplo, utilizaremos un retrato en color y lo convertiremos un una delicada imagen coloreada a mano. Todas estas técnicas las haremos utilizando Painter, aunque algunos de los pasos podría hacerlos también en Photoshop, si se siente más cómodo con ese programa, y completar luego los pasos pictóricos en Painter.

1. Abra el archivo `The Kiss.jpg` de la carpeta correspondiente al capítulo 10 del DVD (véase la figura 10.25).

Figura 10.25. *La fotografía original.*

2. Haga una copia de la capa Canvas: Select>All, Edit>Copy, Edit>Paste in Place.

3. Seleccione Effects>Tonal Controls>Adjust Colors. Mueva el deslizador Saturation hasta el extremo izquierdo. Esto convertirá la capa en monocroma.

4. Seleccione File>Clone para hacer una copia de la capa monocroma.

5. Cambie la textura del papel a Basic Paper (Papel básico).

6. El fondo distrae bastante, así que tenemos que igualarlo. Antes de difuminarlo, debemos añadir algunos toques de pintura. Seleccione el pincel Chalk>Variable Width Chalk (Tiza>Tiza de ancho variable) con sus ajustes por defecto. Pinte con un color claro sobre las áreas oscuras y con un color oscuro sobre las áreas claras.

7. Seleccione el pincel Blenders>Grainy Blender 30 con un tamaño de 84 y una opacidad del 100 por 100. Mezcle el fondo completamente. Los toques de pintura que hemos añadido en el paso anterior nos permitirán igualar los tonos, pero dejando alguna variación en el fondo (véase la figura 10.26).

8. Reduzca la opacidad del pincel al 10 por 100 y pinte suavemente sobre las figuras siguiendo la dirección general de las telas. Esto eliminará lo que queda del acabado fotográfico.

9. Cambie el pincel a Smart Stroke Brushes>Acrylics Captured Bristle (Pinceles de trazo inteligente>Acrílico cerda capturado), con los siguientes valores: Size 11, Opacity 15 por 100, Resat 0 y Bleed 38 por 100. Mezcle las caras y las figuras, concentrándose en los bordes, donde el acabado es más irregular. Recuerde que, al igual que sucede con todos los mezcladores, el pincel arrastrará unos colores sobre otros, por tanto, evite arrastrar las áreas negras sobre el blanco, para no ensuciar el color. Utilice este mismo pincel con un tamaño mayor para limpiar cualquier área irregular del fondo o para suavizar áreas (véase la figura 10.27).

10. Cree una nueva capa en blanco y seleccione Fill>Clone Source (Rellenar>Origen de clonación). Esto colocará la imagen en color original por encima de la pila de capas.

11. Cambie el método de composición de la capa a Color.

12. Añada una máscara de capa a esta capa y haga clic sobre ella para asegurarse de que esté activada.

Figura 10.26. *La imagen en los pasos 6 y 7.*

Figura 10.27. *Detalle de la imagen en el paso 8 y la imagen en el paso 9.*

13. Utilice el pincel Tinting>Basic Round (Tinte>Básico redondo), con un tamaño de 20, una opacidad del 13 por 100 y el color negro, para pintar sobre todo el fondo para eliminarlo, dejando las figuras en color. Utilice un pincel más pequeño para limpiar los bordes alrededor de las figuras.

14. Reduzca la opacidad de la capa a cero y luego vaya subiéndola poco a poco hasta que el color sea visible, pero sutil. En este caso, he utilizado una opacidad del 50 por 100.

15. Para acabar, haga los ajustes finales necesarios y recorte la imagen. Puede ver la imagen finalizada en la figura 10.28.

UNA NOVIA VESTIDA DE BLANCO

El objetivo de este ejemplo es mostrar las diferentes formas en que podemos modificar la sencilla fotografía de una novia para crear imágenes románticas y diferentes.

Figura 10.28. *Pareja de novios.*

Antes de empezar este ejemplo paso a paso, he pintado sobre el fondo para eliminarlo, ya que no era demasiado apropiado. Esto puede hacerse fácilmente utilizando un pincel con pintura blanca y una capa independiente colocada sobre la capa Canvas.

1. Abra el archivo `Rebecca.jpg` de la carpeta correspondiente al capítulo 10 del DVD (véase la figura 10.29).

Figura 10.29. *La fotografía original.*

2. Seleccione File>Clone.

3. Seleccione el pincel Blenders>Grainy Blender 30 con un tamaño de 30 y una opacidad del 38 por 100. Utilizaremos este pincel como mezclador, no como pincel de clonar.

4. En la paleta Papers, seleccione el papel Sandy Pastel Paper.

5. Volveré a recordar aquí las ventajas de utilizar paletas personalizadas para los pinceles que vamos a utilizar. Es algo muy útil si tenemos la intención de volver a utilizar el mismo proceso sobre otra imagen. Encontrará más información sobre cómo crear y guardar paletas en el capítulo 1. Por el momento, haga clic en el icono de la variante del pincel del selector de pinceles y arrástrelo al escritorio. Esto creará de forma instantánea una paleta personalizada. A medida que utilicemos otros pinceles en este ejercicio, puede ir añadiéndolos a esta nueva paleta personalizada arrastrándolos a ella.

6. Aumente el zoom de la imagen al 100 por 100 y empiece por pintar el vestido. Pinte primero el top y luego la falda. Esto suavizará los pliegues y eliminará los detalles. En la figura 10.30 puede ver la diferencia.

Figura 10.30. *El vestido antes y después del difuminado.*

7. Siga con el vestido, pintando hacia abajo, pero si necesita eliminar más detalle, pinte a lo largo de la línea y luego difumine de nuevo hacia abajo. Esto descompondrá la textura de la imagen. Haga esto en los bordes exteriores del vestido, para que parezca que se funde con el fondo.

8. En la parte inferior del vestido, el mezclador arrastrará los bordes bellamente, pero hágalo de forma suave para que los trazos de pincel muestren una textura delicada, en vez de un borde irregular (véase la figura 10.31). Pinte sobre el suelo al mismo tiempo, difuminando para eliminar todo detalle.

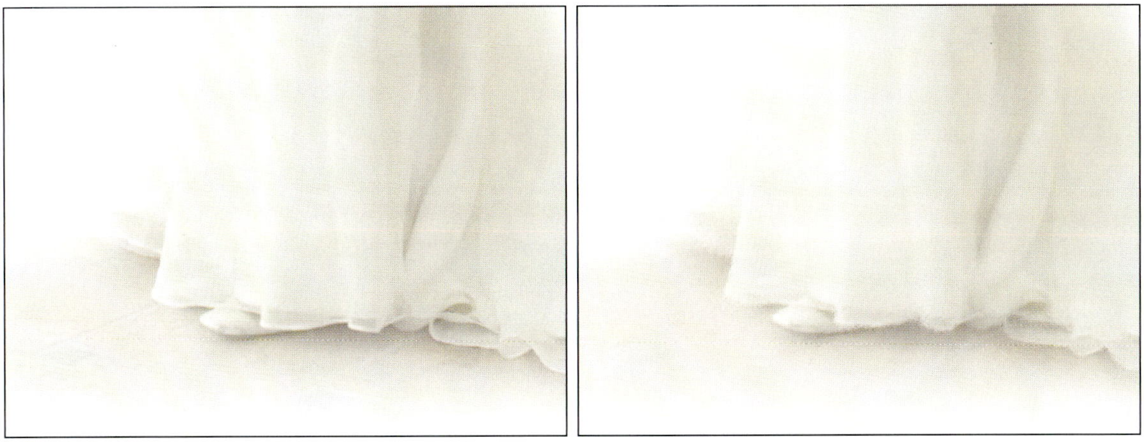

***Figura 10.31.** El vestido antes y después del difuminado.*

9. Cambie el pincel a Blenders>Soft Blender Stump 10 (Mezcladores>Difumino mezcla suave) con un tamaño de 13 y una opacidad del 30 por 100. Arrastre este pincel a su paleta personalizada y coloque el icono a la derecha del icono anterior (el icono será igual).

10. Pinte muy suavemente sobre los bordes de la parte inferior del vestido. Esto sólo suavizará un poco los bordes.

11. Ahora nos encargaremos de la cara. Utilice el pincel Soft Blender Stump con un tamaño de 8 y una opacidad del 25 por 100 para difuminar el rostro. Como siempre, tenga cuidado de no arrastrar los colores oscuros sobre las áreas claras. Difumine los detalles hasta conseguir una piel de aspecto suave. Siga por el cuello y los brazos, utilizando un pincel más grande, con un tamaño de 15 y una opacidad del 50 por 100.

12. Difumine la mano, incluyendo el anillo, pero luego pase al pincel Soft Cloner y recupere el detalle del anillo, para que se vea claramente. Arrastre el pincel Soft Cloner a su paleta personalizada, ya que tendrá que utilizarlo más tarde.

13. Para pintar las flores, cambie al pincel Pastels>Artist Pastel Chalk, con un tamaño de 5 y una opacidad del 100 por 100. Haga clic en la opción Clone Color. Pinte utilizando pequeños trazos circulares para darles una atractiva textura a los pétalos y hojas. Añada este pincel a su paleta personalizada.

14. Ahora sólo nos quedan los detalles finales. Utilice el pincel Soft Cloner, con un tamaño de 2 y una opacidad del 24 por 100, para sugerir ligeramente la gargantilla. Active el papel de calco para identificar dónde se encuentra la cadena. Si queda demasiado nítido, puede difuminarlo con el pincel Soft Blender Stump utilizando una opacidad baja. Haga lo mismo con los pendientes y con algunos de los cristales del top del vestido.

A continuación, Puede ver la imagen final en la figura 10.32 y detalles de la misma en las figuras 10.33 a 10.35.

Figura 10.32. *Rebecca.*

Figura 10.33. *Otra imagen sencilla creada a partir de una fotografía de la parte posterior del vestido.*

Figura 10.34. *La imagen principal se ha recortado y se ha colocado una capa blanca sobre la capa Canvas con el método de composición de capa Color.*

Figura 10.35. *Esta versión se ha suavizado con el pincel Soft Blender Stump y luego se ha recortado para aislar el zapato asomando bajo el hermoso vestido.*

Capítulo 11

Efectos especiales

El núcleo central de Painter son los numerosos pinceles y materiales artísticos que hemos visto en capítulos anteriores, sin embargo el programa también incluye diferentes efectos especiales. En este capítulo, analizaremos una selección de los mismos.

Los efectos especiales de Painter son de diversos tipos. Algunos están incluidos en los menús Surface (Superficie) y Focus (Enfocar), mientras que otros están en la paleta Layers (Capas) en forma de capas de *plug-ins* dinámicos.

Uno de los efectos más fascinantes de esta sección es el efecto Kaleidoscope (Caleidoscopio), que crea maravillosos motivos a medida que movemos el visualizador sobre la imagen. Son muy fáciles de crear y de disfrutar.

La característica común de todos estos efectos especiales es la posibilidad de darle un aspecto muy diferente a la imagen.

WOODCUT (GRABADO EN MADERA)

El efecto Woodcut crea un grabado en madera bastante creíble a partir de un original fotográfico. Por lo general, las imágenes de formas sencillas son las que mejor quedan. El proceso crea tanto imágenes monocromas como en color.

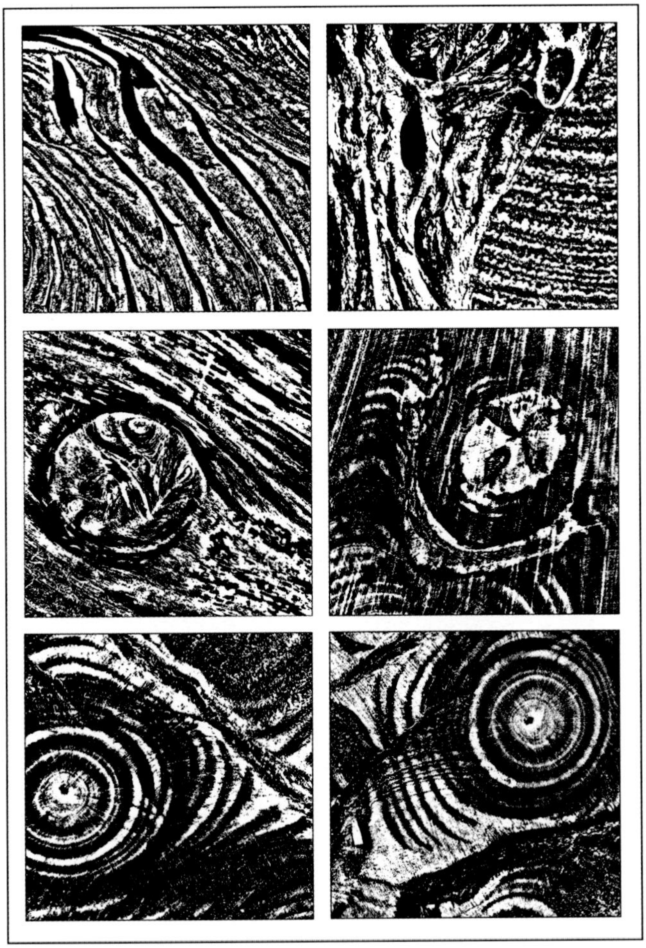

Figura 11.1. *Panel Woodcut (Grabado en madera).*

1. Abra el archivo `MG Badge.jpg` de la carpeta correspondiente al capítulo 11 del DVD (véase la figura 11.2).

Figura 11.2. *La fotografía original.*

2. Seleccione Effects>Surface Control>Woodcut (Efectos>Control de superficie>Grabado en madera).

3. Desmarque la opción Output Color (Color de salida) y utilice los ajustes siguientes: Black Edge (Borde negro) 64,94, Erosion Time (Tiempo de erosión): 14, Heaviness (Densidad) 50 por 100. Puede ver el resultado en la imagen de la izquierda de la figura 11.3.

4. También podemos crear versiones coloreadas. Abra la misma imagen y marque la opción Output Color. Deje el resto de opciones como están. Puede ver el resultado de estos ajustes en la imagen derecha de la figura 11.3.

El color puede controlarse de diferentes formas. Cuando marcamos la opción Auto Color (Color automático), el grabado en madera se coloreará utilizando la selección de colores mostrados en la ventana de vista previa.

La cantidad de colores que se usarán puede modificarse utilizando el deslizador N Colors (Número de colores). Generalmente suele ser más efectivo utilizar un rango limitado de colores, pero pruebe a mover el deslizador para ver la diferencia.

En vez de utilizar el conjunto de colores automáticos por defecto, también podemos escoger otro conjunto de colores. Marque la opción Use Color Set (Utilizar conjunto de colores), abra la paleta Color Sets (Conjuntos de colores) y cargue un conjunto de colores.

Figura 11.3. *Los resultados después de utilizar las opciones para crear una imagen monocroma o en color.*

APPLY SCREEN (APLICAR TRAMA)

Cuando utilizamos el efecto Apply Screen, los valores originales de luminosidad se dividen en tres tonos. En el cuadro de diálogo podremos escoger los tres colores que se aplicarán a la imagen.

1. Abra el archivo `Portrait.jpg` de la carpeta correspondiente al capítulo 11 del DVD (véase la figura 11.4).

Figura 11.4. *La fotografía original.*

2. Seleccione Effects>Surface Control>Apply Screen (Efectos>Control de superficie>Aplicar trama). Escoja los siguientes valores: Threshold 1 (Umbral 1) 94 por 100 y Threshold 2 (Umbral 2) 73 por 100 (véase la figura 11.5).

3. En el cuadro de lista desplegable Using (Utilizar), escoja la opción Luminance (Luminosidad).

4. Haga clic en la muestra de color central y escoja un color. Puede cambiar los tres colores si lo desea, pero si se dejan los colores blanco y negro en los extremos suele obtenerse una imagen más impactante.

El deslizador Threshold 1 controla el equilibrio entre las dos muestras de color de la derecha, mientras que el deslizador Threshold 2 controla la muestra izquierda.

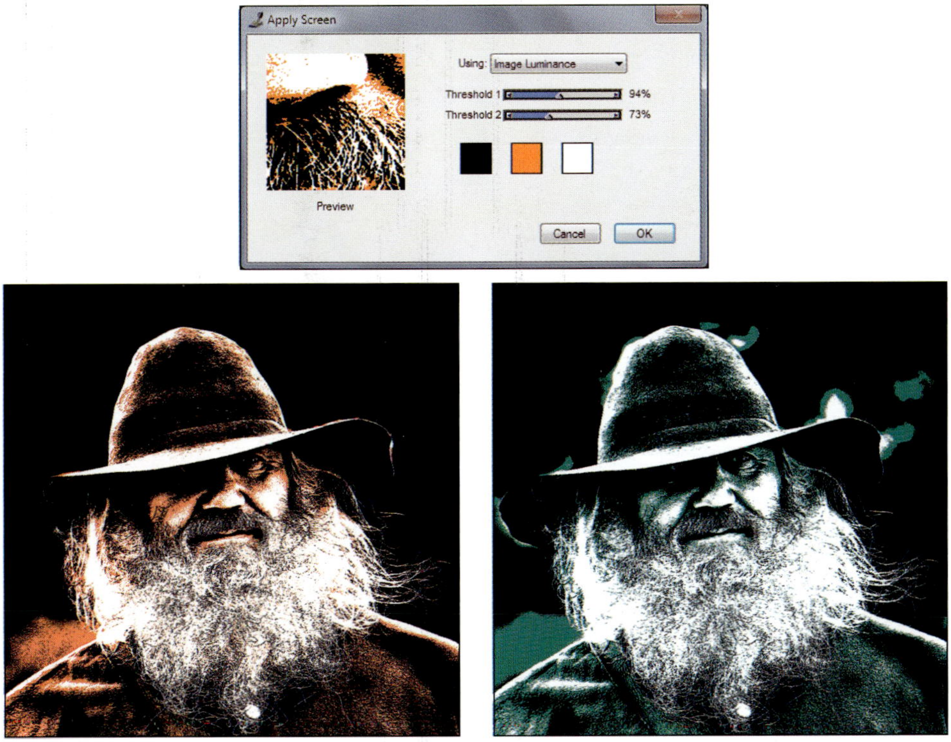

Figura 11.5. *El cuadro de diálogo Apply Screen y dos imágenes creadas con ajustes diferentes.*

También podemos cambiar el origen de la textura de superficie en el cuadro de lista desplegable Using, del mismo modo que vimos en el comando **Apply Surface Texture** (Aplicar textura de superficie) que explicamos en el capítulo 5, sobre texturas del papel.

DISTRESS (RETENCIÓN)

El efecto Distress (véase la figura 11.6), incluido en el menú Effects>Surface Control, permite crear potentes imágenes gráficas a partir de nuestras fotografías. La mayoría de los detalles se eliminarán y se sustituirán por un granulado grueso. Necesitamos una imagen nítida y fuerte para sacar el mayor partido de este efecto.

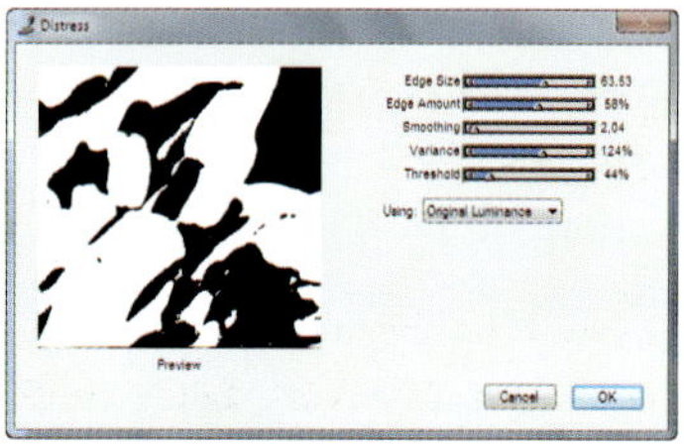

Figura 11.6. *Cuadro de diálogo del efecto Distress.*

Los deslizadores interactúan unos con los otros para conseguir un equilibrio de detalle y exposición general. En algunos de los deslizadores, bastará con hacer modificaciones mínimas para conseguir resultados muy diferentes.

Al igual que muchos otros cuadros de diálogo de efectos, el efecto Distress puede basarse en la textura de papel actual o en la luminosidad de la imagen.

Los deslizadores controlan el tamaño y cantidad de los bordes (Edge Size y Edge Amount respectivamente), la suavidad de la imagen (Smoothing) y la cantidad de grano añadido (Variance).

El deslizador Threshold determina la cantidad de negro y afecta mucho al resultado. Recuerde que, para hacer pequeños ajustes en los deslizadores, puede hacer clic en las flechas situadas a sus extremos.

Abra la imagen `Poppy.jpg` del DVD. Haga una copia clonada (File>Clone). Aplique el efecto Distress utilizando como origen la luminosidad original (Original Luminance). Configure el resto de opciones de esta forma: Edge Size 63,53, Edge Amount 58 por 100, Smoothing 2,04, Variance 124 por 100 y Threshold 44 por 100.

Para crear el ejemplo en color, aplique el efecto Distress, cree una nueva capa y copie la imagen original en la capa superior: haga clic en Edit>Fill (Edición>Rellenar), seleccionando la opción Clone Source (Origen de clonación). Cambie el método de composición de la capa a Screen (Trama). Esto añadirá color en las áreas negras creadas por el efecto Distress (véase la figura 11.7).

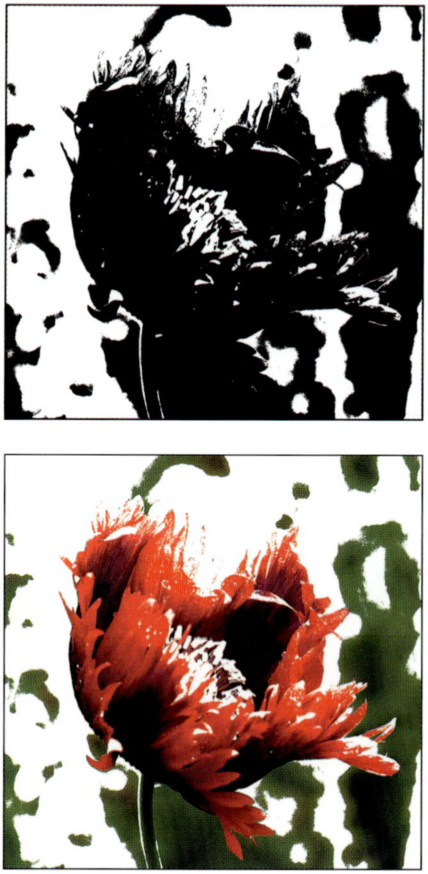

Figura 11.7. *El efecto Distress aplicado a una fotografía. En la segunda versión se ha superpuesto el color de la fotografía original.*

QUICK WARP (DEFORMACIÓN RÁPIDA)

El efecto Quick Warp (Effects>Surface Control>Quick Warp) deforma o comba la fotografía de diversas formas y rápidamente.

El cuadro de diálogo Quick Warp tiene cinco opciones (véase la figura 11.8).

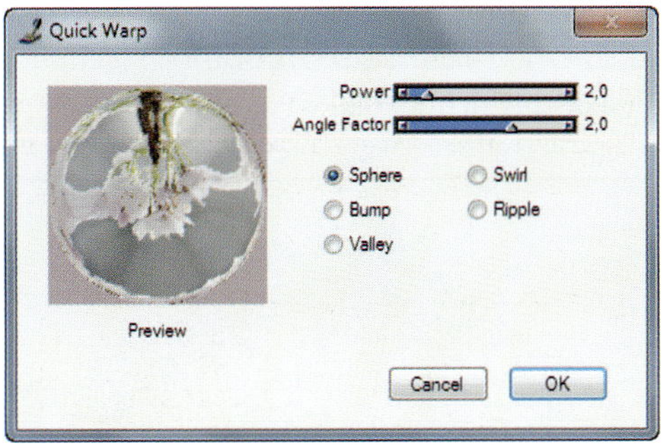

Figura 11.8. *El cuadro de diálogo Quick Warp.*

La opción Sphere (Esfera) convierte la imagen un círculo, como se muestra en la imagen izquierda de la figura 11.9. También la distorsiona de otras formas, dependiendo de los ajustes de los deslizadores Power (Potencia) y Angle (Ángulo).

La opción Bump (Bulto) expande el centro de la imagen.

La opción Valley (Valle) aprieta la imagen hacia el centro.

La opción Swirl (Espiral) gira la imagen desde el centro en el sentido de las agujas del reloj o en sentido contrario a las agujas del reloj.

La opción Ripple (Rizo) crea el efecto de un remolino, dependiendo de la posición de los dos deslizadores.

SKETCH (BOCETO)

El efecto Sketch (véase la figura 11.10) simplifica una fotografía en color para convertirla en un dibujo lineal. Puede utilizarse de forma independiente o, como se hace en muchos casos, mezclar el efecto con la fotografía original para darle un efecto coloreado.

Figura 11.9. *A la imagen de la izquierda se le ha aplicado el efecto Quick Warp con la opción Sphere. A la imagen de la derecha se he han aplicado las opciones Swirl y Sphere.*

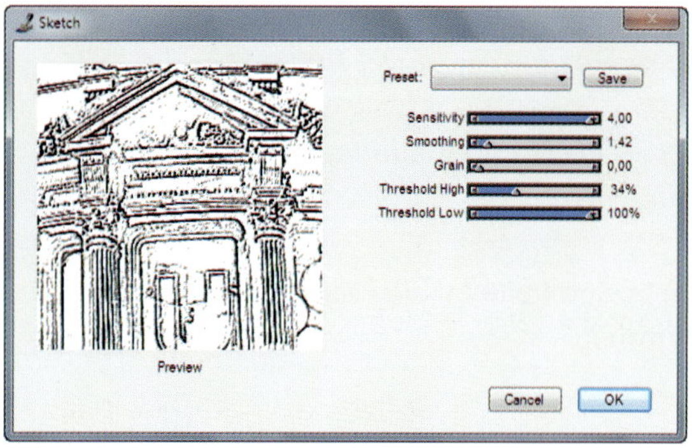

Figura 11.10. *El cuadro de diálogo Sketch.*

1. Abra el archivo `Victorian Building.jpg` de la carpeta correspondiente al capítulo 11 del DVD (véase la figura 11.11).

Figura 11.11. *La fotografía original.*

2. Seleccione File>Clone.

3. Haga una copia de la capa Canvas para aplicarle el efecto Sketch: haga clic en Select>All (Seleccionar todo), luego haga clic en Edit>Copy (Edición>Copiar) y seleccione Edit>Paste in Place (Edición>Pegar en el sitio).

4. Seleccione Effects>Surface Control>Sketch (Efectos>Control de superficie>Boceto). En el cuadro de diálogo que se muestra en la figura 11.10, introduzca los siguientes valores: Sensitivity (Sensibilidad) 4,0, Smoothing (Suavizado) 1,42, Grain (Grano) 0,00, Threshold High (Umbral alto) 34 por 100, Threshold Low (Umbral bajo) 100 por 100.

En la figura 11.12 puede ver el efecto Sketch aplicado a la capa del edificio. La cantidad de ruido del fondo dependerá en gran medida de los deslizadores Threshold; la forma en que equilibremos estos dos deslizadores y el deslizador Smoothnes definirá el nivel de detalle del boceto.

Figura 11.12. *Aplicar el efecto Sketch.*

El efecto Sketch tal y como lo hemos aplicado a esta imagen no queda demasiado bien, pero es un buen punto de inicio para crear una imagen más satisfactoria.

5. Cambie el método de composición de la capa del boceto a Overlay (Superponer). Esto cambiará la imagen considerablemente, aclarándola y superponiendo bordes lineales al original.

6. En la paleta Layers, haga clic con el botón derecho sobre la capa para crear un duplicado.

7. En la figura 11.13 puede ver cómo esta capa extra, que también está en método de composición Overlay, enfatiza el efecto. Reduzca la opacidad de la capa a un 36 por 100 para devolverle algo más de color. Reduzca la opacidad de la capa inferior en caso necesario.

GLASS DISTORTION (DISTORSIÓN DE CRISTAL)

El efecto Glass Distortion distorsiona la fotografía original en base a diferentes fuentes. El efecto está disponible en el menú Effects>Focus>Glass Distortion (Efectos>Enfocar>Distorsión de cristal).

En el cuadro de diálogo Glass Distortion, mostrado en la figura 11.14, la primera opción es el cuadro de lista desplegable Using (Utilizar). Las opciones que tenemos son idénticas a las del cuadro de diálogo Apply Surface Texture (Aplicar textura de superficie) que vimos en el capítulo 5. Las opciones son Paper (Papel), 3D Brush Strokes (Pinceladas 3D), Image Luminance (Luminosidad de la imagen) y Original Luminance (Luminosidad original). Como la opción Paper se basa en la amplia selección de papeles incluidos en Painter, tenemos muchas posibilidades disponibles.

Las opciones del cuadro de lista desplegable Map (Mapa) son Refraction (Refracción), Vector (Vector) y Angle Displacement (Desplazamiento de ángulo). Las dos últimas opciones funcionan junto con la opción Image Luminance del cuadro de lista desplegable Using, provocando distorsiones impactantes en la imagen (puede que tenga que aumentar el valor del deslizador Amount (Cantidad) para ver la diferencia).

Figura 11.13. *Añadir dos capas copiadas con el método de composición de capa Overlay.*

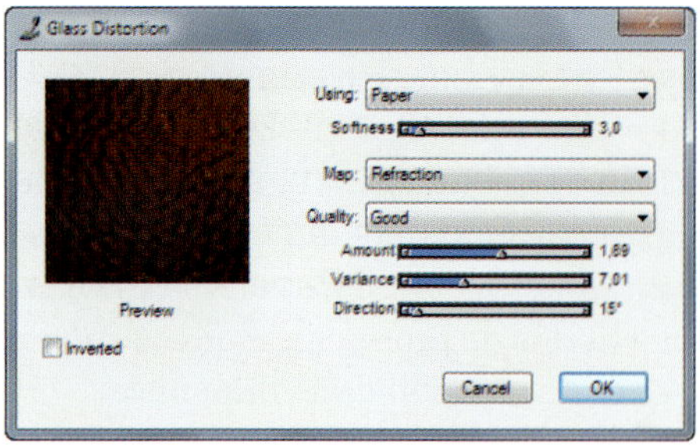

Figura 11.14. *El cuadro de diálogo Glass Distortion.*

El deslizador Softness (Suavizado) suaviza las distorsiones.

El deslizador Amount (Cantidad) aumenta el efecto general.

El deslizador Variation (Variación) distorsiona el motivo en motivos menos reconocibles.

El deslizador Direction (Dirección) funciona junto con las opciones Angle y Vector Displacement.

En la fotografía de la magnolia de la figura 11.15 se ha utilizado la opción Image Luminance. Para la imagen de la figura sin rostro, se ha utilizado la opción Paper, con el papel New Streaks (Nuevas vetas), que ha empujado la textura hacia la derecha.

LIQUID LENS (LENTE LÍQUIDA)

El efecto Liquid Lens es definitivamente uno de los efectos más divertidos de Painter. Convierte nuestras preciosas fotografías en líquido y luego distorsiona la imagen a través de sus diferentes controles.

Abra una imagen y muestre la paleta Layers (Capas) en pantalla. En la parte inferior de la paleta, haga clic en el segundo icono desde la izquierda, que tiene la forma de un enchufe, y en el cuadro de lista desplegable seleccione la opción Liquid Lens.

Los iconos del cuadro de diálogo permiten distorsionar la imagen de diferentes formas cuando pintamos sobre la imagen (véase a continuación, la figura 11.16).

El primer icono, en la parte superior izquierda, simula el efecto de una gota cayendo en el agua. Seleccione el icono y luego haga clic sobre la imagen y arrastre para aumentar la distorsión.

Los dos iconos de la parte superior derecha retuercen la imagen hacia la derecha o la izquierda.

Figura 11.15. *Dos fotografías modificadas con el efecto Glass Distortion.*

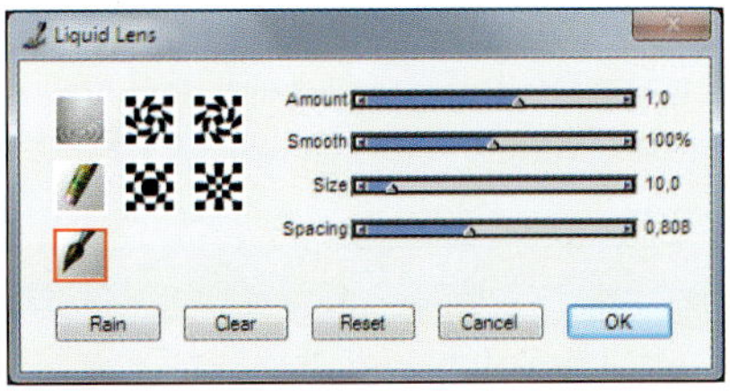

Figura 11.16. *El cuadro de diálogo Liquid Lens.*

Los dos iconos situados justo debajo hacen que la imagen se abulte o se contraiga.

El icono del borrador elimina cualquier distorsión, devolviendo la imagen a su estado original.

El icono del pincel distorsiona la imagen cuando arrastramos el pincel sobre la imagen. Es como los pinceles de la categoría Distortion (Distorsión) que encontramos en el selector de pinceles.

Los deslizadores modifican las opciones y determinan el grado de distorsión (Amount), el suavizado (Smoothness), el tamaño del pincel (Size) y la separación de los toques de pincel (Spacing).

Los cuatro botones de la parte inferior de la paleta permiten eliminar la distorsión de la imagen (**Clear**) y devolver los deslizadores a sus ajustes por defecto (**Reset**). El botón **Rain** (Lluvia) simula gotas de agua cayendo sobre la superficie de la imagen. El botón **OK** aplica el efecto. En la figura 11.17 podrá observar el aspecto de dos de estos efectos.

BEVEL WORLD (MUNDO DEL BISEL)

El efecto Bevel World es otro *plug-in* dinámico que puede usarse para crear biseles de todo tipo, ya sea para añadir simplemente un borde a una imagen o para hacer un montaje creativo.

1. Abra el archivo `Mannequin.jpg` de la carpeta correspondiente al capítulo 11 del DVD.

2. Copie la capa Canvas: seleccione Select>All, mantenga pulsada la tecla **Alt** (**Opción**) y haga clic en la imagen utilizando la herramienta **Layer Adjuster** (Ajustar capa).

3. En la capa superior, haga una selección cuadrada con la herramienta **Rectangular Selection** (Selección rectangular) de la barra de herramientas.

Figura 11.17. *Dos fotografías distorsionadas por el efecto Liquid Lens.*

4. Vaya a Select>Invert Selection (Seleccionar>Invertir selección).

5. Seleccione Edit>Cut (Edición>Cortar). Esto eliminará el área que rodea a la selección.

6. Haga una copia de esta capa: haga clic en Select>All, luego en Edit>Copy y selecciones Edit>Paste in Place. Desactive luego la visibilidad de esta capa.

7. Active la capa central y haga clic en el icono **Dynamic Plugins** de la paleta Layers. Seleccione la opción Bevel World (véase la figura 11.18).

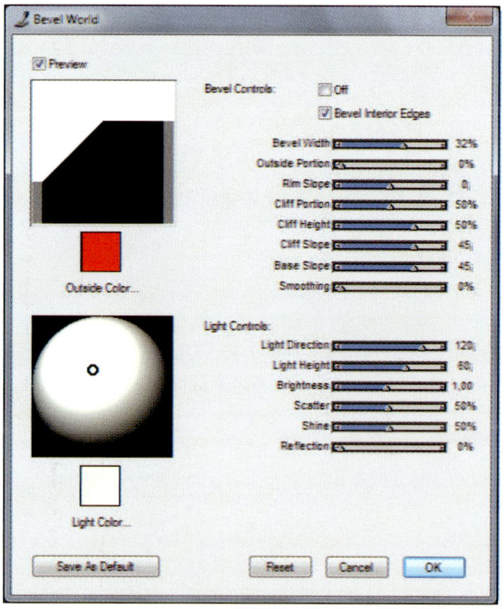

Figura 11.18. *El cuadro de diálogo Bevel World.*

8. Mueva los deslizadores para ver los diferentes tipos de bisel que pueden crearse. La vista previa es muy lenta. Haga clic en **OK** cuando encuentre un bisel adecuado.

9. Active la visibilidad de la capa superior. Actívela y cambie el método de composición de la capa al 61 por 100. Esto enfatizará los colores.

10. Haga clic en la capa Canvas y, en la paleta Underpainting (Base), reduzca los valores de los deslizadores Saturation (Saturación), Value (Valor) y Brightness (Brillo) para oscurecer el área exterior. Puede ver el resultado en la figura 11.19.

Figura 11.19. *Fotografías a las que se les ha aplicado el plugin dinámico Bevel World.*

La imagen de la flor se creó de la misma forma, sólo que en este caso la selección era circular y se escogió un bisel diferente.

BURN (QUEMAR)

El efecto Burn es una capa de *plug-in* dinámico. Esto significa que podemos activar o desactivar la capa cuando queramos y modificar sus ajustes. Sin embargo, para poder hacerlo tenemos que guardar la imagen en el formato RIFF de Painter.

1. Abra el archivo `Hellebore.jpg` o `Cross.jpg` de la carpeta correspondiente al capítulo 11 del DVD.

2. El efecto Burn se basa en una selección, por tanto haga clic en Select>All para quemar los bordes de la imagen completa. Si sólo quiere quemar parte de la imagen, puede hacer una selección con la herramienta **Lasso** (Lazo) o cualquier otra herramienta de selección.

3. Seguidamente, abra la paleta Layers y haga clic en el segundo icono desde la izquierda, que tiene forma de enchufe. En el menú desplegable, seleccione la opción Burn.

4. Cuando se abra el cuadro de diálogo (véase la figura 11.20), deje los ajustes por defecto y haga clic en **OK**.

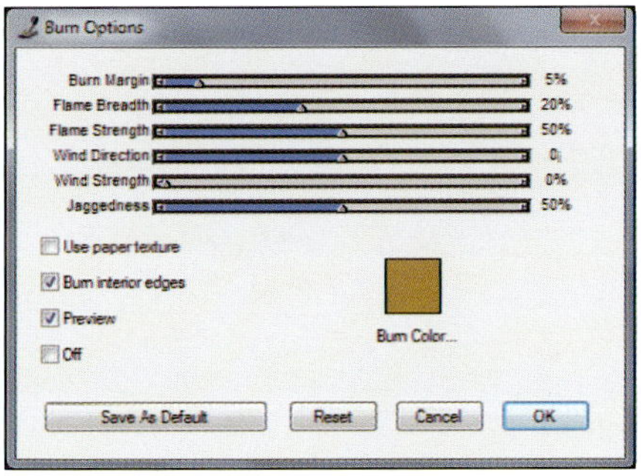

Figura 11.20. *El cuadro de diálogo Burn.*

Esto creará una nueva capa de *plug-in* dinámico. Oculte la capa Canvas para ver los bordes quemados. Puede mover los deslizadores para ajustar el efecto del borde y, haciendo clic en la muestra de color, cambiar el color utilizado.

Tenga en cuenta que el programa tarda mucho en actualizar la vista previa del efecto, por tanto, es difícil comprobar el resultado rápidamente. Puede ver dos ejemplos de la aplicación de este efecto en la figura 11.21.

Figura 11.21. *El efecto Burn aplicado con diferentes ajustes.*

KALEIDOSCOPE (CALEIDOSCOPIO)

Las imágenes que se obtienen con el efecto Kaleidoscope son muy divertidas e increíblemente fáciles de crear con Painter. Pruebe a hacerlo con las fotografías del DVD o con una fotografía propia, siguiendo estos pasos:

1. Abra cualquier archivo de ejemplo del DVD.

2. Abra la paleta Layers y haga clic en el segundo icono desde la izquierda, que tiene forma de enchufe. En el menú desplegable, seleccione la opción Kaleidoscope.

3. En el cuadro de diálogo (véase la figura 11.22), introduzca en el campo Size (Tamaño) un valor de entre 600 y 1.000 píxeles. El tamaño por defecto de 100 es demasiado pequeño para la mayoría de las imágenes.

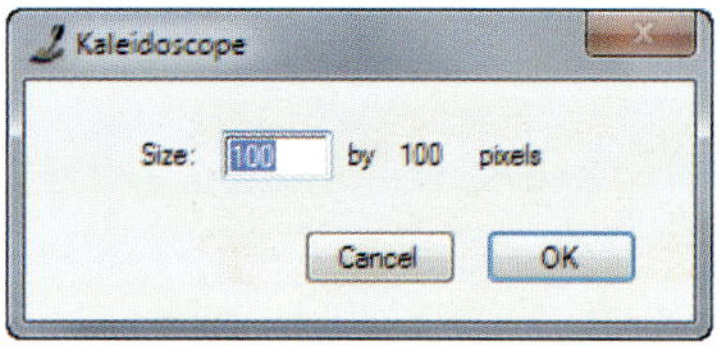

Figura 11.22. *El cuadro de diálogo Kaleidoscope.*

4. Desactive la visibilidad de la capa Canvas.

5. Haga clic y arrastre el caleidoscopio y muévalo por la imagen. El motivo cambia continuamente a medida que lo movemos.

6. Cuando encuentre un diseño que le guste, simplemente recorte la imagen al tamaño del caleidoscopio, acople la capa y guarde la imagen.

Cada vez que hacemos clic en la opción Kaleidoscope se crea una nueva capa. Esto significa que podemos aplicar el efecto Kaleidoscope sobre otra capa de caleidoscopio, creando de este modo diseños todavía más complejos.

Los motivos de las figuras 11.23 y 11.24 se han creado a partir de fotografías incluidas en el DVD de este libro. ¿Puede adivinar qué fotografías son? ¡No será fácil!

Figura 11.23. *El efecto Kaleidoscope aplicado a dos fotografías del capítulo 3.*

Figura 11.24. *El efecto Kaleidoscope aplicado a fotografías del DVD.*

Capítulo 12

Impresión y presentación

En la primera parte de este capítulo hablaremos de los aspectos técnicos de la impresión, veremos cómo escoger un tamaño de archivo adecuado para la impresión que queremos hacer y qué debemos hacer cuando tengamos que imprimir a un tamaño diferente del planificado. Se incluye un sencillo flujo de trabajo, desde la cámara hasta los ajustes finales de impresión, así como recomendaciones básicas sobre qué pasos llevar a cabo y en qué orden. Está dedicado a los usuarios principiantes de Painter. Además explicaremos los temas del enfoque y los problemas al imprimir texturas.

También es necesario seleccionar cuidadosamente el papel sobre el que vamos a imprimir. Un papel con textura de calidad alta puede suponer una diferencia notable en la imagen impresa final. En mi caso, utilizo los papeles artísticos Permajet, que me parecen excelentes. Encontrará un catálogo de sus productos con información sobre los perfiles de color y mucho más en el DVD.

Comprender la administración del color es vital si queremos asegurarnos de que la imagen que vemos en pantalla coincida exactamente con la imagen impresa. Es un tema complejo y daremos algunos consejos básicos sobre cómo tratarlo cuando trabajamos con Painter.

La presentación es un aspecto importante para mostrar nuestros trabajos y a ella dedicaremos la segunda parte del capítulo, explicando cómo crear viñetas sencillas y bordes artísticos para que la imagen quede más atractiva.

Figura 12.1. *Soldador, pintado con el pincel Graffiti Airbrush (Aerógrafo graffiti).*

UN SENCILLO FLUJO DE TRABAJO

El flujo de trabajo de Painter puede resumirse en los pasos siguientes:

1. Captura de la imagen fotográfica.

2. Importar la imagen a Painter.

3. Finalizar la imagen.

4. Preparar la impresión.

Captura fotográfica

Tradicionalmente, las imágenes fotográficas se capturaban en películas que podían escanearse utilizando un escáner de sobremesa o de diapositivas y luego se importaban a Painter a través de la opción TWAIN Acquire (Adquirir TWAIN) en el menú File (Archivo).

Ahora cada vez más, las imágenes se capturan utilizando métodos digitales y los archivos pueden importarse utilizando el comando **Open** (Abrir) del menú File, siempre que estén en el formato JPEG, TIFF, PNG o PSD.

Mencionaremos aquí la posibilidad de capturar las imágenes en modo RAW, siempre que su cámara tenga esta opción. Éste no es el lugar adecuado para explicar todas las razones por las que debería capturar sus imágenes en modo RAW; basta con decir que, en la mayoría de los casos, el modo RAW proporcionará una mejor calidad y más flexibilidad que el formato JPEG.

Sin embargo, no podemos importar los archivos RAW directamente a Painter, tenemos que hacerlo a través de otro programa. Los archivos RAW pueden leerse en muchos programas. Los programas Photoshop, Aperture o Lightroom funcionan bien (véase la figura 12.2). Sin embargo, hay otros conversores RAW disponibles, entre los que se incluyen los de los principales fabricantes de cámaras, como Nikon o Canon.

En la mayoría de casos, es mejor desactivar la función de enfoque de la cámara, para poder enfocar la imagen justo antes de imprimirla.

Figura 12.2. *El conversor de imágenes RAW de Adobe Photoshop.*

Tamaño del archivo

Las primeras versiones de Painter eran manifiestamente lentas cuando tenían que manejar archivos grandes, pero en Painter 11 se ha mejorado la velocidad de forma significativa y esto ha dejado de ser un problema, siempre que no utilicemos archivos excesivamente grandes.

Una de las preguntas que la gente suele hacerme es cuál es el mejor tamaño de archivo para trabajar con Painter. No existe una respuesta única para esta pregunta, ya que dependerá de muchas cosas y, en particular, del tamaño de la imagen original capturada y de la copia final impresa. Por lo general, se recomienda usar archivos con un tamaño de entre 10 y 25 MB.

La mejor forma de calcular el tamaño de archivo ideal es decidir el tamaño de la imagen final impresa y trabajar desde ahí hacia atrás. Por tanto, si lo que queremos es imprimir sobre un papel A4 (297 x 210 mm) y con una resolución de entre 200 y 250 ppp, el tamaño ideal será de entre 11 y 17 MB. Sin embargo, esto no es una norma fija, ya que un archivo de 17 MB podría imprimirse fácilmente al doble de su tamaño sin perder calidad de forma significativa. Como veremos más adelante, podemos aumentar el tamaño del archivo en caso necesario antes de imprimir.

Para los que se estén iniciando en las capturas digitales, conviene comentar que una fotografía hecha con una cámara de 6 MB se abrirá en Painter con un tamaño de 17 MB. Esto sucede porque la cámara comprime el archivo.

Enfocar la imagen

Antes de imprimir, suele ser necesario enfocar la imagen. Esto puede hacerse en Painter, con el comando Effects>Focus>Sharpen (Efectos>Enfocar>Enfocar). Seleccione la opción Gaussian (Gausiano) que es la que mejor resultado suele dar y ajuste los deslizadores como sea necesario (véase la figura 12.3).

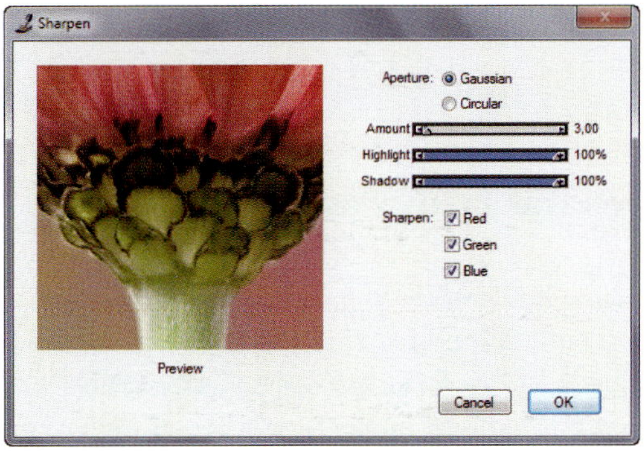

Figura 12.3. *El cuadro de diálogo Sharpen*

El deslizador Amount (Cantidad) controla el nivel general del enfoque, mientras que los otros dos deslizadores restringen el enfoque a las sombras o a las luces. Las casillas de verificación nos permiten restringir el efecto a uno o dos de los tres canales de color.

El grado de enfoque necesario variará de imagen a imagen y, a menudo, ni siquiera es necesario. Por lo general, prefiero hacer enfoques mínimos, ya que un enfoque excesivo puede arruinar fácilmente una buena imagen.

La mejor forma de aplicar un enfoque es al final, cuando la imagen ya está acabada. Haga una nueva copia del archivo y dele un nuevo nombre (añada la palabra "enfocado" al nombre, por ejemplo). Acople todas las capas en caso necesario y haga una copia de la capa Canvas (Lienzo): vaya a Select>All (Seleccionar>Todo), haga clic en Edit>Copy (Edición>Copiar), y luego seleccione Edit>Paste in Place (Edición>Pegar en el sitio) y enfoque esa capa. Ajuste la opacidad de la capa para disminuir el enfoque en caso necesario.

El grado de enfoque dependerá también del tamaño del archivo, el tamaño de la imagen impresa y la superficie sobre la que vamos a imprimir. Normalmente, cuanto mayor sea el archivo y el tamaño de la copia impresa, mayor tendrá que ser el grado de enfoque. Si va a imprimir sobre un acabado con textura, como un lienzo, el enfoque puede ser mayor que para un papel liso. Es imposible dar valores específicos para todos estos casos, de modo que la experiencia y las pruebas de impresión son la mejor forma de aprender el grado de enfoque que debemos aplicar.

Preparar la impresión

Cuando esté preparado para imprimir la imagen, tendrá que comprobar la resolución de la impresión y ajustar las dimensiones. Vaya a Canvas>Resize (Lienzo>Modificar tamaño) para ver las dimensiones actuales de la imagen, como se muestra en la figura 12.4. En este ejemplo, la imagen se imprimirá con un tamaño de 8,33 x 8,33 pulgadas (21,17 x 21,17 cm) y una resolución de 240 puntos por pulgada.

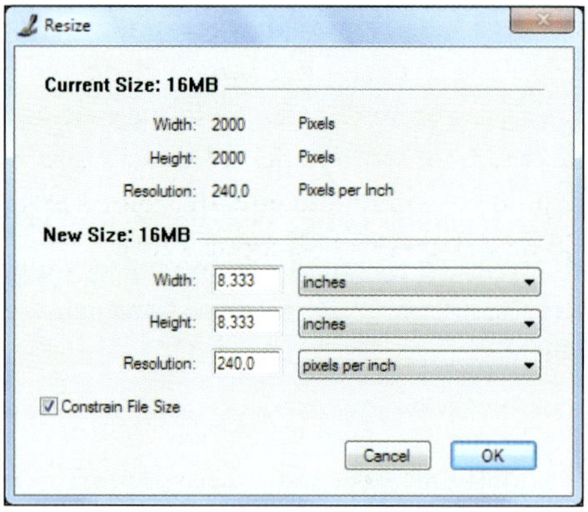

Figura 12.4. *El cuadro de diálogo Resize.*

Para imprimir esta imagen en un tamaño mayor sin modificar el archivo, marque la opción Constrain File Size (Restringir tamaño de archivo) y modifique las dimensiones introduciendo el tamaño al que quiere imprimir. Pruebe a cambiar el tamaño a 12 pulgadas y verá que la resolución disminuye a 166,7 ppp, que sigue siendo aceptable para la mayoría de imágenes pictóricas. Para imprimir, seleccione File>Print (Archivo>Imprimir). Esto abrirá el cuadro de diálogo Print, donde podrá seleccionar el tamaño del papel y las opciones de impresión. Este cuadro de diálogo variará dependiendo de la impresora que esté utilizando.

Aumentar el tamaño del archivo

Si la resolución queda demasiado baja, puede que tenga que modificar el tamaño del archivo. En este caso, desmarque la opción Constrain File Size e introduzca el nuevo tamaño de impresión. Verá que el tamaño del archivo aumenta a 32 MB (véase la figura 12.5).

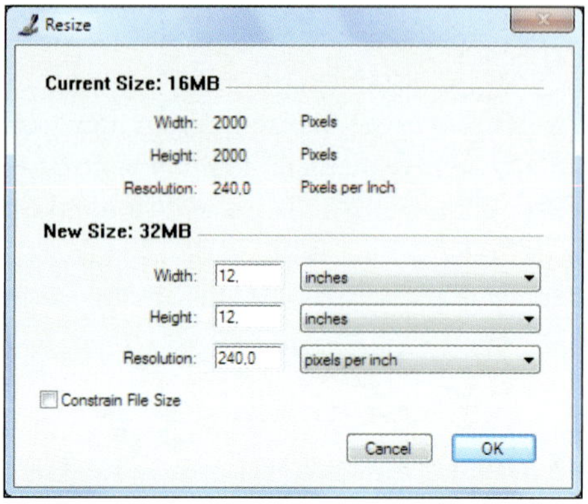

Figura 12.5. *Cambiar el tamaño del archivo.*

Podemos modificar el tamaño de la imagen de otras formas distintas. Photoshop tiene formas más sofisticadas de hacerlo y hay muchos programas independientes, como Size Fixer o Genuine Fractals, que podemos comprar y que ofrecen un abanico de opciones mucho más amplio.

Muchos fotógrafos opinan que en vez de incrementar el tamaño del archivo de una sola vez, se consigue un mejor resultado aumentándolo en pequeños pasos; es decir, aumentando el tamaño en un 10 por 100 y repitiendo el proceso hasta llegar al tamaño deseado. Esto puede hacerse más fácilmente creando un *script*, que podremos ejecutar muchas veces haciendo clic en un solo botón.

Para crear un *script*, vaya a Window>Scripts (Ventana>Scripts). Cree un nuevo archivo en blanco y escriba en la imagen **10%** en letras grandes. Esto proporcionará el icono para la paleta (véase la figura 12.6). Haga clic en el botón rojo de la parte inferior de la paleta para empezar a grabar y luego seleccione Canvas>Resize, modifique los cuadros de lista desplegables para mostrar porcentajes y aumente las dimensiones a un 110 por 100, desmarque la opción Constrain File Size y haga clic en **OK**. Haga clic en el botón **Stop** (en la esquina inferior izquierda de la paleta Scripts). Esto abrirá un cuadro de diálogo en el que podrá introducir el nombre del *script*.

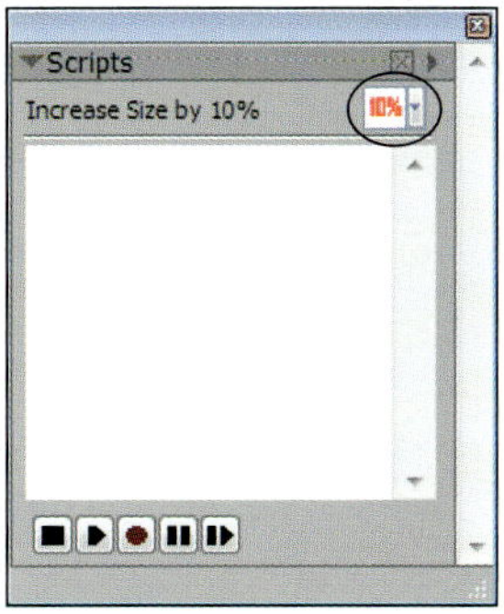

Figura 12.6. *Paleta Scripts.*

Para ejecutar el *script*, seleccione el primer lugar el *script* haciendo clic en la flecha azul y escogiendo el nombre del que acaba de crear. Luego simplemente haga clic en el botón **Play** las veces que sea necesario hasta obtener el tamaño de archivo deseado.

LA ADMINISTRACIÓN DEL COLOR

¿Qué es la administración del color?

La administración del color es un proceso que nos permite predecir y controlar la reproducción del color, independientemente del origen o el destino de la imagen. Por ejemplo, un monitor mostrará un conjunto de colores diferentes del que reproducirá una impresora, esto significa que podemos estar viendo colores en la pantalla que no se imprimirán. Si queremos reducir las discrepancias en el color, podemos usar la administración del color para asegurarnos una representación de color más exacta cuando visualicemos, modifiquemos o imprimamos una imagen.

Durante el proceso de creación de imágenes digitales, se utilizan diferentes herramientas para capturar, modificar e imprimir imágenes. En un flujo de trabajo típico, podemos capturar la imagen utilizando una cámara digital, descargar la imagen en un ordenador, modificarla en una aplicación de edición de fotos e imprimir la imagen. Cada una de estas herramientas tiene una forma diferente de interpretar el color. Además, cada una tiene su propio rango de colores disponibles, denominado espacio de color, que es un conjunto de números que definen cómo se representará cada color. Un espacio de color es un subconjunto de un modelo de color (como CMYK o RGB). En otras palabras, cada herramienta habla un lenguaje único en lo que respecta al color. Un número en el espacio de color de una cámara digital puede representar un color completamente diferente en el espacio de color de un monitor. Por tanto, a medida que la imagen pasa por las distintas fases del flujo de trabajo, los colores se van perdiendo en la traducción y no se reproducen de forma exacta. Los sistemas de administración del color están diseñados para mejorar las comunicaciones del color a lo largo del flujo de trabajo (véase la figura 12.7).

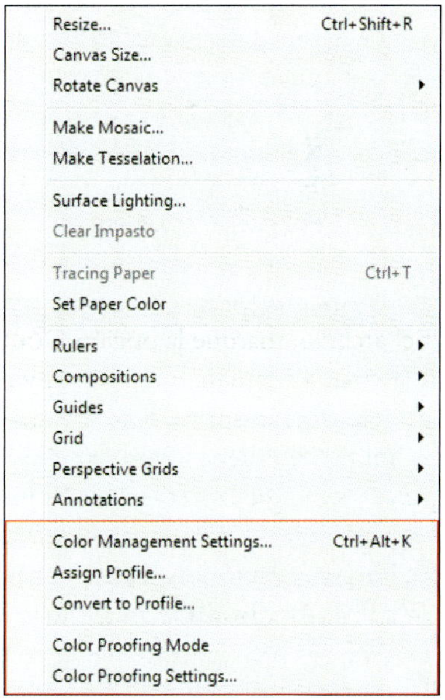

Figura 12.7. *Ajustes de administración del color en el menú Canvas.*

Los sistemas de administración del color utilizan perfiles de color para traducir los valores del color desde el origen, lo que asegurará una reproducción del color más exacta en el destino. Un perfil de color contiene los datos que necesita la administración del color para traducir los colores. Hay muchos perfiles de color estándar disponibles. Además, existen perfiles de color para diferentes marcas de monitores, escáneres, cámaras digitales e impresoras.

Los perfiles de color pueden obtenerse de varias formas. Para conseguir el resultado más exacto es necesario contratar a un especialista que calibre nuestro equipo. Utilizará un equipamiento especializado muy caro para analizar cada dispositivo y creará un conjunto de perfiles personalizado para nosotros.

La siguiente mejor forma es comprar un equipo de calibración. Hay diferentes dispositivos disponibles y de diferentes precios. Serán específicos para nuestros propios dispositivos y, por tanto, serán exactos, dependiendo del sistema que utilicemos.

La opción más barata es utilizar perfiles genéricos proporcionados por los fabricantes de nuestro equipo. Generalmente pueden descargarse de los sitios Web de los fabricantes totalmente gratis. Estarán basados en el dispositivo del fabricante, pero no serán específicos para nuestro equipo en particular. Pueden ser exactos o no, pero merece la pena probar si no podemos conseguir los perfiles de otra forma.

¿Para qué necesito la administración del color?

Si necesita una representación del color exacta en su documento, debe considerar la posibilidad de utilizar la administración del color. La complejidad de nuestro flujo de trabajo y el destino último de las imágenes también son consideraciones importantes a tener en cuenta. Si nuestros documentos están destinados a verse sólo en Internet, es posible que la administración del color no sea tan importante. Sin embargo, si tenemos planeado abrir imágenes en otra aplicación, como Adobe Photoshop, o si estamos creando imágenes para imprimir o para múltiples destinos de salida, el uso de la administración del color es esencial.

La administración del color nos permite hacer lo siguiente:

- Reproducir los colores uniformemente a lo largo de las diferentes fases del trabajo de la imagen digital, especialmente cuando abrimos documentos que se crearon en otras aplicaciones.
- Reproducir colores pruebas de pantalla de los colores antes de imprimirlos
- Reducir la necesidad de ajustar y corregir imágenes cuando las enviemos a diferentes destinos.

El cuadro de diálogo Color Management Settings (Configuración de la administración del color)

Painter 11 ha introducido un sistema de administración del color nuevo y muy mejorado que, al fin, permite administrar los colores entre Painter y Photoshop. Hay diferentes aspectos que debemos tener en cuenta para conseguir el color exacto y el lugar por el que debemos empezar es el cuadro de diálogo Color Management Settings.

Seleccione Canvas>Color Management Settings (Lienzo>Configuración de la administración del color) para abrir el cuadro de diálogo de la figura 12.8 con sus ajustes por defecto.

Los ajustes preestablecidos nos permiten guardar nuestra configuración una vez que la hayamos creado. Haga clic en el icono con el signo más (+) y aparecerá un cuadro de diálogo para pedirle el nombre. Para eliminar los ajustes que ya no necesite, utilice este cuadro de lista desplegable para seleccionar el nombre del ajuste preestablecido y haga clic en el icono con el signo menos (-).

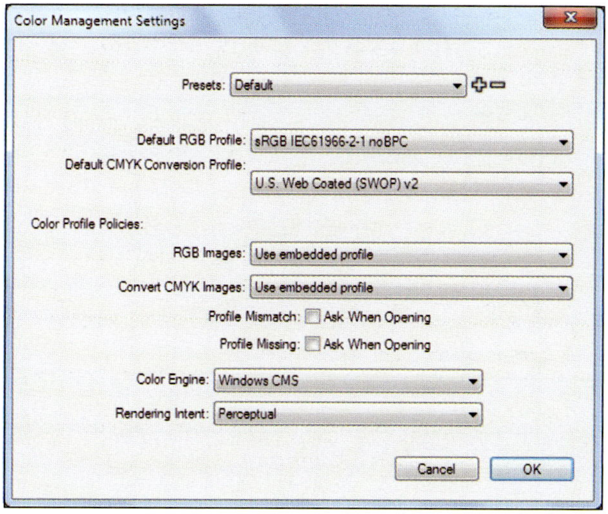

Figura 12.8. *Cuadro de diálogo Color Management Settings.*

En el cuadro de lista desplegable Default RGB Profile (Perfil RGB por defecto) es donde seleccionaremos el espacio de color que estamos utilizando actualmente para las aplicaciones de tratamiento de gráficos. Seleccione la opción adecuada de la lista. La opción que debe escoger dependerá de sus necesidades pero, si no está seguro, seleccione Adobe RGB (1998) si va a imprimir la mayoría de sus imágenes o sRGB si las va a utilizar principalmente para la Web.

El cuadro de diálogo Default CMYK Conversion Profile (Perfil de conversión CMYK por defecto) lo utilizaremos cuando vayamos a enviar nuestras imágenes a una impresora comercial. Ellos nos indicarán el perfil que debemos usar.

Los dos cuadros de lista desplegables de la sección Color Profile Policies (Políticas de perfiles de color) nos permiten escoger entre mantener los perfiles de color existentes en el documento cuando lo importemos o convertir el documento a nuestro perfil de color por defecto. En la mayoría de casos es mejor utilizar el perfil de color incrustado, para evitar que los colores de la imagen cambien definitivamente.

Las casillas de verificación Profile Mismatch (Diferencias de perfil) y Profile Missing (Falta el perfil) hacen que se abra un cuadro de diálogo cada vez que abramos un archivo que nos permitirá decidir cómo queremos administrarlo. Si la casilla de verificación no está activada, las decisiones se tomarán automáticamente en base a los ajustes que hayamos establecido.

El cuadro de lista desplegable Rendering Intent (Intento de conversión) nos permite decidir cómo se administrarán los colores fuera de gama. El que un color esté fuera de gama significa que la impresora no es capaz de imprimir el color que vemos en el monitor y que lo sustituirá por un color similar. Cada una de las cuatro opciones trata este problema de forma distinta. Así es cómo se describen las distintas opciones en el sistema de ayuda de Painter. En la mayoría de los casos, las mejores opciones para imprimir imágenes son Perceptual (Perceptual) o Relative Colorimetric (Colorimétrico relativo).

- Perceptual (Perceptual): Escoja esta opción de conversión para fotografías y mapas de bits que contengan muchos colores fuera de gama. Este sistema mantiene el aspecto general del color modificando todos los colores, incluidos los colores dentro de la gama, para hacerlos encajar con el rango de colores de destino. Este método de conversión mantiene la relación entre los colores para conseguir los mejores resultados.

- Saturated (Saturado): Escoja este método de conversión para obtener colores sólidos más concentrados en ilustraciones empresariales, como gráficas o tablas. Los colores pueden ser menos exactos que los conseguidos por otros métodos de conversión.

- Relative Colorimetric (Colorimétrico relativo): Escoja esta opción de conversión para conservar los colores originales de logotipos u otras ilustraciones gráficas. Cuando alguno de los colores originales no coincida con el de destino, se buscará la opción más similar. Este método de conversión hace que se desplace el punto blanco. Es decir, si estamos imprimiendo sobre papel blanco, las áreas blancas de la imagen utilizaran el blanco del papel para reproducir el color. Es, por tanto, un buen método de conversión para imprimir imágenes.

- Absolut Colorimetric (Colorimétrico absoluto): Escoja este método de conversión para logotipos u otras ilustraciones gráficas que requieran colores muy precisos. Cuando alguno de los colores originales no coincida con el del destino, se buscará la opción más similar. Los métodos Absolut Colorimetric y Relative Colorimetric son similares, pero el primero preserva el punto blanco en la conversión y no se ajusta al blanco del papel. Esta opción se usa principalmente para hacer pruebas.

Aplicar y cambiar perfiles

En el menú Canvas hay dos opciones para administrar perfiles.

La opción Asign Profile (Asignar perfil) nos permite asignar un perfil a un documento que no tenga ninguno. Para que Painter administre los colores correctamente, es mejor que todos los documentos tengan perfil. El cuadro de diálogo nos da la opción de utilizar el perfil por defecto o seleccionar otro diferente (véase la figura 12.9).

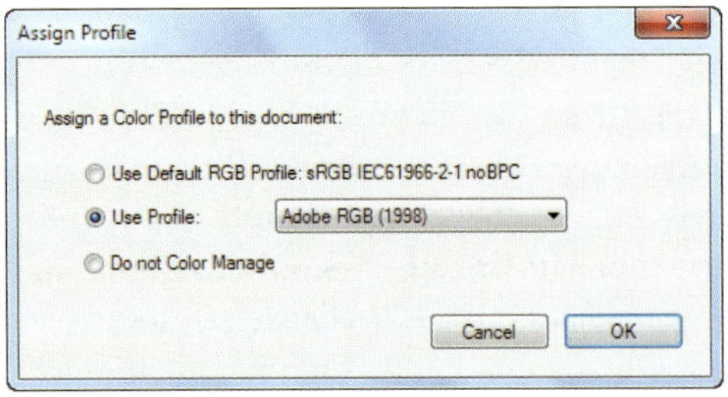

Figura 12.9. *Asignar un perfil.*

La opción Convert to Profile (Convertir a perfil) nos permite aplicar a un documento un perfil diferente o un método de conversión. Recuerde que, si cambiamos el perfil asignado, los colores se modificarán permanentemente (véase a continuación, la figura 12.10).

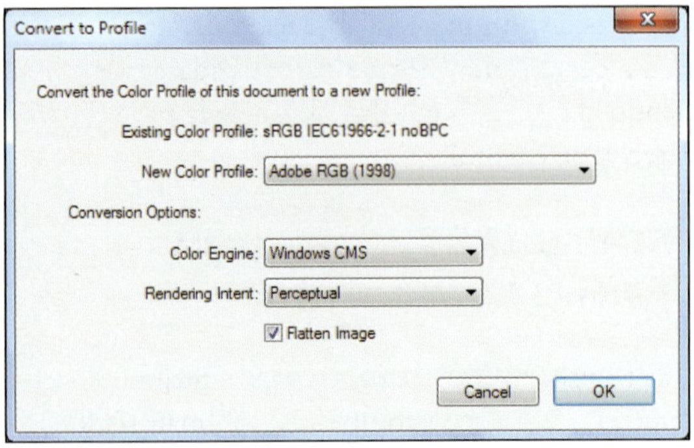

Figura 12.10. *Convertir a un perfil diferente.*

Pruebas en pantalla

Las pruebas en pantalla nos permiten generar una vista previa en pantalla del aspecto que tendrá la imagen al reproducirla. Esta técnica simula la fase de prueba impresa en un flujo de trabajo de impresión tradicional. Sin embargo, a diferencia de las pruebas impresas, las pruebas en pantalla nos permiten ver el resultado final sin tener que aplicar tinta al papel. Por ejemplo, podremos ver el aspecto que tendrá una imagen impresa cuando utilicemos una marca determinada de impresora y papel.

Para ver el aspecto que tendrá su imagen cuando la imprima, seleccione Canvas>Color Proofing Settings (Configuración de colores de prueba) y, en el cuadro de lista desplegable Simulate Device (Simular dispositivo), seleccione el perfil de color de su combinación de impresora y papel (véase la figura 12.11). Como dijimos antes, para utilizar esta función previamente tendrá que haber obtenido e instalado en su ordenador perfiles de color para su impresora. Necesitará un perfil diferente para cada tipo de papel que quiera utilizar con cada impresora. Si ha marcado la casilla de verificación Color Proofing Mode (Modo de prueba de color), en cuanto haga clic en **OK** su imagen se mostrará en pantalla aproximándose mucho al aspecto que tendrá al imprimirse. Puede activar y desactivar esta vista previa haciendo clic en Canvas>Color Proofing Mode. Si la utiliza habitualmente, le recomiendo que le asigne un método abreviado de teclado. Otra forma de activarla y desactivarla rápidamente es haciendo clic en el icono de colores de la parte superior derecha de cualquier documento.

PROBLEMAS AL IMPRIMIR TEXTURAS

Una textura bien seleccionada puede mejorar considerablemente el aspecto final de una imagen. Sin embargo, también puede arruinar la imagen si se aplica de forma incorrecta. El problema principal es intentar evaluar cómo se imprimirán realmente la imagen y la textura. Muchas veces, la textura tiene muy buen aspecto en pantalla, pero cuando la imprimimos cambia completamente. Esto puede responder a muchas razones y conviene tener en cuenta los problemas siguientes al escoger una textura de papel.

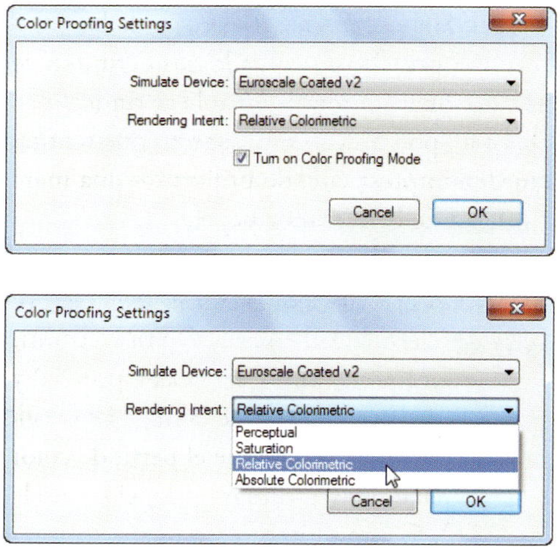

Figura 12.11. *Color Proofing Settings mostrando el cuadro de lista desplegable Rendering Intent.*

Visualización en pantalla

Una de las mayores barreras a la hora de decidirnos por una textura es la dificultad de evaluar el resultado en la pantalla del ordenador. Observe el ejemplo de la figura 12.12. Se han aplicado a esta imagen diferentes texturas de papel con cuatro intensidades. Cuando vemos la imagen con un zoom del 25 por 100, la textura de la izquierda se convierte en un motivo irreconocible. Si aumentamos el zoom de la imagen en pantalla al 33 por 100, la textura se verá correctamente, pero el segundo panel mostrará un motivo superpuesto a la imagen.

Esto sucede porque el monitor del ordenador está compuesto por un número fijo de píxeles, de forma que cuando intentamos ver la imagen completa en pantalla, sólo mostrará la cantidad de píxeles determinada por la resolución de pantalla. El resto de píxeles de la imagen quedarán ocultos. Normalmente, esto no supone ningún problema, pero cuando estamos aplicando un motivo regular, como una textura de papel, los píxeles de la pantalla interactúan con los de la imagen y pueden crear un motivo de interferencia.

Para evitar este problema, tendremos que visualizar la imagen en el modo Actual Pixels (Píxeles reales). Esto podemos hacerlo de tres formas: activando la herramienta **Grabber** (Mano) en la barra de herramientas y haciendo clic en el botón **Actual Pixels** de la barra de propiedades, yendo al menú Window (Ventana) y seleccionando la opción Actual Size (Tamaño real) o utilizando el método abreviado de teclado **Control-Alt-0** o **Comando-Opción-0**. Esto mostrará el aspecto de la textura de forma más exacta. El problema es que sólo podremos ver una pequeña parte de la imagen, especialmente si estamos usando un tamaño de archivo grande.

Aunque esto no solucionará el problema completamente, una de las formas de evitar algunos de estos problemas es ceñirse a determinados niveles de zoom. Obtendremos menos motivos de interferencia utilizando niveles de zoom del 75, 50 y 25 por 100.

Una última palabra sobre la visualización en pantalla: estos motivos de interferencia son sólo un problema relacionado con la pantalla. No se imprimirán, a menos que los estemos viendo en el modo Actual Pixels, en cuyo caso podrían imprimirse.

Figura 12.12. *Ver las texturas en pantalla.*

Cómo afecta el tamaño del archivo a las texturas de papel

El tamaño real de la imagen a la que vamos a aplicar la textura determinará, en gran medida, el tamaño de la textura de papel que debemos seleccionar el la paleta Papers (Papeles). En la figura 12.13, se ha aplicado la textura Artist Canvas (Lienzo artístico) a una imagen con un tamaño de 23 MB. En la figura 12.14 se muestra la misma textura de papel y con los mismos ajustes pero aplicada a una imagen de tan sólo 4 MB. Como puede ver, la textura se ve perfectamente en la imagen de 4 MB, pero apenas es visible en la otra. En este caso, las imágenes del libro han sido impresas con otra resolución, por lo que el efecto puede no mostrarse de forma muy exacta, sin embargo la diferencia debería ser notable.

Cómo afecta el tamaño de impresión a las texturas de papel

La última variable a tener en cuenta es el tamaño en que se imprimirá la imagen final. Si estamos usando una textura de lienzo, la textura debería aproximarse al tamaño de la textura de un lienzo real. Si observamos las dos imágenes anteriores, es obvio que si imprimimos el archivo de 4 MB en un papel de un tamaño A3 (297 x 420 mm), la copia impresa mostraría una textura excesivamente grande, aparte de los problemas de calidad que se producirían al imprimir un archivo pequeño.

Remuestrear archivos con texturas de papel

Cuando tenemos un archivo pequeño y queremos imprimirlo a un tamaño mayor del que teníamos previsto originariamente, suele ser útil remuestrear la imagen para mejorar la calidad de la impresión. Sin embargo, conviene hacer una advertencia: si está pensando hacer esto con una imagen que tenga una textura de papel aplicada, ¡no lo haga! En la mayoría de los casos aparecerán unas feas líneas en la copia impresa por la repetición del motivo, parecidas a los ejemplos que vimos en la figura 12.12. Es mejor remuestrear el archivo y luego aplicarle la textura de papel. Por ese motivo, siempre recomendamos aplicar texturas en una capa copiada.

Figura 12.13. *Textura de lienzo aplicada a una imagen de 23 MB.*

Figura 12.14. *Textura de lienzo aplicada a una imagen de 4 MB.*

EFECTOS DE BORDE

Los efectos de borde son muy fáciles de hacer en Painter y pueden mejorar considerablemente una imagen. En este ejemplo paso a paso, utilizaremos dos pinceles diferentes y dos capas para crear un efecto de borde flexible.

1. Abra el archivo `Collie.jpg` de la carpeta 12 del DVD (véase la figura 12.15).

Figura 12.15. *Fotografía original.*

2. Cree una nueva capa.

3. Escoja el color blanco en la paleta Color y seleccione Edit>Fill (Edición rellenar), marcando la opción Current Color (Color actual). Esto ocultará la imagen.

4. Añada una máscara de capa haciendo clic en el icono **Create Layer Mask** (Crear máscara de capa) de la paleta Layers.

5. Haga clic en la máscara para convertirla en la capa activa.

6. Seleccione el pincel Artist Oils>Bristle Brush (Óleos artísticos>Pincel de cerda) con un tamaño

de 52 y una opacidad del 100 por 100. Marque la opción Dirty Mode (Modo sucio) en la barra de propiedades.

7. Cambie el color a negro y pinte sobre la máscara para ir mostrando la capa situada debajo. Aplique trazos de pincel únicos, desde la parte superior de la imagen, y asegúrese de crear buenos bordes que muestren las cerdas. Siga pintando hacia abajo por la imagen, dejando un borde blanco alrededor de los bordes. Cuando llegue a la parte inferior, pinte con cuidado para conseguir pinceladas con una buena forma en la parte superior. Tenga en cuenta que todos los pinceles de la categoría Artist Oils se quedan sin pintura, por tanto utilice pinceladas cortas. El resultado debería ser similar al de la figura 12.16.

Figura 12.16. *La máscara creada con el pincel Bristle Brush de la categoría Artist Oils.*

8. Ahora volveremos a repetir el mismo procedimiento con un pincel diferente y en una nueva capa. La combinación de los dos pinceles le dará al borde un acabado mejor.

9. Cree una nueva capa en la parte superior de la pila de capas.

10. Escoja el color blanco en la paleta Color y seleccione Edit>Fill, marcando la opción Current Color. Esto ocultará la imagen.

11. Añada una máscara de capa haciendo clic en el icono **Create Layer Mask** de la paleta Layers.

12. Haga clic en la máscara para convertirla en la capa activa.

13. Seleccione el pincel Acrylics>Dry Brush (Acrílicos>Pincel seco) con las siguientes opciones: Size (Tamaño) 78, Opacity (Opacidad) 100 por 100 y Feature (Característica) 6,6. Pinte sobre la máscara con negro. Este pincel dejará trazos muy irregulares en la imagen que deberá conservar en los bordes, pero pinte completamente la parte central para que se vea el perro entero.

14. El borde de la primera máscara define el borde exterior, mientras que la segunda máscara añade una textura a la imagen. El panel Layers final se muestra en la figura 12.17. Puede ver otros ejemplos de bordes en la figura 12.18.

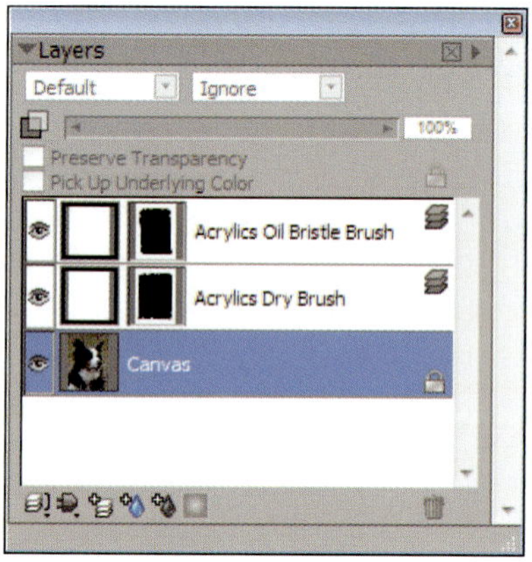

Figura 12.17. *La paleta Layers final.*

Figura 12.18. *Estos efectos de borde y los esquemas de color se crearon en la paleta Underpainting, que nos permite combinar muchas opciones.*

Apéndice A

Saber más

Enhorabuena!

Ha llegado al final del libro. Independientemente de que haya ido avanzando por todos los ejercicios o haya ido saltando de unas secciones a otras, espero que le haya resultado valioso y estimulante. Ahora es el momento de coger sus propias fotografías y crear algunas obras artísticas de primera calidad.

Por supuesto, esto no es el final, sino el principio de un viaje en la utilización de Painter que espero que sea fascinante y gratificante. Después de todo, el programa Painter no es más que una herramienta para que pueda desarrollar su creatividad, aunque realmente es una herramienta magnífica.

¡Practique mucho y diviértase!

RECURSOS ADICIONALES

En la Web encontrará muchos recursos que le ofrecerán, a su vez, enlaces a otros sitios de interés. A continuación, le enumeramos unas cuantas páginas interesantes para que vaya abriendo boca:

- `www.painterforphotographers.co.uk`: Es el sitio Web que complementa a este libro. Encontrará técnicas paso a paso adicionales, galerías de imágenes, información y enlaces a otros sitios sobre Painter.

- `www.corel.com`: En el sitio Web de Corel podrá encontrar información sobre las últimas versiones de Painter, actualizaciones y prácticas. Le recomendamos que consulte periódicamente la sección *Painter Canvas*, un boletín periódico que contiene tutoriales y noticias sobre Painter.

- `www.painterfactory.com`: Es el sitio Web de una comunidad de usuarios de Painter administrada por Corel en la que participan más de 1.500 usuarios. Tiene foros para compartir obras e ideas, aprender técnicas, obtener ayuda y estar en contacto con la comunidad de Painter.

- `www.digitalpaintingforum.com`: Marilyn Sholin dirige este foro sobre pintura digital que permite participar a los usuarios y compartir ideas e imágenes con otros usuarios de Painter.

- `www.martinanddoreen.co.uk`: No es estrictamente una Web sobre Painter, pero contiene una selección de trabajos de mi esposa Doreen y míos.

Apéndice B

Contenido del DVD

El DVD que acompaña a este libro contiene valiosos recursos que le ayudarán a dominar el programa y a crear bellas imágenes. Puede acceder a los archivos y tutoriales del DVD desde las diferentes secciones de su interfaz. También puede abrir directamente el DVD y acceder a los archivos. Todos los archivos de tutoriales están incluidos en la carpeta `Assets`.

TUTORIALES EN VÍDEO (EN INGLÉS)

El DVD contiene más de dos horas de tutoriales en vídeo con muchas de las técnicas descritas en este libro. Es una guía muy valiosa para ver el funcionamiento del programa, con comentarios de audio que nos dan pistas y trucos a medida que la imagen va evolucionando desde la fotografía original a la pintura final. Si abrimos los tutoriales desde la interfaz del DVD, éstos se abrirán por defecto en un navegador Web, sin embargo, podemos verlos también con muchos otros programas, como QuickTime o Windows Media Player. Abra el DVD y vaya a la carpeta `Assets>Video` para reproducirlos en un programa diferente. Puede descargar de forma gratuita las últimas versiones de QuickTime y Windows Media Player en los sitios Web de Apple o Microsoft.

FOTOGRAFÍAS ORIGINALES PARA HACER LOS EJERCICIOS

En el DVD están incluidas todas las fotografías originales del libro para que pueda hacer los ejercicios paso a paso que se explican en él. También se incluyen muchas otras fotografías que se utilizan a lo largo del libro para ilustrar técnicas, con la idea de que pueda hacer estos ejemplos en casa. Casi todas las imágenes son archivos a tamaño completo, por tanto, podrá utilizar tamaños de pincel similares cuando cree pinturas a partir de sus propias fotografías. Estas imágenes pueden seleccionarse desde la interfaz del DVD o abriendo la carpeta `Assets>Images` del DVD directamente.

TUTORIALES EN PDF (EN INGLÉS)

En el DVD se incluyen versiones más detalladas de los ejemplos del capítulo 3, en formato PDF. Están completamente ilustrados y explican el procedimiento con mucho más detalle de lo que permite el espacio limitado del libro impreso. Pueden verse en pantalla o imprimirse. Le recomiendo que, siempre que pueda, utilice estos tutoriales en vez de las instrucciones del libro. Son más de 130 páginas.

También encontrará en el DVD archivos PDF sobre estos temas:

- Imágenes de ejemplo de todas las bibliotecas de papeles de Painter 11.

- Archivos PDF ilustrativos que muestran detalles que no se ven claramente en el libro impreso, por culpa del tamaño de impresión.

- Catálogo Permajet: Yo imprimo todas mis imágenes en papel Permajet, una clase de papeles y lienzos que me parecen excelentes. Este catálogo incluye información sobre el uso de perfiles de color y sistemas de tinta continua.

Índice alfabético

A

B

C

D

E

F

G

H

I

J

K

L

M

N

O

P

Q

R

S

T

U

V

W

X

Y

Z